GERHART BAUMANN: ROBERT MUSIL

D1346515

GERHART BAUMANN

Robert Musil

EIN ENTWURF

FRANCKE VERLAG BERN
UND MÜNCHEN

Abbildung auf dem Einband:
Portrait Robert Musil von Fritz Wotruba, Bronze 1937/38
(Photo: Archiv Fritz Wotruba-Haus, Wien)

CIP-Kurztitelaufnahme der Deutschen Bibliothek

Baumann, Gerhart:
Robert Musil: e. Entwurf / Gerhart Baumann. –
Bern; München: Francke, 1981.
ISBN 3–7720–1536–0

©
A. Francke AG Verlag Bern, 1981
Alle Rechte vorbehalten
Gesamtherstellung: Friedrich Pustet, Regensburg

INHHALT

Vorüberlegung

Jeder Versuch, der Dichtung Robert Musils gerecht zu werden, verfolgt endlose Wege. Alle Einsichten werden von einem beständigen Ungenügen an ihnen begleitet. Die Wechselwirkungen zwischen der Notwendigkeit, unerläßliche Wegmarken zu setzen und dem Wissen um das Vorläufige aller Bestimmungen, – sie fordern dazu heraus, stets von neuem zu beginnen, das Aufgezeichnete unablässig zu überholen.

Das Verstehen einer Dichtung – und diese Einsicht gilt für Musil beispielhaft – vollzieht sich nicht als ein «unendlicher Prozeß, der sich scheinbar mit immer kleineren Abweichungen einem adäquaten Erfassen nähert, sondern als eine Mehrheit solcher Prozesse» (II, 1521), die zu verschiedenen vorläufigen Einstellungen führen können. Selbst wenn diese Versuche in vielfacher Hinsicht sich als miteinander verwandt erweisen, so kommt jedem eine unveräußerliche, eigene Bedeutung zu.

Die Skizzen *Robert Musil. Zur Erkenntnis der Dichtung*, – sie bewahren in ihrer Vorläufigkeit etwas Unwiederholbares. Alle Bemühungen, sie zu wiederholen, zu ergänzen, weiter zu führen, – sie zeitigen unwillkürlich andere Entwürfe. In ihnen sind die vorausgegangenen aufgehoben; sie bleiben aufeinander bezogen, zugleich aber reißen sie neue Möglichkeiten auf, legen verdeckte oder vermutete Einstellungen frei, so daß auch diejenigen Vorstellungen, die erneut aufgegriffen werden, unwillkürlich sich anders ausnehmen und keineswegs als bloße Wiederholungen angesprochen werden können. Man gewahrt vielmehr in ihnen nicht selten widersprüchliche Fortsetzungen.

Die Notwendigkeit, die vorgegebene Skizze *Robert Musil. Zur Erkenntnis der Dichtung* (1965) erneut vorzustellen, führte zu einem neuen Aufriß. Wenn auch gewisse Bindungen unverkennbar sich erhalten haben, so löste sich vieles doch von dem Text ab, der vor Jahren aufgezeichnet worden war. Es entstand ein Buch, das als ein Neues seinem Vorgänger folgt, – ein Entwurf, der auch äußerlich sich vom früheren absetzen muß, nicht als völlig neuer, wohl aber als ein anderer. Er weiß sich in jener «ruhelosen Reihe», die sich endlosen Anfängen verschreibt, ohne je den Anspruch auf ein erreichbares Ende zu erheben, – ein Versuch, der eine Vielzahl von Wegen offen zu halten trachtet.

Ein vorläufiges Buch wird erneut mit dem Bewußtsein entlassen: alles könnte auch anders entworfen und verstanden werden, – Überlegungen, die bei der Niederschrift jedes Satzes gegenwärtig, unabsehbar fortwirken.

I

Endlose Anfänge

Écrire, c'est prévoir.
La création poétique – c'est la création de l'attente.
Paul Valéry

Schon durch ihre Einsätze zeichnen sich die Dichtungen Robert Musils unverkennbar aus. Seltsam unvermittelt erscheinen sie und vergegenwärtigen Spannungsfelder, in denen weder Grenzen noch eine Mitte auszumachen sind. Ein offener Horizont, der vielseitige Einstellungen ermöglicht, verliert sich im Endlosen. Er umspannt Zusammenhänge, Dinge, Figuren, Vorgänge, die sinnfällig sich zeigen, zugleich indessen auf etwas Unsichtbares verweisen, das nicht weniger gegenwärtig wirkt. Im Zusammenspiel von Genauigkeit und Ungewißheit behält alles etwas Gespanntes, Vieldeutiges und Hintergründiges. Die geläufigen Bestimmungen erweisen sich als unzulänglich, das Ungewöhnliche wiederum gewinnt eine denkwürdige Überzeugungskraft. Eindeutige Anfänge entsprechen dem Geist Musils ebensowenig wie unwiderrufliche Schlüsse. Vermutungen, Einwürfe, Fragen, ausgreifende Erinnerungen, – nicht zuletzt Unterbrechungen, – sie schärfen die Aufmerksamkeit für das Kommende, lichten Bewußtseinszustände und Zusammenhänge auf, die immer schon vorhanden, ohne daß man sie beachtet hatte. Die verborgenen Kräfte wirken stärker als die nachweisbaren, und alle Vorgänge, Überlegungen und Entwürfe sind entschiedener von verhüllten als von einsichtigen Gründen und Sinngebungen bestimmt.

So genau Daten und Bezeichnungen auch ausgewiesen werden, so wenig ergeben sie eine lückenlose Beschreibung, so vielfältige Berechnungen erfolgen, so wenig vermögen sie das Unberechenbare auszuschließen; alle Bemühungen, selbstsicher das Kommende abzuschätzen, erlauben nur fragwürdige Voraussagen.

Dabei wird bestürzend das Bewußtsein dafür wach, wie weit und
voreilig alles in Hinsicht auf künftige Bestellbarkeit erfaßt, der
Raum für eine gegenständliche und unmittelbare wie umfassende
Erfahrung verkürzt wird, – eine Erfahrung, die für den mathematischen Geist Musils unerhört herausfordernd wirken mußte. Je
umfassender man alle Vorgänge Berechnungen unterwirft, je
genauer man die jeweiligen Zuordnungen ausweist, – desto entschiedener zeichnet sich ab, wie vieles sich planendem Zugriff
entzieht, wie unberechenbar die vielseitigen Zusammenhänge
geworden sind, wie undurchschaubar die Bedingungen, – unzu-
verlässig wie die Vorhersagen der Meteorologie.

Jede Situation, die Musil vergegenwärtigt, teilt ihre zeitliche
Spannung mit, ihr Nicht-Mehr und Noch-Nicht, eine Spannweite, die sich offen hält für das Unaussprechliche wie für alles
Ausstehende. Die Vergangenheit erscheint nicht weniger gegenwärtig als die Gegenwart des Kommenden, und alles Abwesende
wirkt auf das Anwesende ein. Nichts stellt sich unabhängig oder
ablösbar vor, vielmehr bleibt alles unabsehbar mit allem verbunden, das Nahe mit dem Fernen, die Gegenstände mit Gestalten,
Örtlichkeiten mit Stimmungen, Geschehnisse mit Erinnerungen.
Wechselseitig vermögen die Dinge sich zu vertreten, – nicht
zuletzt schlagen sich in ihnen die menschlichen Beziehungen
nieder, die unwägbaren Stimmungslagen: gestaltloses Leben äußert sich vielwertig in Raumfluchten und Hell-Dunkel-Spannun-
gen. Jene Unzahl geistiger Regungen, die sich weder in Worten
noch mit Begriffen erfassen lassen, jenes beredte Schweigen, das
Zögern, das jedem Aussprechen meistens lange vorausgeht, –
Musil vermag das noch nicht, das nicht mehr Vernehmbare
sinnfällig vorzustellen: unausgeführte Entwürfe, ungewisse Erwartungen, namenlose Leidenschaften, jene Schatten, welche alle
Absichten vorauswerfen, das Netz unauflösbarer Selbstwidersprüche, die Abenteuer des Geistes, flüchtige Einfälle, die unaufhaltsam nachwirken, das unablässige Spiel der Möglichkeiten. Er
verdichtet jene uralten Träume, die jeder in sich birgt, ohne sie
völlig erschließen zu können, wie den fortwährenden Aufbruch in

eine ziellose Utopie, die unbestimmbaren Bestimmungen, denen man wortlos gehorcht. In Erfindungen und Situationen, in Zusammenstellungen, Vergleichen und Gleichnissen hat Musil den Horizont des Aufweisbaren weit in das Unerhörte hinein aufgerissen und erweitert. Auf diesem Wege gelingt es ihm, Begebenheiten und Begegnungen, Gestalten und Vorgänge im Aufriß ihrer möglichen Auslegungen zu vergegenwärtigen, das Genaue mit dem Vieldeutigen zu vereinigen, Unsägliches herauszufordern und zugleich aufzusparen. Weniger Gedankengänge zeichnen sich ab, vielmehr Figuren des Denkens, Erschütterungen des Fühlens; sie erinnern an Vertrautes, allein diese Erinnerungen bilden nur einen Vorwand, sich dem zu nähern, was unbekannt geblieben ist, – unbekannt und dennoch gegenwärtig. Vieles, zuweilen das meiste, bleibt Vermutung, selbst wenn es als Gewißheit ausgegeben wird, und zu wenig wird bedacht, daß die angenommene Wirklichkeit weitgehend Meinungsäußerungen vorstellt.

Nicht zuletzt legen die Einsätze Musils frei, daß die Ursprünge einer Handlung, einer Leidenschaft, einer Entscheidung weit hinter dem zurückliegen, was man als Beginn wahrzunehmen pflegt, daß in diesem zwar die Folgen aufscheinen, das Wesentliche jedoch, das Vorerleben, nicht angesprochen wird. Musil vermag spürbar zu machen, wie Vieles und Widersprüchliches jeglichem Geschehen voraus geht, Gewisses wie Unbestimmbares, – Wechselbeziehungen, die nie restlos auszuleuchten sind.

Schon im Hinblick auf die alltäglichen Erscheinungen vermag sich dem Menschen seine Situation zwischen Wissen und Nichtwissen zu erschließen, wenn er auch dazu neigt, diese wiederkehrenden Erfahrungen zu übersehen und sich nur selten dazu herbeiläßt, ihre Möglichkeiten und Folgen zu bedenken. Er pflegt sich an eine vertraute Ordnung, an abgesprochene Sichtweisen zu halten und zeigt sich jedesmal überrascht, wenn sich bislang bekannte Ansichten jäh verändern, wenn er unversehens aus dem Selbstverständlichen herausgerissen wird. Die Dinge zeigen dann ein anderes Gesicht, Gewohntes erscheint ungewöhnlich, Geläufiges wirkt fragwürdig. Das Unheimliche an diesem Umschlag, an

diesem Aufbrechen von Beziehungen, der Entdeckung anderer
Zuordnungen in einer vertrauten Lebenslandschaft, äußert sich
darin, daß man schon immer um diese Möglichkeiten gewußt
hatte, daß man sich jedoch diesen Einsichten zu entziehen sucht,
sie zu vergessen trachtet. Daß man zugunsten eines bequemen,
oberflächlichen Dahinlebens zugleich schöpferische Möglichkeiten ausläßt, zählt zum Erstaunlichsten.

In einem frühen, wegweisenden Aufriß «Aus dem stilisirten
Jahrhundert» «Die Strasse» offenbart Musil seine produktive
Skepsis gegenüber jeder eindeutigen Wirklichkeit, die aus über-
kommenen Vereinbarungen und einer selbstsicheren Logik ihr
formelhaftes Dasein ableitet. Entschieden ruft er das Fragwürdige
einer Sichtweise in das Bewußtsein, die blind dem Gewohnten
vertraut: «Wissen Sie, wie eine Straße aussieht? Ja?! Wer sagt
Ihnen daß eine Straße – *nur* – das ist, wofür Sie es halten. Sie
können sich nicht vorstellen, daß es noch etwas anderes sein
könnte? – Das kommt von der zweimalzwei ist vier-Logik. Ja aber
2×2 ist doch 4! Gewiß, wir sagen es und weiter geht die Sache
niemanden an. Aber es giebt doch auch Dinge die ihre Existenz
nicht blos einem Übereinkommen unter uns Menschen verdanken
und da können wir unserer Logik nicht so unbedingt trauen ...
Straße – die Leute sagen –, etwas gerades, taghelles, dient um sich
darauf fortzubewegen. Und Sie empfinden plötzlich ein colossales
Überlegenheitsgefühl, wie ein Hellsehender unter Blinden. Sie
sagen sich: Ich weiß ganz bestimmt, daß eine Straße nichts gerades
taghelles ist, sondern daß sie vergleichsweise –ebensogut– etwas
Vielverzweigtes, Geheimnis- und Räthselvolles ist –sein kann, –
mit Fallgruben und unterirdischen Gängen, versteckten Kerkern
und vergrabenen Kirchen... Dann denken Sie darüber nach, wie es
denn kommt, daß die andern Menschen das gar nicht merken.
Vielleicht kommen Sie dann darauf, daß es bei Ihnen ja auch erst des
heutigen Tages bedurft hatte um es Ihnen klar werden zu lassen.
Und Sie denken nun nach wieso dies wol zusammenhängen möge.
Sie finden keinen Grund an was immer Sie auch denken mögen, bis
es Ihnen vielleicht einfällt genau in sich selbst zu gehen

... Sie erschrecken. Sie thun dies immer wenn jenes Unberechenbare in Ihnen sich zu rühren beginnt, sie fürchten sich wie vor einem ungezähmten Thier. Und doch spüren Sie zugleich wieder und heftiger jenes Überlegenheitsgefühl ... Sie sehen durch die Dinge durch, Sie sehen sie ‹auseinander› zieht das Auge der Andern die Erscheinungen zu geläufigen Begriffen zusammen, seinem Bedürfnis nach Meßbarem folgend, so zerstreut das Ihrige, löst, kraft der gewonnenen Erfahrungen, in *Unwägbares ...*, *Ungreifbares* auf.» (T 8 f.)

Weder unwiderrufliche Bedeutungen noch endgültige Zuordnungen läßt Musil gelten; allen Erscheinungen, selbst allen Erinnerungen wahrt er das Vieldeutige und Offene; jede Wirklichkeit, auch die abgesprochene, bezeichnet nur eine Lösung unter einer Vielzahl von Möglichkeiten. Dem Abenteuer, das Ungewöhnliche zu entdecken, mit anderen Augen zu sehen, sich unabhängig gegenüber vorgezeichneten Bindungen zu bewahren, dienen die Versuche mit dem Prismenfernrohr, mit dem Triëder, zu denen Musil nachdrücklich auffordert. Dieses «weltanschauliche Werkzeug» trägt «sowohl zum Verständnis des einzelnen Menschen bei als auch zu einer sich vertiefenden Verständnislosigkeit für das Menschsein. Indem es die gewohnten Zusammenhänge auflöst und die wirklichen entdeckt, ersetzt es eigentlich das Genie oder ist wenigstens eine Vorübung dazu. Vielleicht empfiehlt man es aber gerade darum vergeblich. Benutzen doch die Menschen das Glas sogar im Theater dazu, die Illusion zu erhöhen, oder im Zwischenakt um nachzusehen, wer da ist, wobei sie nicht das Unbekannte suchen, sondern die Bekannten.» (II, 522) Musil spricht Entdeckungsmöglichkeiten an, auf die Georg Christoph Lichtenberg bereits eindringlich verwiesen, – Lichtenberg, der wie Descartes und Dostojewski der Zweimalzwei ist vier-Logik skeptisch begegnet war. Musil versäumt indessen keineswegs, das Zweiseitige dieses Auseinander-Sehens hervorzukehren: es vermag den Menschen, sich näher zu bringen, zugleich jedoch entfernt es ihn von den Anderen; indem er sich Unbekanntes erschließt, schließt er sich von der Öffentlichkeit aus. Das Bewußtsein, beliebig zu binden wie zu lösen, führt gleichermaßen zu Allem wie zu Nichts. Man gewahrt unschwer in diesen Versuchen Akte jener «konstruktiven Ironie», die in den Entdeckungen ebenso zu erkennen sind wie in den Perspektiven; sie reißen das Denken auf, entwerfen Gleichnisse und Constellationen, lösen Verwirrungen aus, zeitigen Vereinigungen des Unvereinbaren; sie wirken mit befremdendem Zauber und mit der Melancholie eines Abenteuers.

Der Umgang mit diesen «weltanschaulichen» Gläsern regt zum Nachdenken darüber an, daß man nichts vereinzelt aufnimmt, daß das Verhältnis zwischen den Gegenständen und dem Menschen jene Selbstverständlichkeit erreicht hat, die ein langes Einvernehmen und vertraute Ordnung voraussetzen. «Man sieht Dinge immer mitsamt ihrer Umgebung an und hält sie gewohnheitsmäßig für das, was sie darin bedeuten. Treten sie aber einmal heraus, so sind sie unverständlich und schrecklich, wie es der erste Tag nach der Weltschöpfung gewesen sein mag, ehe sich die Erscheinungen aneinander und an uns gewöhnt hatten.» (II, 520/21)

Mit Vorliebe vergegenwärtigt Musil in seinen Eröffnungen, wie aus scheinbar Vertrautem verschiedene Wirklichkeiten aufbrechen, gegensätzliche Auslegungen sich anbieten. Das Unbekannte im Bekannten gelangt zum Vorschein, das Selbstverständliche wirkt plötzlich fragwürdig, das Anwesende zeigt einen Zug von Unwirklichem, Ungreifbarem, während Abwesendes eine unheimliche Gegenwärtigkeit gewinnt. Das Woher bleibt ebenso offen wie das Wohin. Die Wechselwirkungen zwischen Selbst- und Gegenstandsbewußtsein werden sinnfällig aufgefangen, und in Entsprechungen wie Widerständen äußert sich Wesentliches, was unmittelbar sich nicht aussprechen läßt. Vieles, was noch unbestimmt und unbestimmbar in Erinnerungen und Vermutungen haust, gelangt in dieser Weise zum Ausdruck, nicht zuletzt jene Spannungen und widerspruchsvollen Regungen, welche die Menschen einander nicht mitteilen, – auch nicht mitteilen können. Wie vieles gesteht sich der Mensch nicht ein, oft das Wesentliche, – ein erregendes Thema, das Musil aufreißt. Nicht zuletzt wird ebenso vielsagend wie genau sichtbar, wie weit die Wirklich-

Ordnungen; wir sehen nur Zukünftiges oder Vergangenes, aber nicht die Pinselstriche des reinen Augenblicks.»[4]

Musil fächert die Sichtweisen noch weiter auf; derselbe Mensch nimmt die gleichen Erscheinungen in verschiedenen Situationen unterschiedlich wahr; abhängig von seinen jeweiligen Erwartungen oder Erinnerungen schattieren sie sich zuweilen bis zum Unvergleichbaren ab; man erkennt in ihnen die Wechselwirkungen zwischen Denken und Sehen, Vorstellen und Wahrnehmen. Zwischen flüchtigen Einstellungen, wechselnden Perspektiven und dem beharrenden Vermögen der Aufmerksamkeit ist ein beständiger Ausgleich notwendig. Wird dieses Gleichgewicht empfindlich gestört, dann erscheinen Selbstverständnis wie Identität gleichermaßen fragwürdig.

Nicht weniger entscheidend als für das Verständnis der Dinge bleiben Vorüberlegungen, Zusammenhänge und Einbildungskraft für die Bedeutungsmöglichkeiten der Sprache, – Möglichkeiten, welche alle erdenklichen Gegensätze umspannen und hinter scheinbarem Einvernehmen heillose Mißverständnisse aufdecken. Goethe weiß um das Unzulängliche von Verstehen und Verständigung: «Denn daß niemand den andern versteht, daß keiner bei denselben Worten dasselbe, was der andere, denkt, daß ein Gespräch, eine Lektüre bei verschiedenen Personen verschiedene Gedankenfolgen aufregt, hatte ich schon allzu deutlich eingesehen …»[5] Jedes Wort vereinigt eine Unzahl unpersönlicher Daten und Größen mit den persönlichen Erfahrungen dessen, der es anführt, wie aber kann sich der Einzelne gegenüber allen vorgegebenen Meinungen, Formeln und widersprüchlichen Vorstellungen durchsetzen, die darüber hinaus noch Gedanken aus Jahrhunderten versammeln: «… es gibt in der weiten Welt nur ge Dutzend Menschen, die selbst von einem so einfachen wie es Wasser ist, das gleiche denken; alle anderen reden in Sprachen, die zwischen heute und einigen tausend Jahren irgendwo zu Hause sind.» (113) Diese Vielwertigkeit und lichen Abwandlungen, die Abhängigkeit von Aufgaben chten, bedenkt Valéry an demselben Wort : «L'EAU, par

keiten von Annahmen und Einstellungen, von Zweifel und Glauben abhängig bleiben. In Witterung und Lichtwerten, an Bildern und Dingen lassen sich die Schwankungen des inneren Gleichgewichts, Übergangszustände, geistige Wahrnehmungen ablesen: Räume verändern sich, Flächen wölben sich, Lebloses gerät in Bewegung, Bewegtes erstarrt, Fernes drängt heran; vieles scheint von den vertrauten Formen abzuweichen und verändert sich unsichtbar. Es läßt sich nicht wirklich ansprechen und dennoch kann man ihm eine Wirklichkeit nicht absprechen.

Musil pflegt unvermittelt einzusetzen: Unterbrechungen, Zwischenfälle, eine Verspätung, Überlegungen, Fragen. Sie weisen in eine endlose Herkunft und Hinkunft wie jene vier parallelen Eisenstränge am Eingang zu den «Verwirrungen des Zöglings Törleß». Dieses Endlose, das Musil auch Franz Kafka zuschreibt, unterscheidet sich vom Unendlichen, in welchem alles Endliche aufgehoben, die Gegensätze vereinigt werden. Das Endlose versteht sich freilich nicht als Mangel, vielmehr hält es sich offen für die Möglichkeiten, welche nie auszudenken sind, welche alles Endgültige fern halten. Musil bekennt sich zum mathematischen Geist eines Henri Poincaré: es gibt keine lösbaren oder unlösbaren Probleme mehr; «es gibt nur mehr oder weniger lösbare Probleme».[1]

Früh schon erkennt Musil, «solange man in Sätzen mit Endpunkt denkt, – lassen sich gewisse Dinge nicht sagen» (T 53); nur vor einem weit aufgerissenen Sprachhorizont wird vieles überhaupt erst ansprechbar. Musil bevorzugt Vorfragen, die das Vorläufige entwerfen, zugleich indessen weit hinausweisen, die einen hohen Anspruch mit einer bewußten Zurückhaltung vereinigen. Dem Vorerleben wendet er seine gespannte Aufmerksamkeit zu, – nicht allein in den «Vereinigungen». Dieses dehnt sich kaum abschätzbar aus im Raum der Widersprüche, in uneingestandenen Erwartungen, unerläßlichen Selbsttäuschungen, in leidenschaftlichen Beschwichtigungen, abenteuerlichen Erfindungen, während die Handlungen und Entscheidungen selber nur eine schmale Spanne ausmachen. Das planvoll Ziellose kreist Musil behutsam ein, die Vorwände und Ausflüchte, entschiedenes Zögern und kaum erwachte Absichten; er verdichtet jene Lebensbewegungen, denen etwas Zielloses eignet, jene sich wiederholenden Überlegungen, die nie zu endgültigen Schlüssen gelangen, deren unschätzbare Bedeutung in endlosen Fortsetzungen liegt. Was man dem alternden Goethe nachsagt, gilt in vieler Hinsicht auch für Musil: «Es ist als wenn er in lauter Vordersätzen schriebe, und den Nachsatz ausließe.»[2] Zahlreiche Entwürfe, vielleicht die wesentlichen, die aufschlußreichsten, – werden in «übereinander greifenden, immer wieder von vorne anfangenden Sätzen gedacht...» (II, 105) Der Schöpfer des «Mannes ohne Eigenschaften» teilt die Auffassung von Paul Valéry und gestaltet sie mit unerbittlicher Genauigkeit: es gibt keinen Gegenstand «der Wahrnehmung oder des Denkens, dessen Wirklichkeit die der anderen so überträfe, daß nach ihm kein anderer kommen könnte ... Es gibt keinen Gedanken, der das Denkvermögen austilgt und abschließt – keine Schlüsselstellung, die das Schloß endgültig abriegelt.»[3] Nicht weniger freilich behält auch das Lebensgefühl des Menschen etwas Unbegrenztes, mit seinem anregenden Vermögen etwas Unschlüssiges, das alle Entscheidungen überholt, einen beständigen Vorsprung bewahrt.

Die Dichtung Musils kommt inständig allem Anfänglichen entgegen; sie vergegenwärtigt mit jedem Einsatz das Zugleich eines Spannungsfeldes aus Widersprüchen, aus Erinnerungen, Entwürfen und Erwartungen, die keineswegs immer einander entsprechen. Gespräche münden zum Ausgang zurück; im Kommenden begegnet man mit einigen Abwandlungen Früherem; man entdeckt, wie früh vieles entworfen worden war, was sich später als etwas Anderes zu erkennen gibt. Jedes vorläufige Ende vermag einen Einsatz zu vertreten, so wie ein später Frühlingstag einem Herbstmorgen gleichen kann und umgekehrt. Nicht wie sich aus einem Anfang das Ende ableiten läßt, «nicht in diesem Schein von zwangsmäßigem Nacheinander» (II, 1320) erblickt Musil das Wesentliche, vielmehr in den gleichzeitigen Spannungen und Zusammenhängen, wie sich mit jedem Einsatz zugleich

ein vorläufiger Ausgang abzeichnet, – bestimmt unbestimmt, so wie sich der Anfang selbst vorstellt. Wer wie Musil das Wagnis unternimmt, endlose Erinnerungen zu verdichten, sich selbst in ihnen zu erforschen, dem bleibt die Herkunft ebenso ungewiß und unerreichbar wie alles Künftige.

Ein beziehungsdichtes Miteinander vergegenwärtigt Musil, das zu den verschiedensten Vermutungen und Auslegungen herausfordert. Die Gegebenheiten erscheinen vieldeutig; sie verdichten sich nicht allein zu Gleichnissen, vielmehr offenbaren sie sich in ihnen. Unsichtbares scheint auf, und alles Anwesende erscheint nicht selten als Vorwand, an Abwesendes zu erinnern so wie die Gespräche Verschwiegenes ansprechen. Die Beziehungen sind unabsehbar, und im Bestimmten gewahrt man das Unberechenbare. Die Figuren welche auftreten, sind mit sich keineswegs völlig bekannt, ihr Wissen von sich selbst bewahrt etwas Fragwürdiges, zugleich aber erweist sich die ihnen bekannte Welt als etwas Fremdes, auch wenn sie es nicht bemerken und nicht mit aller Schärfe erfahren. Jede lebt in der Welt, welche sie wahrnimmt, und jede erblickt nur das, was ihr entspricht, – eine Einsicht, die Musil mit jedem Einsatz ablesbar macht, die er mit Paul Valé und Rilke teilt: «Ein Philosoph wird im ganzen nichts aufneh als *Phänomene*; ein Geologe nichts als kristallisierte, verr und zu Staub gewordene Zeitschichten; ein Militär nur heiten und Widerstände; und für Bauern wird nichts Hektar, Arbeitsschweiß und Gewinn ... Aber alle w gemein haben, daß sie nichts sehen, was reines S empfangen von ihren Eindrücken gerade nur de braucht, um zu ganz anderen Dingen überzu dem, was sie beschäftigt. Alle stehen sie un gewissen Farbenzusammenhanges; aber j der Stelle diese Farben in *Zeichen* u sprechen wie die vereinbarten Färbu sehen augenblicklich nichts als H Bedauerns, Eigentümlichkeiten v Versprechungen der Ernte, Ar

exemple, n'est pas une même *chose* suivant que je pense chimie, poésie, mécanique, psychologie, besoin, physiologie, métaphysique, peinture. C'est le même mot. C'est en partie la même représentation mais ce n'est pas la même ‹fonction›».[6] Es gibt weder unabhängige Bedeutungen noch eindeutige Bezeichnungen, – darin liegt die Schwierigkeit, das Denken auszusprechen, innere Zustände auszudrücken, flüchtigen Verbindungen gerecht zu werden, dem Verlieren der Fäden, dem Abreißenden, aber auch unvermuteten Verknüpfungen, – jenen unbestimmten Regungen, die noch zu allem führen können. Die Genauigkeit von Wellenlängen und Mikromillimetern bleibt in anderer Hinsicht zweifelhaft, denn die Durchdringungen von Sinnlichkeit und Geist, von Gefühlsregungen und Wahrnehmungen versagen sich solchen Bestimmungen. Eine Algebra des Geistes bleibt Utopie, – Musil verfolgt indessen diesen Weg mit nie nachlassender Leidenschaft, zugleich mit dem Bewußtsein des Unzulänglichen – ein unerschöpflicher Antrieb zu seinen dichterischen Versuchen und ein beständiger Anlaß zu Skepsis und weitsichtiger Verzweiflung. Immer geht er davon aus und unermüdlich wiederholt er diese vielbezüglichen Anordnungen, – endlose Versuchsreihen.

Als leidenschaftlicher Denker sieht Musil sich beständig gedrängt, von der verabredeten Sprache sich zu lösen, zu ungenau vergegenwärtigt sie die lebendigen Gedanken; als Dichter ist er mit der Erfahrung vertraut, daß unscheinbare Worte so umfassend und unausschöpfbar sein können wie ein lebendiges Wesen, daß sie jede eindeutige Bestimmung übersteigen, einen unerhörten Vorrat an Bedeutungsabwandlungen bergen. Er entzieht sich den Wörtern der Geläufigkeit, den ausgelaugten Formeln, und zugleich verknüpft er sich mit der Sprache. In Analogien, Correspondenzen, in Gleichnissen und Vergleichen gelingt es ihm, Denkgewohnheiten aufzubrechen, geschärfte Aufmerksamkeit für verdeckte Zusammenhänge zu erwecken, erstaunliche Einsichten freizulegen, – mit die eindringlichste Leistung eines Geistes, der sich gleichermaßen als Philosoph wie als Dichter sehen möchte, der den einen im anderen sucht und nicht findet, sich auf keinen festlegt und doch beiden entspricht.

Unverzüglich zeigen die Einsätze Musils, wie der Geist Begegnungen, Zwischenfälle, Ereignisse, Gespräche einander zuordnet, – ein Zusammenspiel von Greifbarem und Unerreichbarem, von Hier und Dort, von treibenden und hemmenden Kräften, das Zusammenwirken von Berechenbarem und Unberechenbarem; zugleich vermittelt er eine Vorstellung davon, wie dicht alle Zustände und Vorgänge miteinander verbunden sind, wie Vieles und Widersprüchliches sich in jedem Augenblick begegnet. Nicht Bestimmungen von Einzelheiten ruft Musil auf, – diese bleiben für sich bedeutungslos, vielmehr Beziehungen, Constellationen, die unaufhörlichen Wechselwirkungen und unabsehbaren Abhängigkeitsverhältnisse, die unbekannten Gesetze des Ganzen. Er vergegenwärtigt die Spannungsmomente zwischen Impulsen und Bewußtseinslagen, Gefühlsregungen und Denkerschütterungen, – Bedingungen, Entwürfe, Einschätzungen, Verhältnisse, die sich nicht begrenzen lassen und nicht unmittelbar zu bezeichnen sind, – ein Zugleich von anziehenden und abstoßenden Kräften, – Vortrieben und Widerständen, von erregenden Abwandlungen und einer verborgenen Stetigkeit; Gefühle, Erwartungen eilen voraus, Überlegungen zögern, zeitigen Bedenken. Manches zeichnet sich entschieden ab, die umgreifenden Erscheinungen und Auseinandersetzungen behalten indessen etwas Unbestimmtes. Beobachtungen und Situationen hellen auf, wieviel es mitteilbar ist, wie man Einiges nur sich selbst zusprechen kann und nicht Weniges unaussprechlich bleibt. Im Gegenlicht der Ironie zeigt sich, wie ungenau die Vorstellungen nicht nur des Geistig-Seelischen sich ausnehmen, vielmehr auch des Gegenständlichen. Die Unterscheidungen erweisen sich als grob, und die Mehrzahl aller Äußerungen begnügt sich mit vordergründigen Erfahrungen. Musil leugnet die Notwendigkeit allgemeiner Verbindlichkeiten und vereinfachender Ordnungen keineswegs, zugleich aber bricht er sie auf. Er weiß um die Unerreichbarkeit des Anfangs, um die Zufälligkeit des Beginns, indessen begnügt er sich niemals mit

Ableitungen. Er vergegenwärtigt stets auch eine Welt, die «sich
heute nicht mehr an das erinnert, was sie gestern gewollt hat», die
sich «in Stimmungen befindet, die ohne zureichenden Grund
wechseln» (1021) – und nie zu einem Ergebnis kommt.

Auf seinen endlosen Wegen vermittelt Musil weder Wahrheiten
noch Ideen oder Gegenstände, vielmehr verdichtet er «Profile,
Querschnitte eines Fließenden, keinen Kataster.» (II, 1302) Deshalb bleiben die topographischen Angaben unerheblich, sie lenken
«von Wichtigerem ab.» (10) Die «kleine Station» im «Törleß» wie
die «Reichshaupt- und Residenzstadt Wien» im «Mann ohne
Eigenschaften», das «Verzauberte Haus» wie das Zimmer in der
«Vollendung der Liebe», – sie zeigen den Niederschlag von Schätz-
werten und Bewußtseinszuständen, von Gefühlslagen und Erwartungen, ein Spannungsfeld vielfältiger Kräfte und Widerstände, –
indessen kommt ihnen weder eine eigenständige Bedeutung zu,
noch fördern sie schlüssige Vorstellungen. Die Gegebenheiten im
«Mann ohne Eigenschaften» lassen sich auf keinem Stadtplan
verfolgen, sie zeigen ein «durchstrichenes» Wien (1820); kein
Grundriß bestimmt unverrückbar die Behausung Ulrichs, keine
Landkarte vermag genau die «Reise ins Paradies» der Geschwister
zu verzeichnen. Die Zuordnungen von Straßen, von Städten und
Landschaften sind nie endgültig, sie erfolgen vielfach anders und
nicht selten widersprüchlich. So fragwürdig wie die räumlichen
Orientierungen (das Südtirol in der «Grigia» bildet vielleicht die
einzige Ausnahme) erscheinen Musil die zeitlichen. Das spannungsreiche Miteinander ist für ihn wesentlicher als das Nacheinander; er zeigt sich keineswegs gewillt, auf eine unwiderrufliche
Folge geschichtlicher Daten sich festlegen zu lassen, vielmehr
sucht er sich seine Vorbehalte, freie Weglängen zwischen Räumen
und Epochen zu wahren, die Möglichkeiten anderer Anordnungen
offen zu halten, die zuletzt dasselbe ergeben. Denn was auch
immer geschehen ist, alles hätte auch in geänderter oder umgekehrter Reihenfolge ablaufen können. Seine schöpferische Skepsis
mündet in die Aufforderung: »Nimm ... geschichtliche Daten und
verwechsle sie beliebig. Auf die Schlacht von Cannae folgt der

Friede von Versailles. Kaiser Max von Mexiko war der Sohn
Napoleons I. udgl. Was ändert sich? Gewordenes fügt sich fest an
Gewordenes, der motivierende Übergang fällt als unnötig u.
vorgetäuscht weg. Die ungeheure Wichtigkeit, die wir dem Dasein
beilegen, indem wir es historisch ableiten, verspottet sich selbst.
Man kommt auf die kinetische Geschichtstheorie.» (T 637) Aus
dem Blickfeld eines mathematisch-naturwissenschaftlichen Den-
kers entwirft Musil sein «Weltbild»: «Eine bestimmte Menge
Ideen gruppiert sich zu wahrscheinlichsten Mittelwerten wie in
der kinet. Gastheorie. Es ist ganz gleich, was man tut und
propagiert, es kommt doch der Mittelwert heraus.» (T 633) Eindringlich erkennt man im Wien des «Mannes ohne Eigenschaften» jenen «Mittelwert» «aus Unregelmäßigkeit, Wechsel, Vor-
gleiten, Nichtschritthalten, Zusammenstößen von Dingen und
Angelegenheiten, bodenlosen Punkten der Stille dazwischen, aus
Bahnen und Ungebahntem, aus einem großen rhythmischen
Schlag und der ewigen Verstimmung und Verschiebung aller
Rhythmen gegeneinander …» (10) Das «Kakanien» Musils zeichnet sich gleichfalls als eine Gruppierung um den «Mittelwert» aus,
– jener unverstandene Staat, «der in so vielem ohne Anerkennung
vorbildlich gewesen ist.» (32) Was Goethe vielfach hervorhebt,
bestätigt Musil: alle Dichtung verkehrt in Anachronismen. Die
Vielzahl der Widersprüche, das unabsehbar Mehrdeutige zeitigt
eine Welt planvoller Willkür und geordneter Zufälligkeiten, – der
Reiz einer Ordnung, die einem Haufen blindlings verschütteter
Abfälle ähnelt, um an eine Weisung von Heraklit zu erinnern, der
erkennt, daß unscheinbare Fügung jeder aufdringlichen Anordnung überlegen ist.[7]
    In einer namenlosen Welt unabsehbarer Wechselwirkungen
geht alles Begrenzende und Persönliche im Ganzen auf, – eine
Welt der Annahmen, der Vermutungen, fortwährender Versuche, – ein Spiel, in dem alles austauschbar erscheint. Es geschieht
ungleich mehr mit den Menschen als durch sie; gleichförmige
Wiederholungen beherrschen die Abläufe; für die meisten Ereignisse lassen sich keine zureichenden Gründe anführen, warum sie

so und nicht anders gekommen sind, – die Situation, wie sie am Beginn der «Verwirrungen des Zöglings Törleß» sich vorstellt: «Gegenstände und Menschen hatten etwas Gleichgültiges, Lebloses, Mechanisches an sich, als seien sie aus der Szene eines Puppentheaters genommen.» (II, 7; vgl. II, 152/53) Musil kreist in diesem Gleichnis das Miteinander von Persönlichem und Unpersönlichem ein, das Wirkliche und zugleich Unwirkliche, Ferne und Nähe, Lebendigkeit und Starre, das Greifbare und Unbegreifliche. Aus kaum überschaubaren unpersönlichen Bedingungen und Gegebenheiten resultiert das persönliche Geschehen, und das weltoffene Individuum entdeckt sich als variable Größe in einem umspannenden Ganzen. Nie gewinnt es einen endgültigen Umriß, und Musil läßt es häufig lange unentschieden, wem er eine Überlegung zudenkt, zuweilen sieht er von Entwurf zu Entwurf jeweils eine andere Figur vor. Er folgt der Annahme, die Lichtenberg, Jean Paul wie Novalis oder Valéry wegweisend vertreten hatten, daß in jedem Menschen etwas von allen, in allen etwas von jedem lebt. Das Individuum pflegt sich eine unterscheidbare, unveränderliche, sogar unzerstörbare, eine in hohem Grade unabhängige Persönlichkeit zuzuschreiben, allein wie viele Möglichkeiten, Gegensätze und Gruppierungen birgt es in sich, deren jeweilige Verknüpfungen, Neigungen und Absichten sich als abhängige Größen erweisen; sie zeitigen Erwiderungen und Ansichten, die widersprüchlich, oft bis zum Unvereinbaren auseinandertreten. Der Mensch wird unaufhörlich genötigt, Entscheidungen zu treffen, die nicht vorauszusehen waren, Handlungen zu vollziehen, in denen er sich nicht wiedererkennt, für die er die Verantwortung nicht übernehmen möchte. Eine «Welt von Eigenschaften ohne Mann» ist entstanden, «von Erlebnissen ohne den, der sie erlebt» (150); in alle Erregungen, «selbst in die Leidenschaften», dringt «etwas Typenhaftes, Mechanisches, Statistisches, Reihenweises ein» (1093), so daß man zwar weiß, was man ist, die Frage jedoch, wer man ist, bleibt für lebhaft empfindende Geister ein beständiges Rätsel. Man sieht sich auf Ansprüche und Annahmen angewiesen, aber auch auf die Vermutungen der Anderen. Vielleicht liegt darin das Entscheidende, in allen Versuchen, sich den Glauben zu bewahren, derjenige zu sein, für den man sich hält, indem man die eigene Bedeutung als etwas völlig Selbstverständliches betrachtet. Dennoch ist man nie dagegen gefeit, als ein anderer zu gelten, gegen einen Abwesenden ausgetauscht zu werden, – Möglichkeiten, gegen die kein Selbstbewußtsein schützt, – Erfahrungen, die Musil ironisch aufscheinen läßt.

Unmittelbar mit seinen Einsätzen reißt Musil weitsichtig auf, daß neben der Welt der Gewohnheiten, der Abreden und Verbindlichkeiten eine Welt existiert, die Ungewöhnliches birgt, – Vereinigungen und Wechselwirkungen, die sich geläufigen Formeln entziehen, eine Welt der Versuche, der geistigen Abenteuer, der Ekstasen, des anderen Zustands. Zu Personen, deren Dasein nur geringe Schwankungen um den Durchschnittswert einer Serie beschreibt, gesellen sich solche, die von einem Grenzfall zum anderen geraten; neben mechanischen Abläufen gestaltet Musil Erfindungen einer intellektuellen Phantasie, Ausschweifungen des Geistes, neben einer wachsfigurenhaften Ordnung die verführerischen Vorstellungen, daß alles anders sein könnte. Jede Wirklichkeit erweckt das Verlangen nach Unwirklichkeit. Fortwährend tritt dem Menschen als Inbegriff seiner Möglichkeiten, dem potentiellen Menschen, dem ungeschriebenen Gedicht seines Daseins, der Mensch als Niederschrift, als Wirklichkeit entgegen. (251) In allem, was er als Wirklichkeit annimmt, äußern sich mehr Vermutungen als er glaubt, und von seinen Vermutungen wird er entschiedener geleitet, als er sich meistens eingesteht.

Seit seinem «Törleß» zieht Musil die Parallelen eines persönlichen und öffentlichen Verhaltens aus, – jene Dopplungen, die zu einer Existenz führen, die den allgemeinen Notwendigkeiten nachzukommen trachtet und zugleich ein Dasein des Anderswo zeitigen, das sich in Träumen und Begierden ausgibt, – ein Leben in notwendigen Verknüpfungen und Verpflichtungen und eines der Vorbehalte, im Bewußtsein von Rollen und den Möglichkeiten ihres Entzugs. In gewissen Zeitspannen lebt man selbstversunken in Vorstellungen und Entwürfen, genießt in Abgeschlossenheit das Auszeichnende einer befreienden Selbstaussprache wie Törleß in seinen Briefen: «wie eine Insel voll wunderbarer Sonnen und Farben» hebt sich etwas in ihm «aus dem Meere grauer Empfindungen heraus». Alles andere scheint ihm «nur ein schattenhaftes, bedeutungsloses Geschehen zu sein, gleichgültige Stationen wie die Stundenziffern eines Uhrblattes» (II, 8/9) – Erfahrungen, die sich abgewandelt in leitenden Figuren Musils wiederholen, – Träume, in denen sie nicht nur von allem sich lösen, vielmehr erscheint ihnen alles verändert, – erlesene Vereinigungen zwischen Wissen und Sehen.

Gleichgewichtsstörungen des Wirklichkeitsbewußtseins wie des Selbstbewußtseins vergegenwärtigen sich fast immer am Einsatz einer musilschen Dichtung. Der Faden der Gewohnheit, der Spannungen, Erwartungen reißt ab; längst verstummte Erinnerungen setzen ein, beginnen zu sprechen, halb vergessene Zusammenhänge gewinnen jähes Leben. Das Nächste vernimmt man nicht, ferne Stimmen beherrschen Gespräche und Beziehungen. Schiere Willkür vertritt das scheinbar Notwendige, Fremdes das Vertraute. In aller Nähe das immer noch Ferne auszuweisen, die Innigkeit des Abstandes, – diese unauflösbaren Spannungen gestaltet Musil von Anfang bis zuletzt. Das Bewußtsein einer einigen Uneinigkeit mit sich und der Umgebung bricht auf, ein Zugleich von Nähe und Ferne, von Anwesenheit und Abwesenheit. Weder endgültige Entscheidungen noch unausweichliche Folgen zeitigen diese Anfänge, vielmehr sind sie so angelegt, daß aus ihnen in «bemerkenswerter Weise nichts hervorgeht». Sie entfalten einen Spielraum von Möglichkeiten im Sprechen und in der nicht vernehmbaren Sprache des Schweigens. Einbildungskraft und Geist berufen ein Geschehen, das nie unwiderruflich anmutet, noch eindringlicher umkreisen Erinnern und Entwerfen das Nichtgeschehen. Ohne Charakter, frei von bestimmenden Eigenschaften, wahren sich die Figuren die Vielfalt ihrer Person, – und in dieser Hinsicht sind sie Charaktere, ohne Charakter zu besitzen: Törleß und Ulrich, die Schwärmer, Veronika oder Clau-

dine. Ihre Pläne, Erregungszustände, Abenteuer werden von einem Denken begleitet, das nicht an eine besondere Individualität
geknüpft ist.

Das Unentschiedene, welches weitgehend sich zahlreiche Möglichkeiten vorbehält, bewirkt jenes Alterslose, welches den musilschen Figuren eindrucksvoll eignet. Sie bedenken zwar vielfältig ihre Herkunft, leben weitgehend in ihren Entwürfen, allein
die Vorgänge des Alterns werden höchstens vermittelt, wenn
nicht völlig ausgespart. Die Figuren besitzen zwar das Bewußtsein der Altersepochen und ihrer geistigen Erfahrungen, das
Altern indessen wird nie an ihnen sichtbar, sowenig Gedankengänge altern.

Nichts wirkt für Musil derart hinreißend wie das Vorspiel der
Möglichkeiten, nichts so verführerisch wie die Überlegung:
«Könnte auch so anfangen …» (T 420) Der Reiz unbestimmter
Erwartungen bildet eine anhaltende Herausforderung, – Erwartungen, die in erfundenen Erinnerungen aufleuchten. Der Anfang geht jedem Beginn, jeglichem Beginnen voraus; während
der Beginn zurückbleibt, wahrt sich der Anfang das Vorläufige, –
jene Vorläufigkeit, die auch die Ausgänge endlos offen hält und
dem Musil-Hinweis umspannende Bedeutung einräumt: «Das
endet also so, wie es anfängt!» (1670) Endlosem Anfangen entspricht ein Nie-zu-Ende-Kommen. In hohem Grade vergegenwärtigt Musil, wie viel Vorgängiges in den Anfängen wirkt, –
Zusammenhänge, die nie restlos auszumachen sind und vielfältige Vermutungen, widersprüchliche Auslegungen herausfordern.
Jeder Beginn indessen zeichnet sich durch seine Bestimmbarkeit
aus. Diese Überlegungen erneuert Musil bis zuletzt, sie zeitigen
immer neue Entwürfe, – Träume vom Unerreichbaren.

Rufen die Gespräche den «Eindruck einer nicht endenden Steige-
rung» hervor, – so folgen sie dem Gesetz der musilschen
Dichtung, – endlose Vereinigungen von Aufgängen und Unter-
gängen: «Niemals schien das letzte Wort gesprochen werden zu
können, denn jedes Ende war ein Anfang und jedes letzte Ergebnis das erste einer neuen Eröffnung, so daß jede Sekunde wie die

aufgehende Sonne strahlte, aber zugleich die friedevolle Vergänglichkeit der untergehenden mit sich brachte.» (1417)

Musil entwirft seine vorläufigen Anfänge in dem Bewußtsein, daß er den Ursprung nie erreicht, daß immer schon Unaussprechliches vorausgegangen ist, eine namenlose Zahl von unfaßbaren Geschehnissen sich abgespielt hat. Sie bleiben unbestimmbar und öffnen sich endlosen Möglichkeiten; Vermutungen und Erfindungen bilden eine beständige Herausforderung; sie leben in Nachwirkungen fort, welche in vieldeutigen Figuren und widersprüchlichen Begebenheiten sich vorstellen. Es zeichnet den unerbittlichen Welt- und Selbstbeobachter aus, daß er sich nie aus den fortgesetzten Anspannungen löst, daß er durch kein vermeintliches Ende sich begrenzen läßt, sich zu keinem bequemt bei Vorgängen, die ihrem Wesen nach endlos sind. Wesentliche Akte menschlichen Daseins lassen sich anschaulich verdichten, keineswegs jedoch unwiderruflich bestimmen. Die kleinen Schritte, die jeweils von dem Ausgang eines Prozesses trennen, – sie schrecken Musil und seine leitenden Figuren wie ein Abgrund. Sie zögern davor zurück und verharren im Vorfeld.

Musil zählt zu jenen nicht zahlreichen Dichtern und Denkern, die in ihren Anfängen alles voraussetzen, – Einsätze, die das Kommende schon in sich bergen, in denen sich alles öffnet. Das vorläufige Ende ist dann nichts anders als ein zu sich selbst gekommener Anfang. Seinen Leser entläßt Musil – wie Goethe, Valéry oder Kafka – indessen nie aus fortwährenden Erwartungen. Es sind die Erwartungen eines Geistes, der genau den jeweiligen Beginn zu bestimmen weiß, – zugleich jedoch das Unerreichbare eines Anfangs wie eines Endes in seinen Entwürfen erkennen läßt.

Je bedeutender eine Dichtung sich vergegenwärtigt, desto weiter spannen sich die Erwartungen, die sie zugleich erfüllt und entläßt, – die Dichtung Musils zeigt in ausgezeichnetem Grade unerschöpfliches Erwarten, – Erwartung dessen, was vielleicht nie geschieht und dennoch sich als gegenwärtig erweist, – was sich in seiner vorläufigen Vollendung oft erst nachträglich zu erkennen gibt, obschon es von Beginn an sich so vorgestellt hatte. Es ist deshalb so schwer auszumachen, weil die Wahl der Blickfelder und Geschehnisfluchten eigentümlich endlos anmutet. Jeder Einsatz birgt gegenüber allem bisher Geschriebenen die Überzeugung, daß es überholt ist, daß eine Vollendung sich unerreichbar entfernt, daß dem Aufbruch keine endgültige Ankunft folgt.

Wenn Musil bis zuletzt auf Parallelen zwischen Dichtung und Essay beharrt, dann in dem Bewußtsein, daß der essayistische Geist sich in fortwährenden Anfängen bewegt, daß sein Werk beständig beginnt, daß er sich selbst unablässig von neuem entgegentritt. Aus dem Geist des unaufgebbaren Vorbehalts verdichten sich die entsagungsreichen Entwürfe in vielsagenden Umschreibungen.

Indem Musil den Anfängen beständig nahe bleibt, – Anfänge, in denen Gefühlsregungen und Anschauungen noch ungetrennt wirken, vermag er den Aufbruch zu verschwiegenen Ursprüngen zu wagen, allen Ableitungen kritisch zu begegnen, im Geist der Ironie Vorurteile, Abreden, Rollen aufzulichten, das endlos Kommende zu erwarten. Er folgt seiner Weitsicht: «Nie etwas zu Ende entwerfen, sondern immer einen Schritt über das Ende hinaus, in das Nächste hinein.» (T 716) Die Nähe zu den Anfängen ermöglicht ihm, alles vorläufig zu verdichten, im Hier das Dort, im Jetzt die Spannungen des noch Ausstehenden aufzuspüren, seiner Dichtung die offene Weite zu wahren. In vorläufiger Zurückhaltung vergegenwärtigt er das Unbestimmte mit unüberbietbarer Genauigkeit, zugleich erhält er dem Bestimmten das Vielwertige, das vielsagend Beziehungsvolle, – die unendlichen Bedeutungsmöglichkeiten in endlichen Erscheinungen. Er erfindet Constellationen, Bedingungen, Begebenheiten, die keine Lösungen erlauben, vielmehr nur Lösungsmöglichkeiten. Von Erwartungen wie Absichten hält Musil sich denkbar frei, weder der Gedanke an ein fertiges Werk noch Rücksichten auf das Urteil anderer führen ihn zu etwas, was nicht völlig seinen Entwürfen entspricht.

«Ich will zuviel auf einmal! ... Und ich weiß zu selten, was ich will» (T 913) – eine Eröffnung, die zunächst befremdet; einer der

bewußtesten Schöpfer, der wie nur wenige die Bedingungen
seines Schaffens bedenkt, erkennt das Unzulängliche in seinen
Vorhaben, das immer noch Verborgene. Dieses Bekenntnis, das
Musil wenige Monate vor seinem Hinscheiden aufzeichnet, reißt
sein schöpferisches Vermögen wie seine Schwierigkeiten auf, – die
unerhörten Versuche, sich unendliche Möglichkeiten vorzubehal-
ten, bisher unzulängliche Bereiche zu erobern, ohne eine Bestimmung oder ein Ziel, das beständige Wagnis, aufzubrechen in
«bilderdurchzucktes Schweigen». (II, 63) Mit nie nachlassender
geistiger Leidenschaft bleibt er bestrebt, allem Abschließenden,
unwillkürlich Ausschließenden sich zu entziehen, mit Spannung
gerade das zu erwarten, was möglicherweise nie eintritt. Seinem
durchdringenden Geist entgeht freilich nicht, daß diese Freiheit
für alles und von allem ihn zum Gefangenen von Vorbereitungen
werden läßt, die zu keinem Ende kommen können, – eine ihn
immer wieder bestürzende wie bestätigende Einsicht. Was er als
Überschrift den Aphorismen zudenkt, beansprucht umfassende
Bedeutung: «Unvollendbares». (T 902) Beständig weiß er sich
den Ursprüngen, den allseitigen Möglichkeiten nahe, – jedoch
stets mit dem Bewußtsein, sie nie zu erreichen, mit dem Unzulänglichen, mit dem Vorläufigen sich zu begnügen. Unvergleichlich indessen verdichtet er auf diesen Wegen seine Annäherungen,
– Entwürfe und Skizzen, deren Andeutungen wie Anregungen
unabsehbar vorhalten. Im Grunde gelangt Musil über seine Anfänge nie hinaus, – darin liegt kein Einwand, vielmehr erschließen
sich in Anfängen jene unbestimmbaren Bestimmungen, die das
Wesen dieses Geistes auszeichnen. Er vergegenwärtigt ein Ganzes, das sich jedoch nie eindeutig preisgibt, vielsagend sich aufspart, zahlreiche Vorbehalte erhebt und sich niemals abgrenzen
läßt. Das Geschriebene erhält sich widerrufbar und unvergeßlich;
alles ist so gestaltet, «daß es bis in die Zwischenräume der Zeilen
wie gepreßtes Metall dasteht» (574), – nichts jedoch vom Feuer der
Schöpfung einbüßt. In jedem Einsatz denkt Musil mögliche Ausgänge mit; indem er alles vom Beginn her unablässig vorzustellen
sucht, – jeder Einsatz endlose Zuordnungen erwarten läßt, ent-

zieht sich dem Dichter das Ende. Indem er sich auf keinen
eindeutigen Ausgang festlegt, zuweilen Gegensätzliches aufreißt
und selbst den meisten Vorgängen Abwandlungen, Parallelent-
würfe einräumt, vermag er das Wagnis seiner Dichtung anzutre-
ten, der «ruhelosen Gestaltlosigkeit des Daseins» (1881) gerecht
zu werden. Jenes «Könnte fortgesetzt werden …», das als mögli-
ches letztes Wort den «Fauxmonnayeurs» von André Gide zuge-
dacht wird, – gilt für die Dichtungen Musils nicht weniger. In
ihren Anfängen bergen sie alles, was noch kommen kann; sie
nehmen kein Ende vorweg, indessen entwerfen sie erdenkliche
Möglichkeiten, – Möglichkeiten endloser Vollendungen.

In endlosen Anfängen vergegenwärtigt sich die Dichtung Robert Musils, – zugleich ihre fortwährend vorläufige Ankunft.

II

Das Feld

Alles ist gleich, alles ungleich, alles nützlich und schädlich, sprechend und stumm, vernünftig und unvernünftig. Und was man von einzelnen Dingen bekennt,
widerspricht sich öfters.   Goethe

L'artiste, s'il est habile, n'accomodera pas ses pensées
aux incidents, mais ayant conçu délibérément, à loisir,
un effet à produire, inventera les incidents, combinera
les événements les plus propres à amener l'effet voulu.
Si la première phrase n'est pas écrite en vue de préparer
cette impression finale, l'oeuvre est manquée dès le
début.   Baudelaire

Eine der frühesten wie durchgreifendsten Erfahrungen, die sich in
der Begegnung mit der Dichtung Robert Musils einstellt, ist nicht
allein die unabsehbare Beziehungsdichte und Vielwertigkeit, vielmehr ihre Feldstruktur, die sich zwingend vergegenwärtigt. Figuren, Räume, Geschehen, Gedankengänge, Stimmen und Stimmungslagen, – nichts läßt sich in diesen Spannungsfeldern voneinander ablösen; nichts beansprucht Unabhängigkeit, nichts bedeutet ausschließlich sich selbst, vielmehr entfaltet alles in Wechselbeziehungen und Gegenwirkungen eine Vielzahl von Möglichkeiten, – bestimmten wie unbestimmten. Nichts erschöpft sich im
Benennbaren, alles verweist auf noch Unausgesprochenes, vielleicht Unaussprechbares, und das Anwesende ruft Abwesendes
auf. Personen leben auch dort, wo sie nicht erscheinen, und in
jeglichem Geschehen wirkt zugleich das Nichtgeschehene wie
noch Ausstehende mit. In diesen Möglichkeiten äußert sich etwas
Bestürzendes, während die Gegebenheiten selber vielfach belanglos anmuten.

Fortwährend wirkt im Feld alles auf alles ein, ohne daß sich
Ursachen und Folgen ausmachen lassen, ohne daß man unzweifel-

haft einen Beginn bestimmen kann oder ein unwiderrufliches
Ende. Alle Spannungsgegensätze streben einem Ausgleich zu, –
die anziehenden wie abstoßenden Kräfte, Verharren und Verändern. Personen wie Begebenheiten erreichen nie endgültige Gestalt und Bestimmung; sie behalten etwas Vorläufiges, und die
Vorgänge wechselseitiger Ausgestaltungen gelangen an kein Ende, so daß man von einer «ruhelosen Gestaltlosigkeit» ihres
Daseins sprechen kann. (1881) Den unauflöslichen Zusammenhang von Begebenheiten und Erscheinungen, von Vermutungen
und Erwartungen, von einsichtigen Ereignissen und verborgenen
Vorgängen, umspannt ein Horizont, der offen bleibt und die
vielfältigsten wie widersprüchlichsten Möglichkeiten einräumt.
Allen Erfahrungen geht ein Wissen voraus, das oft unbestimmt
ist, aber nie ausbleibt. Nichts läßt sich voneinander absondern, die
Welt nicht vom Ich, das Persönliche nicht vom Unpersönlichen,
die Sprache nicht vom Schweigen, die Gegenstände nicht von
ihrem Horizont. Geistige Erregungen äußern sich in sinnfälligen
Gebärden; Lebloses fängt die Schatten von Lebensbewegungen
auf, an den Dingen werden Stimmungslagen und Bewußtseinszustände ablesbar. Grobe Unterscheidungen wie Liebe oder Haß,
Gut oder Böse, lassen sich nicht durchführen. Was man gewöhnlich als Gefühl bezeichnet, erweist sich als vielwertiger Zustand
und flüchtiger Vorgang. Nichts freilich ist schwieriger, als dem
Unfesten und Fließenden gerecht zu werden, das Unbestimmte
sinnfällig und genau zu vergegenwärtigen.

  Nicht weniger unzulänglich bleiben im Feld die Vorstellungen
von Mitte und Rand; da keine endgültige und unverrückbare
Grenze das Feld umzieht, kann jegliche Lage als Mitte und Rand
angesprochen werden; je nach der Wahl des Bezugspunktes, je
nach Sichtweisen und Einstellungen vermag man alles zugleich als
nah und fern anzusehen. Der Zusammenhang der Vorgänge und
Erscheinungen erhält sich allseitig offen; der Horizont, welcher
das Ganze umsäumt, verliert sich im Endlosen.

  Vielfältige Abhängigkeitsverhältnisse und unabsehbare Wechselwirkungen ermöglichen es, daß alles für alles einzutreten

vermag: das Sichtbare für Verborgenes, das Wort für das Wortlose. Wahrnehmungen vereinigen sich mit Vermutungen und Erwartungen, Dinge gewinnen ein mitwissendes Gesicht, in dem Unausgesprochenes sich abzeichnet. Farben vertreten Gefühlsregungen, in Lichtwerten offenbaren sich Bewußtseinszustände. Das Denken setzt das Vermögen voraus, etwas für etwas anderes zu nehmen, im Du das Ich anzusprechen; es weiß mit imaginären Zahlen wie mit wirklichen zu rechnen, Vorstellungen als Gegebenheiten anzusehen, Ereignisse nicht in ihrer Unmittelbarkeit zu erfassen, vielmehr in Ansätzen, in Vorbereitungen zu ihnen, – in Vorbereitungen, die keineswegs immer die Gewißheit bieten, daß das Erstrebte auch eintritt.

Das dichterische Feld vergegenwärtigt sich als ein «unendliches System von Zusammenhängen, in dem es unabhängige Bedeutungen, wie sie das gewöhnliche Leben in einer groben ersten Annäherung den Handlungen und Eigenschaften zuschreibt, überhaupt nicht mehr» gibt; das scheinbar Feste wird darin zum «Vorwand für viele andere Bedeutungen, das Geschehende zum Symbol von etwas», das vielleicht nicht geschieht, aber hindurch gefühlt wird, «und der Mensch als Inbegriff seiner Möglichkeiten, der potentielle Mensch, das ungeschriebene Gedicht seines Daseins» tritt dem Menschen als Niederschrift, als Wirklichkeit und Charakter entgegen. (251) Werte und Wertungen hängen von den jeweiligen Constellationen im Felde ab; sie bestimmen ihre vorläufigen Sinngebungen, und die moralischen Ereignisse bergen das Gute und das Böse wie ein Atom chemische Verbindungsmöglichkeiten enthält.

In Begriffen und Bezeichnungen – nicht nur in den seelischen – erblickt man nur «gedankliche Vorlagen, nach denen sich das innere Geschehen ordnen läßt, erwartet aber nicht mehr, daß es sich wirklich aus Elementen solcher Art aufbaue wie ein Vierfarbendruck. In Wahrheit sind … die reinen Beschaffenheiten des Gefühls, der Vorstellung, der Empfindung und des Willens in der inneren Welt so wenig anzutreffen wie etwa in der äußeren ein Stromfaden oder ein schwerer Punkt, und es gibt bloß ein ver-

flochtenes Ganzes, das bald zu wollen und bald zu denken scheint, weil diese oder jene Beschaffenheit in ihm überwiegt.» (1169)

Keine Ordnung ist so fest, wie sie sich gibt; Figuren und Formen, Dinge wie Grundsätze, «alles ist in einer unsichtbaren, aber niemals ruhenden Wandlung begriffen, im Unfesten liegt mehr von der Zukunft als im Festen.» (250) Musil erhebt keinen Anspruch auf Wahrheit und Verbindlichkeit; er begnügt sich mit dem Wahrscheinlichen, dem Denkbaren, und verfolgt eine Richtung, jedoch kein Ziel; er läßt sich auf das endlos Vorläufige ein und verleugnet die mitunter schmerzliche Erfahrung nicht, daß sich etwas anderes gestaltet als dasjenige, was er ursprünglich entworfen hatte, daß viele Pläne sich ihm entziehen oder unversehens abwandeln. Das vorgeblich Bekannte verwandelt sich in etwas Unbekanntes, und die erschließende Skepsis setzt an die Stelle dessen, was man als gegeben annimmt, dasjenige, was sein könnte. Sie weiß, daß die geläufigen Annahmen und Einsichten nicht ausreichen, um das Mögliche vom Wirklichen, das Mögliche vom Unmöglichen unwiderruflich zu sondern; die Grenzen der Möglichkeiten lassen sich niemals bestimmen. Indem der Skeptiker sich nicht anmaßt, eindeutige Erkenntnisse auszumachen, hält er sich für die Rätsel der Wirklichkeiten offen, für alle Auslegungen, die nie zu vollständiger Durchsicht führen, niemals restlose Klarheit beanspruchen, die kein sicheres und lückenloses Wissen vermitteln, vielmehr das Bruchstückhafte und Vorläufige des Existenzverständnisses aufweisen.

Auch die leitenden Figuren Musils erschließen sich in ihren Versuchen um Offenheit. Von Charakter und Beruf suchen sie sich frei zu halten, bestimmender Eigenschaften sich zu entäußern, und auf widersprüchlichen Weisen und Wegen sind sie bedacht, sich und die Welt zu verstehen. Die Begegnungen entbinden in ihnen verschiedene Einsätze, die oft schwer vereinbar sind und bei ihnen selbst wie bei ihren Mitfiguren nicht selten Verwirrungen auslösen. Ihre Feldspannung entfaltet sich im unberechenbaren Mit- und Gegeneinander von Gewohnhei-

ten und Wünschen, von Erinnerungen und Erwartungen, von Teilnahme und Teilnahmslosigkeit. Zwischen Geist und Sinnlichkeit, Leidenschaften und Ideen vollziehen sich an ihnen und mit ihnen, – Vereinigungen und Trennungen in einer ruhelosen Reihe. Oft ist es mehr der Aufriß zu figurierten Möglichkeiten und weniger der Anspruch auf unnachahmliche Gestalten, den Musil verdichtet, – Figuren, die Charaktere sind, ohne Charakter zu besitzen, – die sich nicht eindeutig absetzen lassen und in den dramatischen Constellationen zu vielwertig, zu umrißlos erscheinen, um noch bühnengerecht zu wirken. Musil entwirft Menschen, die gewisser Motive fähig, geometrisch gesprochen nur den «Hauptschnitt» durch einen solchen Menschen, «nicht das Schicksal eines Individuums, sondern die charakterisierte Möglichkeit einer Art –.» (B 83)

Am eindringlichsten öffnet sich das dichterische Feld in der Vielbezüglichkeit und Vielwertigkeit der Worte. Mit seltener Sensibilität hat der frühe Hofmannsthal diese Zusammenhänge aufgespürt, indem er die Wirkungen und Möglichkeiten der Sprache aufzufächern sucht, – Möglichkeiten, die auch das Unsagbare einschließen und beschwören: «Nicht in den Worten ... liegt das Stärkste dieses Zaubers: es liegt in den Wendungen, in der unübertragbaren Art, wie die Worte nebeneinandergestellt werden, wie sie aufeinander hindeuten, einander verstärken und verwischen, miteinander spielen, ja sich verstellen, und eines des anderen Maske vornehmen, wechselweise einander ihrer ursprünglichen Bedeutung entfremdend.»[1] Nur in solchen Wechselwirkungen lassen sich Zwischenwerte ansprechen, jene unbestimmbaren Regungen, unwägbaren Stimmungslagen und flüchtigen Einfälle, die so wesentlich für die menschlichen Beziehungen wie für das Selbstverständnis sind, – das Spannungsfeld möglicher Zuordnungen und augenblicklicher Verbindungen. Jedes Wort birgt eine Fülle von Bedeutungen, die sich zuweilen widersprechen; immer ist es vollständig, nie jedoch öffnet es seine Bedeutungsfächer ganz. Je nach Stellung und Zusammenhang erweitert es seinen Anspruch oder verengt ihn; bald entspricht es der

Notwendigkeit gängiger Verständigung, bald spart es sich auf für das Unvernommene. Musil erblickt im Wort «bloß das Siegel auf einem lockeren Pack von Vorstellungen.» Nicht in herausfordernden Wortverbindungen, nicht mit den erfinderischen Möglichkeiten des Sprachaufbruchs vergegenwärtigt Musil das Unerhörte und Unaussprechbare, vielmehr vertraut er jenen unscheinbaren und dennoch durchgreifenden Wechselwirkungen, welche die Worte aufeinander ausüben. Die Abschattierungen, die er dem Wort abgewinnt, die Bedeutungen, die er entfaltet, – sie wirken aufschlußreicher als die Zahl der Worte selbst. Der Zusammenhang, – die Wechselwirkungen, – sie entbinden in ihnen Zwischenwerte und Halbtöne, welche über die gewohnten Bestimmungen und Bezeichnungen hinausweisen. «Das Umfassende und das Umfaßte» bilden «aneinander gegenseitig ihre Bedeutung heraus, und das Gefüge einer Seite guter Prosa ist ... nichts Starres, sondern das Schwingen einer Brücke, das sich ändert, je weiter der Schritt gelangt» (II, 1213) – ein Vorgehen, das der «Wahlverwandtschaften» – Goethe ebenso vielsagend und genau verfolgt wie Marcel Proust, Rilke oder Paul Valéry.

Angemessenes Lesen musilscher Texte erschließt, daß sie weniger Satzfolgen als Satzfelder vorstellen. Die Satzglieder können mehrere Aufgaben erfüllen; sie ermöglichen mehrwertige Zuordnungen, – eine Beweglichkeit, die jedoch nichts Zerfließendes zeitigt, vielmehr mit Genauigkeit und Unbestimmtheit verschiedene und vielbezügliche Gleichungen erlaubt, – Texte, die auch auf diese Weise «das Mehrfache ihres scheinbaren Inhalts» entlassen. Selbst die Interpunktion – wie die «Vereinigungen» erweisen – gliedert bewußt «den Inhalt nicht für den Leser, sondern nur für das gewählte Gesetz» – für das Gesetz vielseitiger Beziehungsmöglichkeiten, für bewegliches Denken (II, 969) nach der gleitenden «Logik des Analogischen.» (II, 1050)

Nichts nimmt der Mensch als abgezogene Einzelheit auf, – kein Wort, keinen Gedanken, kein Ereignis. Er begegnet allem in umfassenden Zusammenhängen, in einem Raum- und Zeitfeld, wobei es unentschieden bleibt, ob die Dinge dem Feld oder das Feld den Dingen vorausgeht. Immer schon hält er sich offen für eine Vielfalt; Wahrnehmungen und Vorstellungen, Erinnerungen und Erwartungen, Hoffnungen und Befürchtungen wirken zusammen, – ein Zusammenspiel zugleich von Gegenwärtigem und Künftigem, von Flüchtigem und Verharrendem, von Nahem und Fernem. Dinge durchdringen sich mit Stimmungslagen, Erkenntnisse mit Lichtwerten, Worte mit Unaussprechlichem, die Stille mit vielsagenden Winken. Darum versagen auch die scheinbar genauen Ausdrucksweisen, alle vereinbarten Daten und Maße, Wellenlängen und Mikromillimeter, denn erst die Vereinigung des Genauen mit dem Unbestimmten, von weitsichtigen Erkenntnissen mit entscheidenden Gefühlsbindungen wird den Erscheinungen und ihren verborgenen Möglichkeiten gerecht. Nichts bildet eine größere Herausforderung an das Vorstellungs- und Ausdrucksvermögen als die Vermutung, daß die gewohnte Wirklichkeit nur eine Lösung zeigt neben einer Vielzahl anderer Möglichkeiten, daß alle Dinge denkbar verschieden sein können von dem, was sie sind. Auf diese Gegenwärtigkeit des Möglichen hebt Musil eindringlich ab.

Spannungsverhältnisse wie wechselnde Zuordnungen im dichterischen Feld bewirken, daß sich die Gegensätze zwischen Belebtem und Unbelebtem in einer Reihe von Übergängen aufheben. Leben und Lebloses, – alles begegnet sich unablässig. Lebendiges zeigt nicht selten erstarrte, abgestorbene Züge; es gewinnt den Ausdruck der Maskenhaftigkeit, während sich stille Dinge eigentümlich beleben, Flächen und Lichtbahnen den Eindruck lebensvoller Auseinandersetzungen und Begegnungen vermitteln, – Zeugnisse dafür, wie weit sich Lebendiges durch Lebloses vertreten lassen kann. Nicht zufällig sind der «geheimnisvollen Dämonie» des Stillebens im «Mann ohne Eigenschaften» erregende Erörterungen gewidmet, hinter denen sich vielsagende Äußerungen zum Leben der Geschwister verbergend offenbaren. (1229 ff.) Zuvor schon hatte Musil im «Törleß» wie in den «Vereinigungen» diesem Austausch unnachahmliche Ausdruckswerte abgewonnen, die Sprache der

schweigenden und doch nicht sprachlosen Dinge vernehmbar
werden lassen, unfaßbare Zusammenhänge aufgelichtet.

Dem Vieldeutigen wie Vielbezüglichen wird man nur in Gleichnissen gerecht; sie vermeiden das Vereinzelte und Festgelegte; sie
umkreisen das Ganze, zugleich das Unsichtbare im Gegenwärtigen, entdecken das Zusammengehörige des Gegensätzlichen. In
ihnen versammelt sich Abwesendes und Anwesendes; sie wirken
mit dem Reiz des Schöpferischen und entfalten Zuordnungen, die
sich beständig bilden und lösen im unerschöpflichen Spiel von
Vorstellungen und Vermutungen. Sie vereinfachen sich nie zu
entschiedenem Wissen, vielmehr bewahren sie sich als Entwürfe.
Sie begnügen sich mit vielsagenden Andeutungen, – darin liegt ihr
unverzichtbarer Anspruch; sie entfremden und entfernen, – darin
äußern sich ihre fortwährenden Herausforderungen. Sie vertreten das Ganze, die «Eigen-schaften werden zu Aller-schaften», –
das Umspannende entspricht ihrem Wesen. Musil verweist nicht
allein auf Rilke, vielmehr zugleich auf sich selber mit dem Hinweis: im Gefühl des großen Dichters «ist alles Gleichnis, und –
nichts mehr nur Gleichnis. Die vom gewöhnlichen Denken getrennten Sphären der Wesensgattungen scheinen sich zu einer
einzigen Sphäre zu vereinen. Niemals wird etwas mit einem
anderen verglichen …; denn selbst wenn das irgendwo geschieht
und gesagt wird, irgendeines sei wie das andere, so scheint es
schon im gleichen Augenblick seit Urzeiten das andere gewesen zu
sein.» (II, 1257) Immer umspannend, nie jedoch endgültig, hält
sich das Gleichnis dem Kommenden offen; stets vergegenwärtigt
es bereits künftige Möglichkeiten und Auslegungen. Das Gleichnis verbindet alle Vorstellungen einer «gleitenden Logik», welcher die «Verwandtschaft der Dinge in den Ahnungen der Kunst
und Religion entspricht; aber auch was es an gewöhnlicher Neigung und Abneigung, Übereinstimmung und Ablehnung …
Nachahmung und ihren Gegenerscheinungen im Leben gibt, diese
vielfältigen Beziehungen des Menschen zu sich und der Natur, die
noch nicht rein sachlich sind und es vielleicht auch nie sein
werden, lassen sich nicht anders begreifen als in Gleichnissen.»

(593) Nur in Gleichnissen vermag man jene Möglichkeiten auszuziehen, welche das Feld vorgängig umspannt. Gleichnisse lassen im Sinnfälligen das Unfaßbare aufscheinen; sie offenbaren und verbergen zugleich, sie verdichten stets einen unerschöpflichen, einen unerhörten Text. Je spannungsreicher sie angelegt, um so genauer sprechen sie das Unbestimmte an.

Nicht selten entläßt das Gleichnis Spannung und Spannweite des Selbstwiderspruchs: ein Zugleich von Sprechen und Schweigen, von Hell und Dunkel, – Vereinigungen des Unvereinbaren in der Gleichzeitigkeit. Das Verwandte offenbart sich dort, wo man es nicht sucht, und mit Erstaunen wird man gewahr, wie alles mit allem verwoben ist. Diese Zusammenhänge entfaltet Musil in allen seinen Dichtungen: in Parallelen, Versuchsreihen und Abwandlungen fängt er die Wechselwirkungen auf, weist er die Abhängigkeitsverhältnisse nach. In Entsprechungen und Analogien, in coexistierenden Möglichkeiten und complementären Anlagen verdichtet er seine Entwürfe. Unerbittlich in der Strenge, das Unbestimmte einzukreisen, jene Zwischenwerte zu erreichen, die das noch Ungewisse und Schwebende ermitteln, dem noch Verschwiegenen oder schon nicht mehr Aussprechbaren gerecht zu werden, alles Unaufweisbare und dennoch Gegenwärtige anzudeuten, – jene Wirkungen, die das Unentschiedene fortwährend entläßt. Nachdrücklich vergegenwärtigt er die Zustände einer «halbgreiflichen Wirklichkeit» (1102), welche das Welt- und Selbstverständnis, die allseitigen Beziehungen und Vorstellungen vieldeutig beherrschen und weitläufigere Räume besetzen, als es die groben Einteilungen wahrnehmen und wahrhaben wollen.

Das dichterische Feld, welches Musil unverzüglich mit seinen Einsätzen vorstellt, vereinigt augenblickliche Wahrnehmungen, Einfälle, Absichten mit ausgreifenden Überlegungen und Entwürfen. Das Hintergründige im Unscheinbaren vergegenwärtigt sich unaufdringlich und bezwingend, – eine Beziehungsdichte zugleich, welche nicht selten von kargen Hinweisen und Anspielungen vermittelt wird. Ein Zusammenwirken von geistvoller Sinnlichkeit, von Willens- und Gefühlsregungen, Leidenschaften der

Einbildungskraft, von einer Nähe, die eigentümlich unnahbar anmutet, und einer Ferne, die unmittelbar anspricht und eine bezwingende Wirkung zeitigt; dieses spannungsreiche Miteinander mit seinen zahllosen Andeutungen offenbart etwas Vielsagendes wie Verschwiegenes. Nicht zuletzt äußert sich jenes unmerkliche Kräftespiel, das so gleichermaßen beherrschende wie unabsehbare Einsätze entläßt. Motive wie Themen erscheinen in ihm austauschbar, und in den Geschehnissen äußert sich etwas, was keineswegs geschehen ist, wohl aber sich hätte ereignen können. Personen werden angesprochen, die abwesend sind und dennoch gegenwärtig wirken. Das Ich und die Anderen, – diese Wechselbeziehungen stehen in einem Spannungsverhältnis wie die persönlichen Leidenschaften und jene Wünsche, Begierden und Bedrängnisse, denen alle unterworfen sind. Es sind jene Spannungen, die kaum angesprochen werden, verschwiegen jedoch sich äußern und etwas Unfaßbares behalten.

So viele Kräfte begegnen sich im Feld, daß sich das Persönliche vom Unpersönlichen nicht trennen läßt, daß unwiderrufliche Zuschreibungen sich verbieten; alle Übergänge bleiben offen, selbst diejenigen zwischen Bekanntem und Unbekanntem, zwischen Wissen und Vermuten, zwischen Zufall und Berechnung. Weit mehr als man annimmt, bleibt unbenennbar, wirkt weder anwesend noch abwesend, sondern erhält sich als unfaßbares, gestaltloses Leben. Die Feldspannung legt die Vermutung nahe, daß unablässig vieles Unvorstellbare sich abspielt, wovon das Vorstellbare nur einen Bruchteil ausmacht. Dieses Unvorstellbare entzieht sich allen Berechnungen, stellt alle Erwartungen in Frage und hintergeht selbst die Gesetze der Wahrscheinlichkeit. Nicht zuletzt erschließt das Feld, in wie hohem Grade man mit den Widerständen des Alltäglichen zu rechnen hat, mit dem Immergleichen, das sich eigensinnig und unabsehbar fortsetzt. Die Bedingungen des Feldes bringen zur Erinnerung, wie der Geist beharrlich sich mit den Widerständen des Gewöhnlichen und der Gewohnheiten auseinandersetzen muß, daß diese Erfahrungen und Rückwirkungen ihn wesentlich formen. In Ereignissen, Begegnungen, Begebenheiten, im Dasein des Menschen bleibt vieles, vielleicht das Wesentliche, nicht unmittelbar benennbar und begreiflich: Zwänge, Träume, Gesichte, die zahllosen Augenblicke von Geistesabwesenheit, die verschwiegenen Selbstgespräche und Selbstauslegungen. Die Vielzahl der Vorstellungen, die der Mensch von der Welt, von sich selbst hegt, – sie besitzen nichts mehr Bestimmtes, Entschiedenes, sondern verlieren sich in ungewissen Widersprüchen und wechselnden Entwürfen. Die Gegensätze zwischen Handeln und Erleiden, Wollen und Können gleichen sich zunehmend aus, und in Augenblicken höchster Erregung gleichen sich die verschiedenen Individuen überraschend einander an.

Ein Anfang des Feldes ist so wenig abzusehen wie ein Ende. Aber auch das zunächst Bestimmbare besitzt nicht jene Unwiderruflichkeit, die man ihm in vereinfachender Notwehr zuschreibt: Daten, Maße, Räume, Eigenschaften, – ihnen eignet nichts Unabhängiges, vielmehr richtet sich ihre Bedeutung und ihr Stellenwert nach der jeweiligen Zuordnung. Die scheinbaren Notwendigkeiten erweisen sich keineswegs als unumstößlich, die Beliebigkeiten freilich nicht als bloße Willkür. Das Feld in seinem beharrlichen Wechsel, in seinen Spannungsgegensätzen und einem Kräftespiel, von dem nur ein Bruchteil dessen, was sich fortwährend ereignet, wahrgenommen werden kann, – dieses Feld vielfach verdeckter Beziehungen und verborgener Abhängigkeiten bildet eine beständige Herausforderung an den Geist der Vermutungen. Kein Ereignis schreibt sich endgültig fest, vielmehr entfaltet es sich in wechselnden Auslegungen; selbst die Erinnerungen gewinnen kein starres, endgültiges Gepräge, vielmehr gestalten und ordnen sie in jeder Vergegenwärtigung sich neu; sie wahren sich die Voraussetzungen zu Erfindungen und begegnen dem Kommenden stets mit anderen Gesichtern, – Erinnerungen, die vom Künftigen her aufgerufen werden.

Nichts liegt näher, als das Feld als endlose Versuchsanordnung zu verstehen, der Welt «als einer von unzähligen möglichen Versuchen» zu begegnen. Das Individuum selbst, das sich frei für

alles zu halten trachtet und zu nichts entschlossen ist, begreift sich
als eine «versuchte Gestalt in einer versuchten Gestalt der Gesamtheit.» (1649) Von Beginn an bleibt es für Musil aufschlußreich, daß er solche Gestalten zu seinen leitenden Figuren verdichtet. Sich selber eignet er das Bekenntnis zu, welches Rudolf
Kassner seinem Joachim Fortunatus widmet: «... Schreiben ist
für mich im höchsten Sinne eine Sache des Stils – nicht weil ich ein
Ästhet wäre, sondern weil ich niemals das Ganze, das Leben, die
tausend Gründe und Möglichkeiten vergesse, nie vergesse, daß es
stets auch anders sein könnte!»[2] Dieses Bewußtsein erhält sich für
Musil beständig wegweisend. Jede seiner Dichtungen, das Spannungsfeld aus Vorwürfen und Stimmungen, aus Sinnlichkeit und
Überlegung, aus Denken und Träumen, Vermutungen und Einsichten, hält sich für viele Möglichkeiten offen; jede setzt so ein,
daß je nach Umständen und Constellationen das Verschiedenste
entstehen könnte. Dieses Bewußtsein wird in den Dichtungen
selbst vielseitig reflektiert und auch noch dann wach gehalten,
wenn es unausgesprochen wirkt.

Als Ganzes erweist sich das Feld von unangreifbarer Dauer. Die
Beziehungen, Wechselwirkungen und Abhängigkeitsverhältnisse
in ihm sind indessen oft von unfaßbarer Flüchtigkeit; Constellationen ordnen sich unversehens neu, unerwartete Durchblicke
reißen auf, überraschende Analogien stellen sich vor. Unüberseh-
bar wirken die gleichzeitigen Widersprüche, die bewegenden wie
die hemmenden Kräfte. Wer sie zu erfassen versucht, muß mit
variablen Größen, mit imaginären Zahlen rechnen. Die Figuren in
diesem Feld erscheinen austauschbar, – sie entziehen sich jedem
endgültigen Umriß. Eigenschaften, Handlungen, Zuschreibungen, Gegenstände, Formen, Ordnungen, – sie wechseln ihre Bedeutungen je nach Umständen und Einstellungen. Undeutlich-
keitszonen öffnen den Vermutungen weiten Raum, und die Phantasie wird von nichts so nachhaltig erregt wie vom Ungewissen.
Die moralischen Geschehnisse lassen sich als ein vielwertiges
Kräftespiel erkennen, das nichts ausschließt und Entscheidendes
sich vorbehält, – ein Spiel, das einem Ausgleich zustrebt, Ergeb-

nisse jedoch zu vermeiden sucht, die Spannungen des Unentschiedenen beständig auflädt. Es geht in ihm nicht um Entschluß und Wahl, vielmehr um das Zögern vor der Wahl.

Den fortwährenden Herausforderungen des Feldes begegnet der schöpferische Geist mit Erfindungen und Versuchen. Er sucht sich frei zu halten für unerfundene Möglichkeiten, trachtet mit Vorliebe sich dessen zu bemächtigen, was sich nie ganz verwirklichen läßt. Er setzt Grenzwerte ein und bevorzugt Grenzsituationen, verfolgt die Abenteuer der Selbstwidersprüche, entwirft Reisen an den Rand des Möglichen. Begebenheiten und Begegnungen dienen ihm nur zum Mittel, jene Gedankengruppen, Gefühlsregungen, Bewußtseinslagen zu belichten, unter denen das Individuum seine Erlebnisse zusammenfaßt, Gegensatzspannungen austrägt, Rückwirkungen erleidet, – ein Leiden, welches zugleich als ein Tun sich äußert, indessen sowenig wie dieses Entscheidungen trifft, vielmehr mit Vorbehalten zögernd allem begegnet. Beharrlich sich viele Möglichkeiten offen zu halten, zugleich sich selber und ein anderer zu sein, – darin zeichnen sich die musilschen Figuren aus.

Das Kraftfeld zwischen Erwartungen und Ereignissen entwirft Musil mit unerhörter Eindringlichkeit, und im Grunde erfüllt sich darin seine Dichtung. Zugleich vergegenwärtigt ihr Feld, wie Vergessen und Erinnern in ihm aufgehoben sind, wie immer die Möglichkeit vorgegeben ist, einer «vergessenen Schwester» sich zu erinnern oder sich selbst zu vergessen. Seine wegweisenden Figuren setzt Musil fortgesetzten Versuchen aus, ihr Denken wie ihr Träumen zu leben, der Logik ihrer Einbildungskraft zu folgen, und ihr Schöpfer unterwirft sich mit nie ermüdender Leidenschaft der schwierigsten Aufgabe: Akte des Denkens sinnfällig aufzureißen. Dem naturwissenschaftlich gebildeten Dichter liegt es nahe, die Wechselwirkungen zwischen Dasein und Erkennen umfassend und denkbar genau aufzuspüren, – jene Begegnungen, welche zur Annahme eines Feldes führen und im Feld beständig sich vollziehen. Es bleibt aufschlußreich, daß Geister wie Novalis und Valéry die Vorstellungen von Feldern fördern, die Analogie zwischen

Physik und Dichtung nicht nur vertreten, vielmehr in erstaunlichem Grade in ihren Werken aufscheinen lassen. Überlegen weissagt Hardenberg: «Die vollendete Physik wird die universelle Lebenskunstlehre seyn.»[3] Nicht weniger bemerkenswert, daß diese Naturen in ihren Dichtungen vielfach Theorien entwerfen, ihre Theorien unwillkürlich Dichtungen vermitteln. Die Feldstruktur bildet indessen keineswegs nur wesenhaft den Stil der Dichtungen, vielmehr bietet sie die denkbar umfassendsten Möglichkeiten zu Entdeckungen und Erfindungen, nicht zuletzt legt sie Zusammenhänge zwischen mathematischem und moralischem Denken frei.

Das Feld des Geistes ist ungleich vielwertiger noch als ein magnetisches Feld. Vorstellungen, Impulse verdichten sich zu unabsehbaren Zusammenhängen und Wirkungen, – zu unwägbaren Verhältnissen, die sich jedem bestimmenden Zugriff entziehen und nur in ungewissen Erwartungen und Ahnungen, im Spielraum der Vermutungen, erreichbar sind und gleichzeitig denkbar verschiedene Auslegungen erfahren. Die zahllosen Beziehungen zwischen Willensregungen, Plänen und Absichten, zwischen Erwartetem und Unerwartetem, erzeugen wechselnde Spannungsverhältnisse. Das Mit- und Gegeneinander gegensätzlicher Vorgänge, von Entwürfen und Verworfenem, von Glauben und Zweifeln, Skepsis und Zuversicht, zeitigt ein bewegliches und erregendes Gleichgewicht. Im Grunde sind es immer dieselben Vorgänge, die im Feld wirksam sind, die Abwandlungen und Abweichungen indessen entbinden eine unabsehbare Vielfalt. Die rastlose Tätigkeit des Geistes zeitigt in Erinnern und Erwarten, in Vermutungen und Annahmen eindringliche Zuordnungen und Constellationen. Abwesende Figuren wie kommende lösen fortwährende Bewegungen aus, bilden ein umfassendes Beziehungsgeflecht, unabsehbare Verknüpfungsmöglichkeiten. Unbestimmte Gesichter mit ihren Abweichungen und Ähnlichkeiten tauschen ihre Plätze und bilden in ihrem Reigen vielbezügliche Configurationen. Jede Begebenheit, die vielseitigen Überlegungen und Erscheinungen, – sie werden nicht zu eindeutigen Bestimmungen vereinfacht, vielmehr als variable Größen behandelt. In jedem Eindruck versammeln sich Wahrnehmungen und Erwartungen, Erinnerungen und Leidenschaften, individuelle Einstellungen und unpersönliche Vorgaben. Jenes Geschehen zwischen den Menschen, das sich in Gesprächen nie völlig offenbart, die verschwiegenen Erregungen und wortlosen Spannungen, – sie schlagen sich in den Widerständen nieder, die im Feld herrschen, – in Räumen, die nicht mehr die alltäglichen sind und sich in sichtbarer Weise unsichtbar verändern. Gegenständliche Zusammenhänge vertreten menschliche Beziehungen und gewähren diesen oft einen notdürftigen Halt. Das Unbeständige, Zusammenhanglose, Inkonsequente zeitigt überraschende Wiederholungen, und überlieferte Muster dienen zur Vorlage für Erfindungen, für auswechselbare Zusammenstellungen, geistige Abenteuer, für Grenzsituationen. Zeitlebens pflegt Musil in einem Spannungsfeld verschiedene Besetzungsmöglichkeiten zu erproben, – der «Mann ohne Eigenschaften» zeigt das ebenso eindringlich wie die «Schwärmer». Die sogenannten «Erlebnisse» folgen in der überwiegenden Mehrzahl vorgezeichneten Erlebnismustern, und die angesprochene Wirklichkeit gibt sich als Summe aus verschiedenen Meinungsäußerungen zu erkennen. Die Grenzfälle von eingeschränkter Gültigkeit bestätigen bestürzend, daß dasjenige, was «man heute noch persönliches Schicksal nennt», verdrängt wird, «von kollektiven und schließlich statistisch erfaßbaren Vorgängen.» (722) Die Umstellungen von einem mehr persönlichen zu einem allgemeinen Verhalten weist Musil minutiös und zugleich unaufdringlich nach, und den verschiedenen Sehweisen und Sichtweiten gewährt er weiten Raum.

Zwischenfälle, Abschweifungen, Unterbrechungen, Betroffenheit und Ekstasen, unerklärliche Verzögerungen, unerwartete Fragen, Zweifel an der Wirklichkeit, plötzliche Ausbrüche und Affekte, – sie zerreißen den gewohnten Rhythmus; das Gleichgewicht zwischen Ich und Welt erhält einen bedrohlichen Anstoß, der Erinnerungsfluchten aufbricht und die Einbildungskraft erregt. Jäh erscheinen alle Kräfte im Feld in anderen Zuordnungen,

– Augenblicke der Lähmung und Verwirrung treten ein, die Spannweite des Jetzt vergrößert sich unvermutet, es erschließt sich der Spielraum der Möglichkeiten. Alles Erdenkliche bietet man indessen auf, das Grauenhafte und Fragwürdige im Geläufigen aufzufangen. Eine gallertartige Schicht farbloser Meinungen breitet sich über den Vorwurf aus: «zurückquellendes Tagesgerede» füllt die Leere, und die Zeit setzt «Bläschen an wie ein Glas schalen Wassers.» (115) Überall her empfängt der Mensch Einflüsse und übt welche aus. Aber in allen Strömungen, Gewohnheiten, in den unbewußten und halb bewußten Regungen und Rückwirkungen, bleibt dem persönlichen Denken dazwischen so viel und so wenig Bedeutung wie einem «Kerzenflämmchen im steinernen Dunkel eines Riesendepots.» (1600)

Zahllose gleichzeitige Vorgänge, die alles und nichts miteinander zu tun haben, bilden einen fortwährenden Spannungszustand; man ist gewohnt, das undurchdringliche Mit- und Gegeneinander in Zusammenstellungen und Entsprechungen, in Wechselbedingungen zu verstehen, um es mit hinlänglichen Vorstellungen zu bewältigen. Zugleich gewahrt man einen Übergang von den Formen, die aus der Bewegung entstehen, zu den Bewegungen, in die auf Grund einfacher Abwandlung der Dauer die Formen geraten. «Wenn der fallende Regentropfen wie eine Linie erscheint, wenn tausend Schwingungen wie *ein* anhaltender Ton klingen ..., so kann umgekehrt eine ruhende Form durch eine angemessene Geschwindigkeit ersetzt werden ... der Taumel der Analogien, die Logik der Continuität führen diese Bewegungstendenzen bis zur Unaufhaltbarkeit ... Wir stehen vor einer unermeßlichen Verwobenheit: um bei all der Bewegung der Körper, dem Kreisen der Umrisse, dem verknoteten Ineinander, den Bahnen, den Gefällen, den Wirbeln, dem Netz der Geschwindigkeiten wieder zu uns selbst zu kommen, müssen wir uns an unser großes Talent geregelten Vergessens wenden ...: wir müssen, ohne das erworbene Wissen auszumerzen, einen abstrakten Begriff aufstellen: den der Größenordnungen.»[4] «Der *Verräumlichung* des Nacheinander entspricht die *Chronolyse* des Raums» – eine «Raumzeit», die schon Novalis angesprochen hatte.[5]

Die Dichtung Musils vergegenwärtigt eindringlich, «daß es neben und in gewissem Sinn vor dem empirisch-metrischen Raum noch gesehene, getastete und gehörte Räume in allen Abstufungen vom primären Eindruck bis zur vollbewußten Wahrnehmung gibt.» (II, 1046) Sie gestaltet Gefühlserkenntnisse und erfaßt jene unerhörten Wirklichkeiten, die sich im Beziehungsnetz zwischen Wahrnehmungen und Erinnerungen, Willensäußerungen und Empfindungen verdichten, – Vorstellungen, die «ebenso leicht zerfallen wie hochzusammengesetzte Atomgruppen.» (II, 1049) Um dem Flüchtigen gerecht zu werden, folgt Musil der «gleitenden Logik des Analogischen». Analogien treten an die Stelle starrer Begriffe. Indem sie weder das völlig Gleichartige ansprechen, noch das völlig Verschiedene, entfalten sie in der Einheit des Blickfeldes die Vielwertigkeit der Erscheinungen, vermögen sie den verschiedenen Wirklichkeitsgraden gerecht zu werden. Die Vorzüge der Analogie hebt schon Goethe eindringlich hervor, und er erblickt sie dort, wo sie auch Musil sucht: der «analoge Fall will sich nicht aufdringen, nichts beweisen ... Mehrere analoge Fälle vereinigen sich nicht zu geschlossenen Reihen, sie sind wie gute Gesellschaft, die immer mehr anregt als gibt.» «... die Analogie hat den Vorteil, daß sie nicht abschließt und eigentlich nichts Letztes will ...»[6] Musil könnte sich kaum umfassender bestätigt finden als in der Goethe-Erkenntnis: «Jedes Existierende ist ein Analogon alles Existierenden; daher erscheint uns das Dasein immer zu gleicher Zeit gesondert und verknüpft.»[7]

Als ein Kraftfeld aus analogen Beziehungen entwirft Musil seine Dichtungen, und sein Selbstverständnis spricht sich in einer Einsicht aus, mit welcher er Valéry begegnet: «Unsere ganze Existenz ist nur eine Analogie. Wir bilden uns ein System von Grundsätzen, Vergnügungen usw. das einen Teil des Möglichen deckt.» (1724) Auch aus diesen Voraussetzungen erhebt sich die Frage, welche Musil, seine Epoche wie seine Nachfahren anhal-

tend beschäftigt: «Wie weit sind wir, was wir tun u leben, u wie
weit sind wir es nicht?» (T 674) Wie weit ist man an dem beteiligt,
was man erlebt, wie vieles begegnet einem, ohne daß man es
erfährt, – diese Möglichkeiten lösen eine fortwährende Unruhe
aus, sie umkreisen das Fragwürdige jeder Existenz.

Bedeutsames wie Bedeutungsloses, persönliche Situationen
und unpersönliche Vorgänge, wechselnde Sichtweisen und Einstellungen, die verschiedenen Helligkeitsgrade des Bewußtseins,
bestimmte und unbestimmte Gefühlsregungen, – alles verdichtet
sich in der Gleichzeitigkeit des beziehungsgespannten Feldes.
Nicht länger sieht man sich auf die vereinfachenden Verhältnisse,
auf die voreiligen Schlüsse von Wirkungen auf Ursachen angewiesen, vielmehr umspannt das Feld alle Absichten wie das Absichts-
lose, nicht zuletzt jene vielwertigen Zustände, Begegnungen und
Zwischenfälle, aus denen «bemerkenswerter Weise nichts hervorgeht», (9) – ein Nichts, welches keineswegs bedeutungslos ist –,
um die aufschlußreiche Überschrift vom Einsatz des «Mannes
ohne Eigenschaften» anzuführen. Das Feld fängt auch die unsichtbaren Begegnungen zwischen den Figuren auf, die schweigsamen
Selbstauseinandersetzungen, jene schwebenden, vielwertigen Bezüge, welche das Wesen aller Erfahrungen ausmachen, die ent-
scheidungslosen Erregungen und unerklärlichen Mißverständnisse, die Erinnerungsfluchten, welche nur Vorwände abgeben für
Geständnisse, die fortwährenden Trennungen und Vereinigungen. Alles Nichtverwirklichte ist so wesentlich wie das Vollzoge-
ne, es zählt zur unverkürzten Wirklichkeit ebenso wie das Unwirkliche. Wer allein das Eindeutige berücksichtigt und überall
auf das Endgültige dringt, begnügt sich allein mit den Folgen, die
wesentlich erscheinen, indessen nicht das Wesentliche sind; dieses
erschließt sich keineswegs in bloßen Begründungen und bündigen
Formeln, nicht in meßbaren Veränderungen und unwiderruflichen Urteilen, vielmehr in unbegreiflichen Wechselbeziehungen,
in Zusammenhängen, die man entwirft und keineswegs so unmittelbar erlebt, wie man es nachträglich darstellt, denn das Erleben
selbst bleibt eigentümlich unvollständig, der Grund des Erlebens

undurchdringlich. Mit Urteilen und unwiderruflichen Schlüssen
verfehlt man das Unwägbare, das Wesentliche. Häufiger als man
annimmt, wird das Unwahrscheinliche zum Ereignis. Das Zusammenspiel zwischen Willkür und Notwendigkeit, von Erwartetem
und Überraschendem läßt sich mit keinem Raster von Bestimmungen, Begriffen und Regeln erfassen, zumal Einsätze wie
Möglichkeiten von vielfältigen Voraussetzungen abhängig bleiben, Unmittelbarkeit und Überlegungen sich unberechenbar begegnen. Äußere Begebenheiten und innere Regungen, Beobachtungen, Erwartungen, Erwiderungen, Schwingungen, Licht- und
Raumwerte, Augenblickswendungen, – im Feld vergegenwärtigen
sie sich mit ihren Entsprechungen wie in ihrer Widersprüchlich-
keit, und nicht selten bildet alles zusammen nur die jeweils
verschiedenen Ansichten einer Auslegung. Jegliches Geschehen
bezieht sich auch auf dasjenige, was nicht geschehen ist und
dennoch gegenwärtig wirkt, – die Gegenwart des Ausstehenden,
des jederzeit Möglichen, die spannungsvolle Gegenwart dessen,
was man erwartet, ohne diese Erwartungen genau bezeichnen zu
können, – Erwartungen, die das Unerwartete einschließen. Die
stets möglichen Beziehungen treten neben die wahrgenommenen,
so wie das jeweils Wirkliche Ich sich mit seinen Ich-Möglichkeiten
mehr oder weniger bewußt auseinandersetzt. Die Mehrzahl aller
Bemühungen gilt dem, was nicht mehr ist wie demjenigen, was
niemals eintritt, dem Unentschiedenen, – und so erschöpft sich die
Gegenwart weit mehr als man annimmt in Beschäftigungen mit
Abwesendem.

Das dichterische Feld bestätigt und vergegenwärtigt wie nichts
anderes die Einsicht von Paul Valéry: «... tout cela est une
production immédiate, instantanée, du conflit de *ce qui est avec ce
qui n'est pas.* Mais tout cela est en relation intime avec l'état
profond de nos forces. Nous ne pouvons pas vivre, sans ses
contrastes et ces variations, qui commandent toutes les fluctua-
tions de la source intime de notre énergie, et en sont réciproque-
ment commandés. De là naissent ou cessent nos actions.»[8]

Das Feld ermöglicht jene «synchronistischen» und «symphro-

nistischen» Dichtungen wie sie Goethe wegweisend in «Wilhelm
Meisters Wanderjahren» entwirft, – in jenem Werk, dessen Vielbezüglichkeit wie Gegenwärtigkeit sich allmählich zu erschließen
beginnt.[9] Ein Ausgleich zwischen den Gegensätzen wird fortwährend eingeleitet, verschiedene Meinungen offenbaren das Vielwertige der Wirklichkeiten; Geschehen wie Geschichten erhellen
sich wechselseitig, die Analogien zwischen Vor- und Nachbildern
scheinen auf. Alles Gewesene wirkt noch immer gegenwärtig, –
eine Gegenwart, in die das Künftige beständig hereinsteht. Bei-
spielhaftes, wie vieles, was ohne Beispiel bleibt, zeitigt Begegnungen und unvermutete Einsichten, bildet aufschlußreiche Configurationen, – vereinigt sich zu anregenden Auseinandersetzungen.
Die Wechselbeziehungen zwischen dem Persönlichen und dem
Generellen schaffen einen weiten Spielraum. Das beständig Mögliche begleitet das jeweils Verwirklichte, und jeglicher Wirklichkeit gehen Entwürfe voraus wie jede Entwürfe entläßt. Unabsehbare Veränderungen wie eigensinniges Beharren verweisen auf
Mittelwerte, zugleich wird die Bedeutung der Grenzwerte hervorgehoben. Man gewahrt den veränderlichen wie den sich verändernden Menschen in Spannungszuständen, die er in demselben
Maße bestimmt wie er von ihnen bestimmt wird. Tun und Leiden
wirken ununterscheidbar. Ferne und Nähe beherrschen gleichermaßen das Bewußtsein, und alle Erinnerungen werden von Vorerinnerungen begleitet.

Die vielfältigen Bewegungsmomente erscheinen als bewegte
Ruhe, das Gelassene offenbart sich indessen als das Miteinander
zahlloser Bewegungen. Vorgehen und Vergehen, wechselnde Beziehungen und bleibende Bedingungen bilden einen «stationären
Zustand».[10] Das Ausgesprochene läßt erkennen, wie vieles verschwiegen wird, – verschwiegen werden muß, wie Wesentliches
vielsagendem Schweigen anvertraut wird. Vieles wird nur ange-
deutet, zahlreiche Ansätze werden bewußt nicht ausgeführt.

Alles ist von einem Geist gestaltet und durchdrungen, der die
Übersicht besitzt, einer Fülle von Widersprüchen, Möglichkeiten
und Erwartungen gerecht zu werden, Verständnis und Mißver-

ständnisse ironisch aufzufangen, Notwendigkeit und Zufall gleichermaßen anzusprechen, Weltweite mit Gegenständlichkeit zu verbinden, das Nahe auf das Ferne zu beziehen, Ergebnisse und Voraussetzungen zugleich zu vergegenwärtigen. Dieser dichterische Geist verknüpft sich mit allem und hält sich dennoch frei, er fördert das Verstehen mit dem Vorbehalt, daß Wesentliches unerklärlich bleibt, – ein Verständnis für jene «offenbaren Geheimnisse», die Goethe früh achtet und vielfach wahrnimmt. Nichts beginnt unwiderruflich, jeder Ausgang erschließt das Vorläufige: alles ist fortzusetzen.

Jene Schöpfungen der Einbildungskraft, die sich nicht in nachweisbaren Werken niederschlagen, deren Wirkungen indessen kaum abzuschätzen sind, vergegenwärtigen sich im Erzählfeld ebenso vielfältig wie dicht: Vermutungen, Selbstgespräche, gewagte Einlassungen, erfundene Begegnungen, Vorspiegelungen, geheime Leidenschaften und unerklärliche Vorhaben. Jeder Vorgang, jeder unausgesprochene Entwurf bezeichnet zugleich ein unablässiges Festhalten wie Ablösen von Vorstellungen, – die meisten Vorgänge erschöpfen und begnügen sich damit. Die wechselnden Absichten, widerrufenen Pläne, abgebrochenen Gedankengänge und bewußten Träume, die geistigen Abenteuer, die Einsätze für das Unerreichbare, alle vollzogenen wie erdachten Begegnungen und Begebenheiten und unfaßbaren Regungen, die wortlosen Auseinandersetzungen, – sie machen die Feldspannungen aus und werden durch sie vermittelt. Erdachtes läßt sich nicht von Erfahrenem sondern, beides vergegenwärtigt sich zwingend und verhält sich in Zuständen der Besonnenheit ebenso austauschbar wie in ekstatischen Augenblicken.

Zur Welt der Wirklichkeiten gesellt sich diejenige der Vorstellungen und Auslegungen; weitsichtig hatte Goethe aus dem Blickfeld gegenwärtigen wie gegenständlichen Erinnerns darauf verwiesen: «Wie in Rom außer den Römern noch ein Volk von Statuen, so sei außer dieser realen Welt noch eine Welt des Wahns viel mächtiger beinahe, in der die meisten leben.»[11] Diese verdeckten Bedingungen und vieldeutigen Beziehungen bleiben meistens

unberücksichtigt, – vor allem dann, wenn man bestrebt ist, alles
auf das Verhältnis von nachweisbaren Ursachen und Folgen zu-
rückzuführen. Die Bestimmungen erfassen dann nur das Vordergründige, und die Motive werden überhaupt nicht angesprochen,
zumal man nur in den seltensten Fällen dasjenige erreicht, was
man erstrebt hatte, die Motive indessen häufig erst die Ergebnisse
nachträglicher Auslegungen darstellen. Im Feld scheint auf, wie
vieles geschieht, ohne daß nachweisbar etwas geschieht. Weniges
nur zeitigt ein Geschehen, welches Individuen und Dinge wahrhaft erfaßt und verändert. Die Veränderungen wiederum vollziehen sich keineswegs so auffällig, so sichtbar wie man vorschnell
anzunehmen geneigt ist. Das Unheimliche vielmehr äußert sich
darin, daß man sich zuweilen unversehens an einem Fast-Nicht
verfängt, daß etwas mit uns umgeht, das sich jeder Benennung
und Bestimmung entzieht, daß eine «leise, befremdliche Empfindung» einen befällt, «wie wenn wir im Dunkel gingen und mit
nackten Sohlen auf etwas träten, das noch nichts ist als ein
weicher, warmer, unübersichtlicher Widerstand und schon etwas,
in das allmählich das grauenhaft Menschliche hineinflutet …» (II,
476) Oft läßt sich kaum entscheiden, ob aus einem Gedankenspiel,
einem Vermuten, einem Entwurf etwas oder nichts hervorgeht;
man bleibt in allen Annahmen beständigen Täuschungen, Selbsttäuschungen ausgesetzt, die ebensogut einen Erschöpfungs- wie
einen Erregungszustand hervorrufen können. Jeder Augenblick
vereinigt Reiz und Ruhe, bildet ein Spannungsgeflecht aus Erfahrungen und Erfindungen, aus Gesichten und Gesichtslosem, aus
Schweigen und Sprechen. Oft durchmißt man Zeiträume gleichsam abwesend, und «aus lauter Leeren» entsteht die «Fülle der
menschlichen Existenz».[12]

Handlungen gewährt das Feld ebenso Raum wie Abhandlun-
gen, dem Mann ohne Eigenschaften wie den Eigenschaften ohne
Mann. Gespräche und Erörterungen, Lebensläufe und Skizzen,
Abenteuer wie Absichten, Roman und Essay, Begebenheiten wie
Theorien, – sie erscheinen nur als verschiedene Sichtweisen der-
selben Verhältnisse und Abhängigkeiten, – jener Verhältnisse, die

nur in locker-dichten Verknüpfungen sinnfällig erscheinen, so wie Gedankengänge, Willensäußerungen und Gefühlslagen in ihrem spannungsreichen Miteinander erst eine vorläufige Bestimmung des Unbestimmten erlauben, der Vieldeutigkeit der Vorstellungen und Versuche annähernd gerecht zu werden wissen, den flüchtigen Grenzsituationen wie den beständigen Durchschnittswerten. Wegweisend und nicht ohne Einseitigkeit hebt Musil auf Entsprechungen zu Mach, Boltzmann, Lorentz, Einstein, Minkowski, Couturat, Russell, Peano ab; dabei spart er freilich jene Dichter aus, die wie Goethe oder Novalis, wie Rilke auf ihre Weise das Feld erschlossen hatten (T II, 1251), – schöpferische Naturen, zu denen er sich sonst vielfach bekennt. In diesem Zusammenhang jedoch räumt er seiner Herkunft aus dem Geist der Mathematik und Physik die entscheidende Bedeutung ein, – Denk- und Darstellungsformen, in denen er weitsichtig auch Möglichkeiten zur Dichtung wahrzunehmen versucht, – der wagemutigste Versuch in der Geschichte des deutschen Schrifttums.

Die Spannungen zwischen mathematischer Genauigkeit und dichterischer Einbildungskraft, die Widerstände zwischen den Vorstellungen eines magnetischen Feldes und den Versuchen seiner Vergegenwärtigung in einem Text, – sie zeitigen eine Herausforderung, die Musil mit dem Einsatz aller seiner Kräfte angenommen hatte, obgleich das Bewußtsein notwendiger Unzulänglichkeiten ihn beständig begleitet hat. Entwürfe und Erfahrungen des Feldes, – sie entbinden gleichzeitig den dichterischen Geist wie seinen Zwillingsbruder, monsieur le vivisecteur. Wechselseitig bürden sich beide die schöpferische Beweislast auf, begegnen sie sich im Wissen um das Vorläufige, im Bemühen um dasjenige, was sich bisher allen Vergegenwärtigungen entzogen hatte.

Das dichterische Feld läßt keinen Zweifel darüber aufkommen, daß man an vielem teilnimmt, ohne es zu wissen, daß man zugleich indessen ein Wissen von vielem besitzt, was man wahrscheinlich nie unmittelbar erfährt. In zahlreiche Lebensgeschichten wird man verwoben, ohne daß es auffällig sich kundgibt,

Wirkungen übt man aus, deren Rückwirkungen einen oft spät, zuweilen nie erreichen. Gesichter prägen sich unvergeßlich ein, die einem nur flüchtig begegnen, diejenigen, welche man unablässig vor sich sieht, verflachen nicht selten zu einem Schattenriß. Man besteht Abenteuer der Phantasie, die sich gar nicht oder nur annähernd bezeichnen lassen, man verstrickt sich in einem Gedankengestrüpp, dessen Widersprüche sich nicht entwirren lassen. Dieses Unerhörte jedoch vermittelt das Gefühl einer Dichte, die das Denken ebenso anspricht wie die persönlichen Beziehungen und alltäglichen Begegnungen; es bildet sich fortwährend ein Netzwerk von Verpflichtungen, Verlockungen, Verwirrungen und Gefährdungen, welches ununterbrochen ausgelegt wird.

Das Feld hält sich für alle Fragen offen und versammelt vorgängig schon alle Antworten. Das Feld ermöglicht unerschöpfliche Zuordnungen, – Versuchsanordnungen. Es offenbart die zahllosen, zugleich die verschwiegenen Beziehungen zwischen dem Ich und dem Nicht-Ich, zwischen anwesenden und abwesenden Figuren; in ihnen erscheint die Gleichzeitigkeit des Verschiedenen faßbar, jene Beziehungen, welche das Ich mit sich unterhält, von denen es nur einen Bruchteil bewußt aufnimmt. Die Wirklichkeiten können ebensogut Einbildungen sein wie alle Einbildungen eine Wirklichkeit vorstellen. Alles Verwirklichte bezeichnet im Feld indessen nichts Endgültiges, vielmehr behält es sich Möglichkeiten vor, – selbst unerfundene Möglichkeiten. Endlose Überlegungen umkreisen sie, – Überlegungen zugleich zu Geschichten, die nicht erzählt werden wie zu solchen, die nicht erzählbar sind. Das Feld vermittelt Hinweise, unerschöpfliche Anregungen und zeitigt eine niemals nachlassende Anziehungskraft. Nichts im Feld erscheint fest geschrieben, stets aber vergegenwärtigen sich in ihm vielsagende Texte wie noch ungeschriebene Dichtungen.

III

Das Zeitbewußtsein

Die Gegenwart ist das Differential der Funktion der
Zukunft und Vergangenheit.   Novalis

Das Geschehen – auch dasjenige, aus dem in «bemerkenswerter
Weise nichts hervorgeht» – breitet sich in den Dichtungen Robert
Musils in einem Zeitfeld aus. Jeder Augenblick ist in sich ge-
spannt, seine Spannweite indessen bleibt variabel. Musil versucht
das Gleichzeitige zu vergegenwärtigen, die unabsehbar vielen
Begegnungen und Einzelheiten zu versammeln, – einen Zeit-
Raum vorzustellen, in dem alles zugleich vereinigt und gesondert
ist. Das Bewußtsein einer welthaften Gleichzeitigkeit besitzen
indessen nur wenige Gestalten, – und selbst diese nicht in jedem
Moment. Wenige leben aus ihrem eigenen, unnachahmlichen
Zeitbewußtsein, was freilich beständige Aufmerksamkeit und
Übersicht erfordert; die überwiegende Mehrzahl paßt sich vorge-
schriebenen Abläufen an, «so wie die Figuren kommen und gehen,
die aus alten Turmuhren treten, wenn die Stunde voll ist.» (II, 7)
Sie folgen der Ordnung vorgezeichneter Bahnen, und nichts liegt
ihnen näher, als die Freiheit zu sich selber aufzugeben, sich der
Qual unablässiger Entscheidungen zu entziehen, ein Leben der
Selbstenteignung zu führen, in dem nur «seinesgleichen» ge-
schieht. Eine verlockende Herausforderung bildet indessen die
Möglichkeit, das Uhrwerk einmal nicht aufzuziehen, oder den
Zeiger vor- oder zurückzudrehen, – Möglichkeiten, die Musil
zuweilen aufreißt. Sich und seinen leitenden Figuren wahrt er das
Widerrufliche; sie vermögen an verschiedene Epochen anzuknüp-
fen, stets mit dem Vorbehalt, sich an keine endgültig zu binden.
Weder von geschichtlichen noch von statistischen Zwängen lassen
sie sich ihre Freiheit rauben, zwischen Hier und Dort zu wechseln,
und ihr Jetzt erhalten sie sich als variable Größe. Sie entdecken in

allem das Austauschbare und gewahren das Utopische im Gewöhnlichen. Sie kommen in Geschichten hinein, ohne Geschichte
zu machen und sind unbeteiligt an den Ereignissen, die man ihnen
voreilig zurechnet, Ereignisse, die keine Folgen bilden und zuletzt
unerzählbar werden. Weniger die Begebenheiten selber werden
angesprochen, vielmehr Erinnerungen an sie, Erinnerungen an
Ereignisse, die nie eingetreten sind, Überlegungen zu Vorhaben,
die niemals ausgeführt werden.

In seltenem Maße gelingt es Robert Musil, das Zeitfeld sinnfällig vorzustellen, die Beziehungsmöglichkeiten auszufalten, dem
Gleichzeitigen gerecht zu werden. «Das Vorher und Nachher ist
nicht zwingend, der Fortschritt nur intellektuell und räumlich.
Der Inhalt breitet sich auf eine zeitlose Weise aus, es ist eigentlich
immer alles auf ein Mal da.» (an Bernard Guillemin, 26. Januar
1931; B 496) In dieser Gegenwart begegnen sich beständig Nähe
und Ferne, das Greifbare und das Unbegreifliche, Erinnerungen
und Entwürfe. Nichts erschöpft sich in bloßer Anwesenheit, alles
verweist auf seine Herkunft, auf seine Vor-Geschichte; alles
erscheint zugleich im Vorgriff auf seine möglichen Wirkungen
und Auslegungen. Wie kaum ein anderer Dichter weckt Musil das
Bewußtsein für die weltweite Vielfalt gleichzeitiger Begegnungen
und Zustände, für die Spannungsgegensätze und unauflösbaren
Widersprüche, für das unabsehbare Spiel der Kräfte wie der
Möglichkeiten. Er vergegenwärtigt «die bekannte Zusammen-
hanglosigkeit der Einfälle und ihre Ausbreitung ohne Mittel-
punkt, die für die Gegenwart kennzeichnend ist und deren merkwürdige Arithmetik ausmacht, die vom Hundersten ins Tausend-
ste kommt, ohne eine Einheit zu haben.» (20)

Den leitenden Figuren Musils versagt sich die bewährteste
«perspektivische Verkürzung des Verstandes», «jene einfache
Ordnung, die darin besteht, daß man sagen kann: ‹Als das geschehen war, hat sich jenes ereignet!› Es ist die einfache Reihenfolge,
die Abbildung der überwältigenden Mannigfaltigkeit des Lebens
in einer eindimensionalen, wie ein Mathematiker sagen würde ...,
die Aufreihung alles dessen, was in Raum und Zeit geschehen ist,

auf einen Faden, eben jenen berühmten ‹Faden der Erzählung›».
(650) Sie lieben nicht das «ordentliche Nacheinander von Tatsachen», das einer Notwendigkeit gleichsieht und den Eindruck
bestätigt, im Chaos geborgen zu sein. Dieses «primitiv Epische»
ist ihnen abhanden gekommen, «woran das private Leben noch
festhält, obgleich öffentlich schon alles unerzählerisch geworden
und nicht einem ‹Faden› mehr folgt, sondern sich in einer unendlich verwobenen Fläche ausbreitet.» Diese gespannten Flächen
gemahnen an die Sichtweise von Paul Cézanne. Auch er vermeidet
eine gewohnheitsmäßige Ansicht, die Vereinfachungen einer wi-
derstandslosen Linearperspektive. Die gegenseitigen Spannungen
der Kraftfelder zeitigen bei ihm eine Unmittelbarkeit, die sonst
hinter dem Vorgedachten verschwindet. Im Gewohnten kommt
etwas Ursprüngliches zum Vorschein, und die Akte des Sehens
gewinnen ihr schöpferisches und ordnendes Vermögen zurück.

Das Zeitfeld überwindet den Zwang metrischer Ordnungen.
Das jeweilige Jetzt kann in ihm gleichermaßen einem Augenblick
wie einer Ewigkeit entsprechen; immer umspannt es die Weite
eines Noch-Nicht und Nicht-Mehr. Das Zeitfeld vergegenwärtigt
nicht eine gewohnheitsmäßig geordnete Welt, es begnügt sich
nicht mit dem vordergründig Nachweisbaren und Berechenbaren,
vielmehr entfaltet es das weltweite Miteinander widersprüchlicher Vorgänge, gegensätzlicher Situationen, spannungsvoller
Configurationen, – ein Miteinander, das immer neue Beziehungen schafft und die verschiedensten Einstellungen vereinigt, das in
vielfacher Hinsicht von unberechenbaren Wirkungen und namenlosen Kräften beherrscht wird.

Die «perspektivischen Verkürzungen», jenes «ordentliche
Nacheinander», das einer «Notwendigkeit gleichsieht», vermitteln denjenigen, die sie vollziehen, den Eindruck eines Einverständnisses mit sich selber wie mit der Welt und täuscht ihnen
eine Geborgenheit vor: die Lücken schließen sich, die Widersprüche verschwinden. Wenn in diesen «Faden» des Lebens «ein wenig
‹weil› und ‹damit› hineingeknüpft wird», so werden doch alle
Bedenken und Besinnungen, die darüber hinausgreifen, ausge-

spart. Es bleibt den Betroffenen verborgen, daß sie auf diese Weise Wesentliches versäumen, das Widerspiel gleichzeitiger Gegensätze wie Entsprechungen, die Herausforderungen der Widersprüche, das Zugleich der Auf- und Niedergänge, der Bewegungen und Widerstände von Reiz und Ruhe, Vergessen und Erinnern, von Sprechen und Schweigen. Daß sich darin ein Mangel an Weitsicht wie an Sehschärfe äußert, hatten beispielhaft schon Diderot und Goethe nachgewiesen, – Goethe, der Morphologe, welcher die Bedeutung der «simultanen Metamorphose»[1] erkennt, der noch dort simultane Wirkungen gewahrt, wo andere schon sukzessive erblicken.

Anstelle chronologischer Folgen treten Ordnungen, in denen in jedem Augenblick eine mehr oder weniger ausgespannte Gegenwärtigkeit aufscheint, jeweils andere Zusammenhänge sich erkennen lassen, die neue Möglichkeiten entfalten.

Die gleichzeitigen Begegnungen und Wirkungen, Erwartungen und Vermutungen vermag Musil mit unerhörter Eindringlichkeit vorzustellen. Das Vieldeutige in Vorhaben, Regungen und Beziehungen legt er frei, die Vereinigungen der Gegensätze, das Miteinander von Anziehen und Abstoßen, jene Neigungen, die von Abneigungen begleitet werden, widerwilliges Handeln und entschiedenes Zögern, die gläubige Skepsis, das bestimmend Unbestimmte, das Wirkliche und Nichtverwirklichte. Wer aufmerksam ist, kann «wohl immer in der soeben eingetroffenen letzten Zukunft schon die kommende Alte Zeit sehen.» (132) Er räumt den Bestimmungen eines «ehe» und «nachdem» keinen unwiderruflichen Charakter ein und erkennt die vielfach unterschätzten Bedeutungen des «inzwischen» und «einstweilen». Anstelle endgültig datierter Abläufe breitet sich ein Gegenwartsfeld aus, das im Wechsel der Belichtungen durch Erwartungen und Erinnerungen sich denkbar verschiedenen Zuordnungen offen hält, und die starre Unterscheidung zwischen Einst und Jetzt aufhebt. Man gewinnt die Freiheit der jeweiligen Einstellung und Umsicht zurück. «Weit Zurückliegendes und Frisches wurde nicht länger künstlich auseinandergehalten, sondern wenn es das gleiche war,

dann hörte das, was man ‹zu verschiedener Zeit› nennt, auf, daran
zu haften wie ein roter Faden, den man aus Verlegenheit einem
Zwilling um den Hals binden muß.» (530) Was man getan hat wie
dasjenige, was man tun wollte oder hätte unternehmen können, –
alle Abenteuer, zu denen man sich fähig fühlt, – sie stehen alle
gleichermaßen nah wie fern im Blickfeld. Sie zeitigen die Gegenwart des Möglichen.

Das Spannungsverhältnis zwischen Nähe und Ferne bildet für
Musil von Beginn bis zuletzt einen erregenden Vorwurf; für die
zeitlichen Verhältnisse gilt das ebenso wie für die räumlichen und
die zwischenmenschlichen Beziehungen. Jener Widerspruch, welchen er Törleß zuspricht, – er resultiert aus frühen Erfahrungen
seines Schöpfers: «… je genauer er seine Empfindungen mit den
Gedanken umfaßte, je bekannter sie ihm wurden, desto fremder
und unverständlicher schienen sie ihm gleichzeitig zu werden, so
daß es nicht einmal mehr schien, als ob sie vor ihm zurückwichen,
sondern als ob er selbst sich von ihnen entfernen würde, und doch
die Einbildung, sich ihnen zu nähern, nicht abschütteln könnte.»
(II, 25) Das Bewußtsein unerreichbarer Nähe und bezwingender
Gegenwärtigkeit des Fernen, – diese unauflösbaren Spannungen
beherrschen das Selbstverständnis Musils. Das erregende Zugleich von Da und Dort zeitigt gleichermaßen Verwirrungen wie
Einsichten, der Anspruch einer Gegenwart, die noch um Jahr-
zehnte zurück liegt und unabsehbar in das Künftige aufbricht. In
einer Ordnung beständig möglicher Beziehungen lassen sich Erfahrungen von Erfindungen nicht eindeutig absetzen, und selbst
Erinnerungen erfindet man aus der jeweiligen Ordnung heraus.

Wie Ernst Mach erkennt auch Musil jedem Individuum eine
eigene, unübertragbare Zeitanschauung zu, wenn auch die wenigsten sie selbstkritisch sich vergegenwärtigen. Gefühlslagen, Bewußtseinszustände, Erinnerungsfluchten lassen sich nicht mit
metrischen Zeitmaßen erfassen, und das jeweils Zusammengehörige entzieht sich kalendarischen Bestimmungen. Die Vielbezüglichkeit des Gleichzeitigen, die Spannungs- und Abhängigkeitsverhältnisse, stellt Musil eindringlich vor: «So viele Dinge in der

Welt geschehen. Als ob lauter Uhren im Raum hingen und gingen und jede andere Zeit zeigte.» (II, 350) Damit erschließt sich eine wesentliche Analogie zur neueren Naturwissenschaft, denn nach der «Relativitätstheorie ... sind Zukunft und Vergangenheit durch ein endliches Zeitintervall getrennt, dessen Dauer von dem Abstand vom Beobachter abhängt ... Eine ihrer wichtigsten Konsequenzen ist, daß dann, wenn zwei Ereignisse für einen Beobachter gleichzeitig sind, sie vielleicht für einen anderen Beobachter nicht gleichzeitig sind.»[2]

Man hat sich daran gewöhnt, die Welt nicht mehr in ihrer unübersehbaren Vielfalt, mit ihren zahllosen Widersprüchen vorzustellen, vielmehr ist man bestrebt, vereinfachende Abbildungen und Abläufe zu zeichnen, um über alles verläßliche Voraussagen anstellen zu können. Wie wenige begegnet Musil dieser Sichtweise mit Skepsis und Ironie; sie schränkt die Möglichkeiten ein und glaubt, sich über das Unbestimmte und Unbestimmbare weitgehend hinwegsetzen zu können. Es zählt zu den bestürzendsten Selbstwidersprüchen, daß sich das Zeitalter beispielloser Entdeckungen die Weite seines Horizonts verstellt, und anstelle des Glaubens an das Unbegreifliche von einer beinahe blind anmutenden Gläubigkeit an das Vorhersehbare sich beherrschen läßt, daß es die Mehrzahl aller Entscheidungen und Einrichtungen im Hinblick auf jene fragwürdigen Berechnungen trifft, die sich als Gewißheiten ausgeben, – Gewißheiten, die es immer wieder annimmt, obgleich sie jeweils nach kurzer Frist sich meistens als verfehlt erweisen. Es blieb dem mathematischen Geist vorbehalten, die Grenzen des Beweisbaren und das Hinfällige alles Berechenbaren anzusprechen. Schon im Eingang zu seinem «Törleß» hebt Musil auf das Unzuverlässige geplanter Abläufe ab, und mit der Unbestechlichkeit des Ironikers legt er im Einsatz zum «Mann ohne Eigenschaften» das Fragwürdige meteorologischer Vorhersagen bloß. Weitsichtig wie kritisch deckt er das Zwiespältige einer Epoche auf, die einen zunehmend höheren Grad an Genauigkeit zu erreichen trachtet, die sich Bereiche unterwirft, die bisher für unberechenbar gegolten hatten, zugleich jedoch mit vorder-

gründigen Vereinbarungen und voreiligen Beschwichtigungen
sich begnügt. Während in manchen Bereichen eine erstaunliche
Prägnanz gewonnen wird, behilft man sich in anderen Zusammenhängen mit formelhaften Abreden, mit Bezeichnungen, die
beliebig sich besetzen lassen, mit Gesetzen, welche vielfach nur
noch die Gültigkeit bloßer Meinungen beanspruchen können.

Planvoll versichert sich Musil des Planlosen in dem Bewußtsein, daß man diesem Vorgehen die wichtigsten Entdeckungen zu
danken hat; er weiß, daß die Geschichte ihr Ziel erreicht, indem sie
keines hat. Seinen Dichtungen wahrt er eine fortwährende Vorläufigkeit; sie vergegenwärtigen ein vielbezügliches Vorerleben
und Vorerinnern; der Mann ohne Eigenschaften, nach seinem
Treiben befragt, hätte auch «während seiner exaktesten Beschäftigungen gewöhnlich keine andere Antwort darauf gehabt als die,
daß sie Vorarbeiten für das rechte Leben seien ... Zwar ließ sich
nicht sagen, wie es aussehen müßte, ja nicht einmal, ob es wirklich
eines gebe ... aber ein Leben ..., das nur den sogenannten Erfor-
dernissen gehorchte und ihrem als Notwendigkeit verkleideten
Zufall, somit ein Leben der ewigen Augenblicklichkeit ...: ein
solches Leben war ihm einfach eine unerträgliche Vorstellung!»
(1413) Ulrich wie sein Dichter, – sie bestätigen das Urteil Nietzsches: «Mit einem ‹um zu› bringt man die Handlung um ihren
Wert.»[3] Stets sind die musilschen Figuren bereit, diejenigen,
welche sie sind, für die zu opfern, welche sie sein möchten; das
Unerreichbare, das Nichtverwirklichte übt auf sie die stärkste
Anziehungskraft, – ein Dasein aus Erfindungen, nicht aus Erfahrungen, und ihre Herkunft betrachten sie nicht weniger als Entwurf wie ihre Zukunft. Seit seinem «Törleß» bevorzugt Musil
jene bildsamen Personen, vor denen das Leben «noch wie ein
unerschöpflicher Morgen» sich ausbreitet, «nach allen Seiten voll
von Möglichkeit und Nichts». Sie haben den Zwang zu Wiederholungen noch nicht erfahren, noch nicht jenen Mann adoptiert,
«der zu ihnen gekommen ist, dessen Leben sich in sie eingelebt
hat.» (131)

Der Mann ohne Eigenschaften vertritt alle leitenden Figuren

Musils, indem er sich mit nichts endgültig und ohne Vorbehalt
verknüpft; vielmehr zeichnet sich seine zögernde wie anspruchsvolle Haltung darin aus, daß er allem mit einem Sowohl-als-Auch
oder mit einem Weder-Noch begegnet. Er hält sich für viele
Möglichkeiten frei und weigert sich, an das Vollendete zu glauben. «Er ahnt: diese Ordnung ist nicht so fest, wie sie sich gibt;
kein Ding, kein Ich, keine Form, kein Grundsatz sind sicher, alles
ist in einer unsichtbaren, aber niemals ruhenden Wandlung begriffen, im Unfesten liegt mehr von der Zukunft als im Festen,
und die Gegenwart ist nichts als eine Hypothese, über die man
noch nicht hinausgekommen ist.» (250)

Das Weltoffene des menschlichen Wesens vergegenwärtigen
wenige Dichter derart weitgehend wie Musil; er zeigt das Zeitver-
haftete und zugleich Zeitentrückte des menschlichen Wesens, die
Möglichkeiten des Individuums, sich der Welt oder die Welt sich
anzupassen. Er offenbart die verschieden weit aufgefächerten
Sichtweisen, die unablässigen Vor- und Rückbesinnungen, wie
jene Zusammenhänge, die aus unbestimmten Gefühlsordnungen
sich bilden und zerfallen. Er legt das Innerliche im Gegenständlichen frei, im Gegenständlichen das Austauschbare. Musil erschließt, wie wenig Denken und Tun einander entsprechen, welch
widersprüchliche Bedeutungen und Folgen dieselben Gedankengänge und Vorhaben annehmen, – jene verschwiegenen Bedeutungen und Absichten, die sich allen Betrachtungsweisen entziehen, die bloß aus Folgen auf Ursachen schließen, den «Faden» des
Nacheinander unbedenklich abspulen. Musil versucht, den
unendlichen Brechungen des Denkens und Fühlens nachzukommen, dem unbestimmbaren Miteinander, jenen vielwertigen Zuordnungen gerecht zu werden, die hinter allen Leidenschaften und
Schmerzen, Verwirrungen und Schwächen lauern. Er nimmt sich
vor: «Nicht in Zeitreihe erzählen. Sondern hintereinander, zum
Beispiel: ein Mensch denkt a, tut Wochen später das Gleiche, aber
denkt b. Oder sieht anders aus. Oder tut das Gleiche in einer
anderen Umwelt. Oder denkt das gleiche, aber es hat eine andere
Bedeutung ...» (T II 391) In dieser Hinsicht haben bereits Goethe

und Novalis verwandte Überlegungen angestellt. In Vor- und Rückgriffen umspannt Musil das Zusammengehörige, Wirkliches und Nicht-Verwirklichtes. Ereignisse werden vorgestellt, die erst viel später stattfinden, Episoden angeführt, die sich niemals ereignet hatten. Das Zusammenwirken von Fühlen und Wollen, Erkennen und Erleiden, Wahrnehmen und Erfinden entfaltet Musil minutiös mit Widerständen und Vorwegnahmen. Die jeweiligen Einstellungen umgreifen zugleich Nahes und Fernes, Verjährtes, aber nicht Vergessenes wie Künftiges. Verschiedene Orte, Epochen und Jahreszeiten begegnen sich, Frühlingstage im Herbst, ein «Spätfrühling-Herbsttag» (129) – eine Zusammenschau, die an Landschaften von Paul Cézanne gemahnt; auch er vereinigt Verschiedenes zum Ganzen, – zu einem alterslosen Ganzen, das sich perspektivischen Verkürzungen wie den gewohnheitsmäßigen Annahmen verweigert, vielmehr sich in Farb- und Flächenspannungen zu einem ursprünglichen Kräftefeld verdichtet.

Diese Zusammenhänge und Entsprechungen erschließt ein eindringlicher Hinweis Musils zur Darbietung der «Vereinigungen»: «Der point de vue liegt nicht im Autor u. nicht in der fertigen Person, er ist überhaupt kein point de vue, die Erzählungen haben keinen perspektivischen Zentralpunkt.» (B 88)

Die benannten wie unbenannten Orte Musils, Mährisch-Weißkirchen, Wien oder Brünn, – sie vermitteln keine genaue Topographie, vielmehr bilden sie vielwertige Spannungsfelder für Begegnungen: ebenso entziehen sich die Zeiträume, die angesprochen werden, jeder unwiderruflichen Zuordnung; sie lehnen sich an gewisse Erscheinungen an und vertreten Möglichkeiten, die man unschwer mit ihnen in Zusammenhang bringen kann, die jedoch keineswegs von ihnen ausschließlich bestimmt oder durch sie bedingt bleiben. Bewußt spart Musil auch viele Bereiche aus, um sich dadurch die Fülle des Unbestimmten zu wahren, und jeder geht fehl, der eine lückenlose Darstellung sucht. Die Umrisse des Zeitalters, die gesellschaftlichen Verhältnisse erscheinen bei Marcel Proust ungleich entschiedener ausgezogen: Farbspuren von Saint Simon, La Bruyère oder Balzac schlagen durch und wirken

bei ihm als Bindemittel. Musil beläßt den Zuständen etwas Austauschbares; sie wahren sich die Gegenwärtigkeit des Künftigen in
einem erstaunlichen Grade. Nicht weniger als dem Gewesenen
entspricht «Der Mann ohne Eigenschaften» dem Wesen kommender Wirklichkeiten, – manches erscheint ihnen näher gerückt,
zugleich verweist vieles auf noch ausstehende Möglichkeiten.
Hinter allen Anregungen, Vorlagen und Vorbildern wirken Entwürfe, das Leben zu denken, das Denken zu leben, – Vorstellungen, die sich allen Zeiten fügen und keiner Epoche endgültig sich
zuordnen lassen. Eindringlich vermag Musil den Zeitgeist anzusprechen, indessen legt er sich niemals auf ihn fest. Er erkennt in
ihm eine Vereinbarung, auf welche man sich gerne beruft, ohne
sie zu erkennen oder gar ihren Grenzwert zu bestimmen. An der
Bestechlichkeit des Zeitgeistes wie an seiner Abhängigkeit von
Vorurteilen läßt Musil keinen Zweifel und ironisch weist er die
Anstrengungen zurück, ihn festschreiben zu wollen.

Nichts aus einer einseitigen Sichtweise zu erfassen, nicht nur
eine Richtung zu verfolgen, vielmehr vielfältige Möglichkeiten,
Vorgänge und Erinnerungen gleichzeitig vorzustellen, eine Auswahl möglicher Folgen zu bedenken, – darin erblickt Musil das
Aufschließende dichterischer Gestaltung. Was der jugendliche
Hofmannsthal gleichermaßen spielerisch wie hintersinnig umreißt, entspricht auch den musilschen Versuchen: im Ausüben der
Künste zeigt sich das Bestreben, «sich die Gegenwart zu multipli-
zieren, dadurch, daß man sich fremdes Leben aneignet und die
eigene Gegenwart durch Reflexion ganz auslebt, die entschwun-
dene wieder hervorruft.»[4] Das Ich selbst gewahrt sich als eine
Multiplikation vieler Vergangenheiten und kommender Möglichkeiten. Für nicht wenige Constellationen, und umfassender noch
als es Hofmannsthal Balzac nachrühmt, gilt für Musil, daß die
Figuren «einander wie hundertfältige Spiegel ihr ganzes Leben,
ihr Denken …, ihre Vergangenheit, ihre Zukunft … multipliziert
zuwerfen.»[5] Auch Hofmannsthal erkennt in der Zeit «etwas
höchst Relatives, eine … Anschauungsform unseres Geistes»: in
jeden Augenblick vermag man unendlichen Inhalt zu legen, und

der «Begriff des Enteilenden» läßt sich ebenso überwinden wie der «Begriff des Unbedeutenden». Die Vervielfältigungen legen halbbewußte Regungen ebenso frei wie verschwiegene Gespräche und ungeschriebene Entwürfe; sie vergegenwärtigen jene Widersprüche, die mehr oder weniger spannungsreich jeden Augenblick beherrschen, obwohl man sie oft kaum bemerkt. Die vorgetäuschte Schlüssigkeit in Selbstverständnis und Vorhaben bricht auf, das Unzulängliche und Vorläufige in allem wirkt gleichermaßen bedrängend wie anregend. Was in bloßer Beachtung von Abläufen nur ungenügend erfaßt wird, offenbart sich in jenen Unterbrechungen, in denen das Selbstverständliche unbegreiflich anmutet, das Gewohnte sich als das Ungewöhnliche zu erkennen gibt, die Spannungen des Gleichzeitigen das Unerwartete aufscheinen lassen. Diesen Grad der Verdichtung erreichen die Vervielfältigungen; sie sammeln das Verschwiegene und Andeutende, das Weiterführende und Anfängliche.

Vorerinnerungen und Erinnerungen, Gefühlslagen und Bewußtseinsakte, Erwartetes und Unerwartetes, – alles vereinigt sich zu Zeiträumen, die ebenso rasch entstehen wie vergehen, die vorhalten oder sich verflüchtigen. Gegenüber diesen lebensvollen wie unwägbaren Größen, denen etwas Persönliches, Unübertragbares eignet, heben sich jene datierbaren Ordnungen mechanisch ab, die öffentlichen Charakter besitzen. Diese Zeitbestimmungen begünstigen das Gleichförmige, Gesichtslose und Gedankenarme. Eine «Zeit der Puppen», die nichts verknüpft, keine Ordnung der Geschehnisse zeitigt, – eine Zeit «gefüllt mit Geschehnissen wie eine Urne mit Losen.» «So vermag sich auch eine Puppe weder zu überleben und ein Ereignis zu überdauern noch nach etwas zu sehnen, das nicht auch käme oder überhaupt nicht existierte. Es ist ganz undenkbar, daß eine Puppe sich selber im Wege sei oder im letzten Augenblicke, da nichts mehr zu geschehen drohe, mit sich selber in Widerspruch gerate» – so kreist Rudolf Kassner die vorgezeichneten Abläufe ein.[6]

Seit den «Verwirrungen des Zöglings Törleß» setzen sich die Dichtungen Musils mit jenen eingeschliffenen Vorgängen ausein-

ander, mit jener ablesbaren Zeit, in der die Stunden allzu häufig
«ohne innerlichen Zusammenhang» (II, 14) auseinander fallen,
– einer Zeit, die jedermann zugänglich und niemandem zugehö-
rig ist. Jene geduldigen, berechenbaren Pläne, «welche für den
Erwachsenen, ohne daß er es merkt, die Tage zu Monaten und
Jahren zusammenketten» – sie sind Törleß noch ebenso fremd
wie jenes «Abgestumpftsein, für das es nicht einmal mehr eine
Frage bedeutet, wenn wieder ein Tag zu Ende geht.» (II, 34) Er
versucht, Zustände und Vorgänge nicht nur datenmäßig zu erfassen, vielmehr noch in ihren ursprünglichen Zusammenhängen zu erfahren, die Spannungen zwischen Selbst- und Gegenstandsbewußtsein, zwischen Erwartungen und Erinnerungen
aufzulichten. Ihn verwirrt zunächst, daß er in jedem Vorgang
das eigene Dasein mit vergegenwärtigt, daß immer sein Dasein
auf ihn zukommt, daß er zugleich sich zeitverhaftet wie zeitentrückt verhält. Er kennt die unmeßbaren Augenblicke «äußeren
Schweigens über gespanntester Innerlichkeit zwischen zwei
Menschen» – Augenblicke, von denen man nicht sagen kann,
was in ihnen vorgeht, – «eine Lockerung aller früheren Spannungen und zugleich ein Zustand plötzlicher, neuer Gebundenheit, in dem schon die ganze Zukunft enthalten ist.» (II, 45 f.)
Er kennt jene Entrückungen, in denen der Zeithorizont sich
unermeßlich weit öffnet. Törleß geht zuletzt die Notwendigkeit
auf, daß es verschiedener Einstellungen, eines Doppellebens bedarf, um die eigene Lage und das Verhältnis zur Welt abzuschätzen, indem fortwährend Lösungen und Bindungen vollzogen werden müssen, um den verschiedenen Ansichten und Vorgängen zu entsprechen, Geschichten ohne Erfahrung mit Erfahrungen ohne Geschichte zu verknüpfen. Nicht zuletzt gewahrt
er die Schwierigkeit, die Ferne mit dem Nahen in seinem Erleben übereinzubringen, – eine Schwierigkeit, die er mit dem
Kaufmannssohn des hofmannsthalschen «Märchens», mit dem
Fürstensohn aus dem «Fest der Jugend» von Leopold von An-
drian und dem Malte Laurids Brigge von Rilke teilt, – dieser
«unfaßbare Zusammenhang, der den Ereignissen und Dingen je

nach unserem Standpunkte plötzliche Werte gibt, die einander
ganz unvergleichlich und fremd sind ...» (II, 139)

Wenn Törleß zuletzt aus jener «kleinen Station» fährt, die zu
Beginn vergegenwärtigt worden war, kommen ihm Erinnerungen
aus der Zukunft entgegen, – Erinnerungen, die in einen endlosen
Horizont eingehen, – ein Ausgang, der einen anderen Anfang
vorstellt, – nicht zuletzt vereinigen sich ihm alle Erwartungen
unauflösbar mit seinen Erinnerungen.

Jene Spannungswiderstände, welche das Zugleich von «noch»
und «schon» aufladen, – sie lösen in den «Verwirrungen des
Zöglings Törleß» das Befremdende aus, das Unbegreifliche, welches sich allen unwiderruflichen Bestimmungen entzieht und das
Fragwürdige jeder endgültigen Selbstbestimmung aufreißt. Sinnfälliger noch äußern sich diese Spannungen in den «Vereinigungen» und der «Tonka». Die einteilenden Zeitbestimmungen und
die Spannweiten persönlicher Betroffenheit und ihrer Vorstellungen, die variablen Größen des «während» und «inzwischen», –
eine Coexistenz der Widersprüche, – alles legt Zusammenhänge
frei, die sonst hinter bloßen Zeitreihen verschwinden. Eine «kritische Zustandsmischung von Träumen u Wachen, Vergangenem
u Gegenwärtigen» (T 185) vergegenwärtigt sich in diesen Erzählungen. Ein Vergleich des «Verzauberten Hauses» (1908), der
Vorfassung zur «Versuchung der stillen Veronika» (1911), mit
der späteren Ausgestaltung läßt erkennen, wie weitgehend das
Nacheinander zum Miteinander wird, Vorgänge sich zu vieldi-
mensionalen Zuständen verdichten. Das datierbare «damals» ent-
fällt ebenso wie der abstufende Rahmen «Es ereignete sich, als ...»
(II, 141) Ein zuständliches Geschehen breitet sich in einem Zeitfeld aus, in den Spannungen zwischen Wahrnehmen und Erwarten, Wünschen und Wissen, zwischen allem, was man inbrünstig
begehrt, minutiös sich vorstellt und niemals endgültig eintritt. In
einem Sich-Nähern und Sich-Entfernen, Klären und Verschwim-
men weiten und verengen sich die Zeiträume. Jegliches Ereignis
erweist sich ausladender als der Augenblick, in dem es sich
vollzieht; mit seinen Erinnerungen und Erwiderungen greift es in

die Zukunft aus wie seine Bedingungen sich von Vergangenem her schreiben; Erinnerungen wie Wirkungen üben eine verwandelnde Kraft, die sich dem Ablesbaren entzieht. Momente der Vergangenheit erhalten sich keineswegs unverrückbar, vielmehr fügen sie sich verändernden Einstellungen und Erfahrungen. Die vielfältigen Abhängigkeitsverhältnisse und Wechselbeziehungen offenbaren jene unerhörte Gleichzeitigkeit im Individuum, welche sein jeweiliges Dasein ausmacht, das Unausgesprochene und Unbegreifliche, die verborgenen Entsprechungen und namenlosen Spannungen.

Das Miteinander von «Denkerschütterungen» und «Gefühlserkenntnissen», von Bewußtseinsakten und Leidenschaften, die einander sich überlagernden Bahnen von Erinnerungen und Vermutungen, – Musil verfolgt dieses Miteinander zuweilen fast entlang «jener Grenze, wo Gefühl, Instinkt und Erlebnis zu einer nur ahnungsweise zu empfindenden Ureinheit sich wiederfinden.»[7] Im scheinbar Durchgängigen legt er die Abweichungen und Unterbrechungen frei, nicht zuletzt die Gegensätze, die in jedem Augenblick sich begegnen – im Zugleich von Hier und Dort, Geschehen und Nicht-Geschehen, von Untreue und Treue, Gewähren und Versagen, – ein Zugleich, in dem man sich auf so vieles bezieht und mit nichts sich unwiderruflich verknüpft. Eindrucksvoll gestaltet Musil das Zusammengehen von «Einbildungskraft und Zeit als Ergebnis der Interferenz von gelebter und gemessener Zeit, ohne welche Inter- und Differenz es keine Geschichte gäbe.»[8] Die vielfältigen Spannungen zwischen dem erinnernden und erinnerten Ich verdichtet Musil eindringlich. Seine aufschlußreichen Einsätze vergegenwärtigen das Sprunghafte der Erinnerungen: «Und einmal ...», «Einmal aber ...», «Und noch einmal ...», «Und damals ...», «Und da ...», «Jäh», «mit einemmale» bricht der gleichförmige Verlauf ab, gewohnte Denkbewegungen setzen aus. Plötzlich gewinnt vieles ein anderes Gesicht, das gar nicht mit diesem, sondern mit irgendeinem anderen zusammenhängt. Die vertraute Nähe erscheint belanglos, und eine ferne Erinnerung zieht die gespannte Aufmerksam-

keit auf sich. Bisher unbeachtete Zusammenhänge lichten sich
auf; Begebenheiten, die man für unwichtig angesehen hatte, – sie
erreichen eine unvermutete Bedeutung. Das Erschrecken bemächtigt sich des Menschen, dem es vorkommt, sein Gegenüber sei
«durch lange Zeit nie älter geworden ... und dann mit einem Ruck
sehr alt und dann wieder geblieben» (II, 200), – Erfahrungen, die
sich auch im Umgang mit sich selber überraschend wie befremdend einstellen. Wie wenige läßt Musil hervortreten, daß man die
eigenen Altersepochen weniger an sich selbst abliest, vielmehr in
Begegnungen mit anderen, – Wiederbegegnungen mit Menschen,
Landschaften, Texten, die zum Aufschlußreichsten wie zum Er-
schütterndsten zählen. Sie hinterlassen nachhaltige Eindrücke
und verändern das Selbstbewußtsein wie die Bezüge zur Welt.
Erreichtes und Versäumtes rufen Spannungszustände hervor,
gleichermaßen anregend wie lähmend. Alles fordert zu einer
anderen Auslegung heraus. Manche Wahrnehmung mutet an
«wie ein Schnitt durch die Zeit, vor dem alles Frühere unverrückbar erstarrt ...», und dieser Tag springt «mit einem plötzlichen
Blinken wie ein Schwert aus allen anderen heraus ...» (II, 212)
Man erfaßt das Gegenwärtige in einem längst Vergangenen, aber
nicht Vergessenen, dasjenige, was nie Wirklichkeit geworden war,
aber leicht hätte Wirklichkeit werden können. Vollzogenes erscheint noch einmal vollziehbar und verwirrende wie widersprüchliche Vorstellungen überlagern Erfahrungen. Musil gelingt
es, in den Abhängigkeitsverhältnissen die «gegenseitigen Simul-
tanbeziehungen»[9] sichtbar werden zu lassen, und nirgendwo erscheinen sie sinnfälliger als in den Ausdruckswerten von Farben
und Licht. Die grenzenlose Abhängigkeit aller Farben von ihrer
Umgebung, die Wechselwirkungen zwischen Wahrnehmungen
und Gefühlslagen, – sie offenbaren noch die halb bewußten
Regungen, verschwiegene Neigungen, kaum merkliche Widerstände. Das Licht vermag Gegenstände körperlos erscheinen zu
lassen, Widerscheine geistiger Einstellungen zu vermitteln; Nahes mutet ungreifbar an, Fernes zeigt sich mit schneidender
Schärfe. Licht verdeutlicht und vergeistigt zugleich, wirkt mit

bezwingender Gewalt, wie mit der Gespanntheit des Schweigens.
Es erfüllt Räume mit unbeschreiblichen Spannungen, verbindet
und sondert, schafft Vertraulichkeit wie Befremden, – gleichermaßen Ausdruck von Genauigkeit und Mystik, – jener «taghellen
Mystik», die Musil verdichtet.

Licht erschließt das «Raumfeld»[10], seine verrückbaren Grenzen
und verschiedenen Orientierungsmöglichkeiten. Licht reißt eine
unabsehbare Ferne auf und entrückt das Nahe; es schärft das
Bewußtsein für Abstände, manchmal verbreitet es jedoch eine
blendende Helle, die undurchdringlich bleibt. Licht vereinigt
Geheimnisvolles und Vertrauliches. Zuweilen verschluckt es die
Sprache, dann wieder fängt es den leisesten Widerhall auf. Wie
«durch eine Wand voneinander getrennt» (T 221) sprechen zwei
Menschen und hören einander nicht. Oft vernimmt man denjenigen nicht, der neben einem steht, während man eine Stimme hört,
die von weither kommt. Aus einem Geräusch, das sich aus
hunderten von Tönen bildet, aus der matten Verwirrung des
Alltäglichen heben sich Stimmen ab. Plötzlich «von aller Erregung ganz befreit», steht man empfindungslos da, «und wie mit
den Gedanken irgendwo fern, in einem schalen, verwesten Licht.»
(II, 197) Längst Verflackertes wiederum, «wie der Duft verlösch-
ter Kerzen», umfängt den Menschen, «etwas Umgangenes wie die
Besuchszimmer im Haus, die reglos unter Leinenbezügen und
hinter geschlossenen Vorhängen schliefen.» (II, 203) Halbe, «unausdrückbare Bildungen» (II, 196) entstehen, die Bewußtseinszustände verdämmern, Wachen und Träumen fließen ineinander
wie fremde und eigene Gedanken. Nichts setzt sich klar von dem
anderen ab, ein «Wechsel ungefährer und verhüllter Formen, wie
man unter einer Decke etwas sich bewegen fühlt, ohne den Sinn zu
erraten.» (II, 207)

In diesen vielwertigen Zuständen offenbart sich die persönliche,
unübertragbare Anschauung der Zeit: jähe Einfälle von Erinnerungen, das Herkommen eines Abwesenden, das Mitreißende
traumhafter Gesichte, das schwebend Conjunctivische «als stünde», «als sänke», «als sei». Das Schlagen einer Uhr ruft den

unerbittlichen Ablauf der meßbaren Stunden ab; die Widerstände
gegen diesen gleichförmigen Zwang, vorauseilendes Begehren,
zögerndes Erinnern, unentschlossenes Verweilen, hastiges Auf-
begehren wie ohnmächtiges Ermatten, – sie erzeugen unerklärliche Spannungsverhältnisse, jenes Geschehen, ohne daß etwas
geschieht. Leidenschaften und Bewußtseinszustände, Vorstellungen und Befürchtungen, – sie unterwerfen sich keinen berechenbaren Abläufen und bewahren sich etwas Unabsehbares. In ihnen
entbinden sich die Wirkungen, welche das Individuum auf die
Welt, auf andere ausübt, – Wirkungen, in denen es seine Möglichkeiten entdeckt, an denen es seine persönlichen Epochen erfährt.
Diese können ebensogut einen einzigen Augenblick umspannen
wie ein Jahrzehnt. Es erfüllt sich darin das Leben des Individuums,
das sich in seinen Möglichkeiten vielfältig, oft verwirrt wahrnimmt und nie endgültig findet, Erwartungen unablässig neu mit
Erwiderungen verbindet, Entwürfe und Annahmen, Liebschaften
und Liebhabereien, Träume und Ekstasen, – alles entfaltet sich zu
Beziehungsnetzen, die sich ebenso rasch und unberechenbar verknüpfen wie aufdröseln. Jede Figur bildet sich unablässig und
gegen alle Widerstände, jene Zeit-Räume, in denen sich dasjenige
abspielt, was sie zu erfahren wünscht und zu tun beabsichtigt.

Immer andere oft überraschende und unvermutete Zuordnungen und Constellationen stellen sich im Zeitfeld vor, noch unbe-
dachte Lösungsmöglichkeiten bieten sich an, und jede Situation
erlaubt und fordert mehrere zeitliche Auslegungen, erschließt
zahlreiche Begegnungen. «Die wirklichen Gegenstände *fixieren*
nur die unendlichen Variationen der Raum- und Zeitgestaltung
durch die Einbildungskraft», weiß Hardenberg vielsagend.[11] Musil
berücksichtigt parallele Vorgänge und Zustände ebenso wie das
Sprunghafte und Unvermittelte, die kaum merklichen Übergänge,
Zögern und Übereilen, aber auch die jähen Ausbrüche und Ekstasen. Selbst jene Augenblicke vermag er sinnfällig vorzustellen, in
denen der Zeitstrom still zu stehen oder spurlos zu versickern
scheint, ohne daß sich die Dauer der Unterbrechung bestimmen
ließe. Ihm sind jene äußersten Grade des Selbstbewußtseins

vertraut, in dem wir wechseln, «ohne *weiter* zu gehen. In ihm sind alle Zustände und Veränderungen unseres empirischen Ich simultan.»[12]

Es gibt tote und lebendige Zeiten, – Zeiten eines gleichförmigen Ablaufs, den man nicht wahrnimmt, an dem man gar nicht beteiligt erscheint; immer wieder erfährt man aber auch jene Augenblicke, in denen lang aufgestaute Erwartungen durchbrechen, von denen man unwiderstehlich mitgerissen wird. Manchmal hat es den Anschein, als ob alles auf diese Augenblicke gewartet hätte: Epochen, Leidenschaften, Versuche, Versäumnisse, – alles versammeln sie in sich.

Musil gelingt es, die Wirkungen der zeit-räumlichen Einbildungskraft aufzufangen, jene Vorstellungen zu verdichten, welche die Figuren überfallen, klärend oder verwirrend ihr Verhältnis zu sich selbst wie zu ihren Mitfiguren aufscheinen zu lassen. Räumliche Nähe bei zeitlicher Ferne bildet ein ebenso erregendes Spannungsfeld wie räumliche Ferne bei zeitlicher Nähe. Der Einsatz zur «Vollendung der Liebe» vermittelt ein unvergeßliches Zeugnis für Musils Vermögen, im Sprechen das Schweigen, im Nahen das Ferne anzurufen, gegenüber dem Anwesenden den Abwesenden vorzustellen, in räumlichen Sichtweisen das Zeitbewußtsein aufzureißen. Die Dinge sprechen, während die Figuren verstummen, die Spannungsverhältnisse offenbaren vielsagend dasjenige, was unausgesprochen bleibt, was hinter beiläufigen Fragen und Erwiderungen auftaucht, – Vereinigungen des Genauen mit dem Unbestimmten, von Vermuten und Wissen. Formen gewinnen den Ausdruck des Bewegten, Bewegungen gerinnen zu Formen; in den Zuordnungen werden Geräusche vernehmbar, im fließenden Licht offenbaren sich vielwertige Gefühlsregungen. Die Gelassenheit der Umgebung sticht von der Erregung ab, welche die Figuren überkommt. In dem wiederholten «während» sammelt sich eine unbegreifliche Spannung, und seine Spannweite dehnt sich in das Unermeßliche; es erschließt etwas Unerkanntes und dennoch Gegenwärtiges in der Weite des Zeitfelds. Eine unvermittelte Frage, deren Hintergrund man nur vermuten kann, eine entschiedene Antwort, die Fragen aufreißt. Ein neuer Einsatz, eine wiederholte Entgegnung, ein Geständnis, dessen Bedeutung sich schwer abschätzen läßt, – ein knappes Gespräch, das rasch in das Unausgesprochene führt, gleichsam einen Vorwand für das Schweigen bildet, «während» die Frau den Tee einschenkte …

Die dunkelgrünen Jalousien «blickten außen auf die Straße, in einer langen Reihe anderer dunkelgrüner Jalousien, von denen sie nichts unterschied. Wie ein Paar dunkel und gleichmütig herabgelassener Lider verbargen sie den Glanz dieses Zimmers, in dem der Tee aus einer matten silbernen Kanne jetzt in die Tassen fiel, … im Strahle stillzustehen schien, wie eine gedrehte, durchsichtige Säule aus strohbraunem, leichtem Topas … In den etwas eingebogenen Flächen der Kanne lagen Schatten von grünen und grauen Farben, auch blaue und gelbe; sie lagen ganz still, wie wenn sie dort zusammengeflossen wären und nicht weiter könnten. Der Arm der Frau aber ragte von der Kanne weg und der Blick, mit dem sie nach ihrem Manne sah, bildete mit ihm einen starren steifen Winkel.

Gewiß einen Winkel, wie man ihn sehen konnte; aber jenes andere, beinahe Körperliche konnten nur diese beiden Menschen in ihm fühlen, denen es vorkam, als spannte er sich zwischen ihnen wie eine Strebe aus härtestem Metall und hielte sie auf ihren Plätzen fest und verbände sie doch, trotzdem sie so weit auseinander waren, zu einer Einheit, die man fast mit den Sinnen empfinden konnte; … es stützte sich auf ihre Herzgruben und sie spürten dort den Druck, … er richtete sie steif an den Lehnen ihrer Sitze in die Höhe, mit unbewegten Gesichtern und unverwandten Blicken, und doch fühlten sie dort, wo er sie traf, eine zärtliche Bewegtheit …

An diesem dünnen, kaum wirklichen und doch so wahrnehmbaren Gefühl hing, wie an einer leise zitternden Achse, das ganze Zimmer und dann an den beiden Menschen, auf die sie sich stützte: Die Gegenstände hielten umher den Atem an, das Licht an der Wand erstarrte zu goldenen Spitzen, … es schwieg alles und

wartete und war ihretwegen da; ... die Zeit, die wie ein endlos
glitzernder Faden durch die Welt läuft, schien mitten durch dieses
Zimmer zu gehen und schien mitten durch diese Menschen zu
gehen und schien plötzlich einzuhalten und steif zu werden, ganz
steif und still und glitzernd, ... und die Gegenstände rückten ein
wenig aneinander. Es war jenes Stillstehen und dann leise Senken,
wie wenn sich plötzlich Flächen ordnen und ein Kristall sich
bildet ... Um diese beiden Menschen, durch die seine Mitte lief
und die sich mit einemmal durch dieses Atemanhalten und Wölben und Um-sie-lehnen wie durch Tausende spiegelnder Flächen
ansahen und wieder so ansahen, als ob sie einander zum erstenmal
erblickten ...

Die Frau setzte den Tee ab ...» (II, 156 f.)

Die Figuren erscheinen umrißlos, gesichtslos, die Beziehungen
zwischen ihnen jedoch sind von metallischer Härte; ein Raum aus
Erwartungen und Erinnerungen verdichtet sich, Möglichkeiten
deuten sich an, von denen man nicht weiß, wie weit sie Wirklichkeit waren, wie weit sie es werden. Im Mysterium des Raums, im
Schweigen offenbart sich Unaussprechliches, gelangt etwas Un-
ausdenkbares zur Erscheinung: die Zeit, «Gefäß und Spiegel» in
einem.[13] Ein Augenblick, der etwas Ursprüngliches aufreißt, ehe
noch Gefühl und Anschauung sich voneinander getrennt hatten,
in dem alles etwas «von dem lautlosen Schweben einer Erinnerung» annimmt, zu einer «grenzenlosen Gegenwart» sich weitet.
(858) Man befindet sich im Vorstadium zu jenem Tagtraum, den
Musil später für die Zwillingsschwester entwirft: «... es gab nicht
Rechts noch Links oder Früher und Später, sondern wenn sie
etwas gemeinsam anblickten, entstand ein Vereintsein wie von
Wasser und Wein ...» (1501)

Weit auseinanderliegende Epochen vereinigen sich im Individuum ebenso wie gegensätzliche Gefühlslagen und Einstellungen.
Musil kommt für sich wie für seine Figuren der Novalis-Forde-
rung nach: «Der vollendete Mensch muß gleichsam an mehreren
Orten und in mehreren Menschen leben – ihm müssen beständig
ein weiter Kreis und mannichfache Begebenheiten gegenwärtig

seyn. Hier bildet sich dann die wahre, großartige Gegenwart des Geistes – ...»[14]

In Claudine begegnen sich so viele Erwartungen, Widerlegungen, Motive, daß nichts endgültige Gestalt annimmt, daß nur charakterisierte Möglichkeiten sich andeuten. Willensregungen und Widerstände, die Spannungen von Fühlen und Wollen, zwischen Wollen und Nichttunsollen erschließen sich: «man weiß, man müßte zurückkehren, sehen, aber alles drängt vorwärts, nur die Spinnwebfaden, Träume ... und von einem nicht gewordenen Gedanken strahlt eine stille Lähmung aus.» (II, 163) Zuweilen erscheint die Vergangenheit «wie ein unvollkommener Ausdruck von etwas, das erst geschehen mußte.» Je nach Einstellungen und Erwartungen vergegenwärtigen sich verschiedene Erinnerungsfluchten und die zeitlich fernen lichten sich stärker auf als die nahen. Zuweilen versagen alle Bemühungen, sich an jemanden zu erinnern, und es bildet sich nur die Vorstellung «wie von einem Zimmer mit lange geschlossenen Fenstern.» (II, 167) Nicht selten indessen wird die Vergangenheit zu lebendiger Gegenwart, sie kommt auf einen zu, «als ob dieses längst Verflossene noch lebte.» Im nächsten Augenblick wiederum gibt sich «nur mehr ein verlöschender Streif des Verstehens im Dunkel» zu erkennen. (II, 171)

Das Zeitfeld erlaubt vielfache Auslegungen und Orientierungsmöglichkeiten; Erinnerungen versteht man als Vor-Erinnerungen, Kommendes erscheint vom Vergangenen vorgezeichnet. Etwas Vernachlässigtes gewinnt plötzlich Bedeutung, zeitigt überraschend bisher unbeachtete Zusammenhänge. Das «schon lange» und das «eben erst», – sie rücken ununterscheidbar zusammen. Die Gegenwärtigkeit des Vergangenen erkennt Claudine an einem verjährten, jedoch keineswegs verwesten Traum: «Seit Jahren hatte sie ihn vergessen geglaubt und mit einemmal schien seine Zeit ganz nahe hinter ihr zu stehn, wie wenn man sich umkehrt und plötzlich in ein Antlitz starrt. Und ihr wurde so seltsam, als ob in diesem einsam abgesonderten Zimmer ihr Leben in sich selbst zurückliefe wie Spuren in eine verworrene Fläche.» (II, 174) Das vereinfachende Nacheinander versagt auch hier, die

starre Ordnung nach Früher und Später, vielmehr begegnen sich
unablässig verschiedene Altersepochen. Das Zeitfeld bleibt allen
Einfällen offen. Immer wieder eintretende, plötzliche Wendungen
legen bisher nicht beachtete Umstände frei, lassen verdeckte
Zusammenhänge aufscheinen, knüpfen und verändern das Beziehungsnetz, lichten das Selbst- und Weltverständnis. Hellsichtig
gewahren die Figuren der «Vereinigungen» wie später Ulrich, daß
sich nichts nach Ursachen, Zwecken oder Absichten bewegt,
vielmehr breitet sich in ihnen alles «in immer erneuten Kreisen
aus, wie wenn ein Strahl ohne Ende in ein Wasserbecken fällt.»
(125)

Gegenwärtige Vergangenheit und vergehende Gegenwart, –
Zustände des Allgegenwärtigen, wie sie auch Hofmannsthal vertraut gewesen. Vielsagend offenbart der «Schwierige» in der
Comödie seinen mystischen Lebenstraum vor Helene Altenwyl,
in dem sie seine Frau gewesen: «Das Ganze hat eher etwas
Vergangenes gehabt als etwas Zukünftiges.»[15] Ein «echtes Traum-
wissen, das sich über Vergangenheit und Zukunft hingelagert hat
und das zwiefache Einst unendlich zu immerwährender Gegenwart vereinigt.»[16] Es bilden sich jene Zustände, in denen sich
Sinnliches und Geistiges, Macht und Ohnmacht, Bewegung und
Ruhe, Anwesenheit und Abwesenheit nicht voneinander sondern
lassen; es erscheint dann auch nicht möglich, aus dem vielfach
verschlungenen Knäuel des Zugleich einen Faden herauszuziehen
und ihm zu folgen.

Musil vermag ein vielwertiges Zugleich vorzustellen, Wirklichkeiten und Vorstellungen, – Erlebnisse, «die schon halb im Imaginären liegen». Weitsichtig bekennt er sich in einem Brief an Rilke
zu Vorbildern, die er in einigen Rilke-Gedichten gefunden, –
Gedichte, «die nicht übertroffen werden können» (B 365) – ein
vielsagendes Bekenntnis des schöpferischen Lesers.

Alles stellt sich vor, als ob es seit jeher gewesen, als ob man
schon alles einmal bedacht hätte und nichts Neues sich ereignete.
Claudine begegnet jedem Kommenden so, «wie wenn sie es schon
einmal erlebt hätte« (was wiederum an Helene Altenwyl ge-

mahnt); ihre Worte scheinen in den Spuren von Worten stek-
kenzubleiben, die sie früher einmal gesprochen haben mußte.
«Sie achtete nicht auf das, was sie tat, sondern auf den Unterschied, daß das, was sie jetzt tat, Gegenwart war und irgendein
Gleiches Vergangenheit ...» (II, 180)

Jedes Ereignis greift weit über den Zeitraum aus, in dem es
sich vollzieht, seine Vorbereitungen wie seine Wirkungen er-
strecken sich über ein unabsehbares Zeitfeld; ebenso entspringt
keine Handlung allein aus einem Moment, immer besitzt sie
eine Vorgeschichte, deren Ursprung und Ausdehnung man
meistens nur vermuten kann, und nie ist es ein einziges Mo-
tiv, welches zur Entscheidung drängt, vielmehr ein kaum
durchschaubares Zusammenspiel zwischen Nötigungen und
Hemmungen, Absichten und Widerständen, Verlockungen und
Erwartungen, die aus verschiedenen Epochen sich herleiten.
Musil überwindet das Vordergründige, welches jene Schilde-
rungen behalten müssen, die in Verhalten und Handlungen
nur die Folgen dessen aufweisen, «was an Menschen das Wesentliche ist, nicht aber dieses selbst.» (II, 1001) Demgegenüber gelingt es ihm, scheinbar getrennte Bereiche und Epochen
zu vereinigen, Berechnungen und Zufälle, Verwirrungen und
Klärungen in ihrem Zusammenwirken zu erfassen, jene Erinnerungen vorzustellen, die vom Künftigen her aufgelichtet
werden. Die «Vereinigungen» wie «Andreas oder die Vereinigten», – sie zeugen gleichermaßen für die Weisung von Novalis: «Alles geht in uns viel eher vor, als es geschieht.»[17] Was
als Einwirkung von außen erscheint, offenbart sich als Auswir-
kung innerer Vorgänge, was sich als kommendes Ereignis andeutet, zeigt sich bereits mit dem Beginn vollendet, «ein aufs
genaueste ausgeführtes Vorerleben ohne tote Strecke. Ein Erleben, das scheinbar durch den leisesten Hauch von außen bewegt wird, im Entscheidenden aber von außen ganz unbeweglich ist.» (II, 972/73) Zugleich belegen die «Vereinigungen» die
Weitsicht der Hofmannsthal-Überlegung: «Die Umstände haben weniger Gewalt, uns glücklich oder unglücklich zu ma-

chen, als man denkt; aber die Vorwegnahme zukünftiger Umstände in der Phantasie eine ungeheure.»[18]

In seinen «Vereinigungen» verfolgt Musil den Weg der «kleinsten Schritte», «den Weg des allmählichsten, unmerklichsten
Übergangs». (II, 972) Phänomenologische Zusammenhänge treten anstelle äußerlicher Begründungen. Mit leidenschaftlicher
Genauigkeit wird in jedem Zustand das Miteinander gegensätzlicher Kräfte und Wirkungen vergegenwärtigt. Was sich zwischen
zwei Menschen abspielt, bleibt immer Vermutungen überlassen –
Vermutungen, die nie zu unzweifelhafter Gewißheit werden;
jeder folgt seinen eigenen Vorstellungen und unterstellt diese
unwillkürlich dem anderen; keiner weiß genau, wo der andere sich
befindet, welche Epoche er anspricht, – ein Vorwurf, der Musil nie
los läßt. Die Erwähnung eines Dritten, jenes G. in der «Vollendung der Liebe», erregt ein Spannungsfeld, in dem sich die
Ehepartner ihrer Zuordnung, ihrer fernen Nähe bewußt werden:
sie kommen sich im Hinblick auf den fernen Dritten nah und
erfahren zugleich den Schauder der Einsamkeit, – einer Einsamkeit, auf der sie «das Geheimnis ihres Zuzweienseins ruhen»
fühlen. (II, 159)

Es zählt zum Eindringlichsten, wie Musil jene Schwierigkeiten
überwindet, die jede Simultangestaltung aufwirft. Das Zugleich
von Vorerleben und Vorerinnern verdichtet er in der Weise, die
schon der Schöpfer des »Ofterdingen« umständlich aufgewiesen
hatte: ein Präsens als Synthese von Perfectum und Futurum:
«eine Zukunft, der Vergangenheit beigemischt ist, die durch
Vergangenheit zum Teil *gebunden* ... – eine Vergangenheit, die
mit Zukunft gemischt und durch dieselbe modifiziert ist.»[19]

Das Spannungsverhältnis zwischen Geschehen und Nichtgeschehen gewährt die erstaunliche Einsicht, daß die Begebenheiten
meistens belanglos anmuten, während das Nichtverwirklichte
eine schier unerschöpfliche Anziehungskraft besitzt. Jenes Abenteuer Claudines mit dem Zahnarzt, dem doch die Tochter Lilli
entstammt, war unpersönlich geblieben, fast ohne ihre Beteiligung verlaufen: ein angekündigter Besuch eines Freundes hatte

sich «über alle Geduld hinaus verzögert», und in einem Anflug «von Ärger, Schmerzen, Äther und dem runden weißen Gesicht des Dentisten ...», war es geschehen.» (II, 160) Es blieb ihr «nichts davon als die Erinnerung an eine sonderbare Wolke von Empfindungen, die sie eine Weile wie ein plötzlich über den Kopf geworfener Mantel verwirrt und erregt hatte und dann rasch zu Boden geglitten war.» Auch wenn sie «kein so schnelles und gehaltenes Ende fand wie jenes eine Mal und lange scheinbar ganz unter der Herrschaft irgendwelcher Männer stand», geschah es nie, daß sie nachher das Gefühl starker oder wichtiger Ereignisse hatte. «Wie ein Bach rauschte dieses Treiben einer unglücklichen, alltäglichen, untreuen Frau von ihr fort, und sie hatte doch nur das Gefühl, reglos und in Gedanken daran zu sitzen.» (II, 160/61) Man vollzieht Handlungen, mit denen man im Wesentlichen nichts zu tun hat, die man im Zustand einer Abwesenheit vollzieht, während die Aufmerksamkeit auf einen ganz anderen Vorgang gerichtet ist oder einer anderen Person gilt. Die Auffassung liegt nahe, daß die Mehrzahl aller Handlungen untereinander viel enger verknüpft sind als mit den Personen, die sie begehen. Auf diese Weise ist es möglich, sich von Begebenheiten und Begegnungen mit einer beinahe unbegreiflichen Leichtigkeit zu lösen, während man mit seinen Erwartungen hartnäckig verbunden bleibt. Alles, was sie tat und litt, war für Claudine «in dem Augenblick versunken, wo sie ihren jetzigen Mann kennengelernt hatte.» (II, 161)

Auf seinem «maximal belasteten Weg» vergegenwärtigt Musil die Einsicht Arthur Schnitzlers: «Man erlebt alles Wesentliche in dreifacher Art: im Vorgefühl (auch wenn man es nicht geahnt hat), in der Erinnerung (auch wenn man vergaß) und endlich in der Wirklichkeit; diese aber bekommt ihren Sinn in Hinsicht auf Vorgefühl und Erinnerung.»[20] Deutlich zeichnen sich darin die Unterschiede zu Marcel Proust ab, die oft vorschnell als Ähnlichkeiten angesehen werden. Auch die Figuren Musils finden «eine ganze Flotte von Erinnerungen vor, die im hellsten Licht des Bewußtseins» in ihnen kreuzt.[21] Die Gegenwärtigkeit der Erinnerungen wird bei ihnen jedoch von ihren Erwartungen, vom Kommenden her gesteuert, und ihre Gegenwart orientiert sich nach Vorerinnerungen. Sie halten sich den Horizont immer offen, sie wissen um das Unabsehbare ihrer Zukunft, ihrer Möglichkeiten. Von Claudine gilt ebensogut wie für Veronika oder Agathe, daß sie alle – nach einem Wort, das Musil Maeterlinck entlehnt – den größten Teil ihres Lebens im Schatten eines Ereignisses verbringen, «das noch nicht stattgehabt hat.»[22] Vorerleben, Vorgefühle, Vorerinnerungen, – sie beanspruchen einen ausgedehnten Raum, denn dem Entwerfen von Möglichkeiten stellen sich wenige Widerstände durch die Gegebenheiten entgegen. Das Versäumte wie Verfehlte, das Wiedererinnern gewinnt seine Bedeutung darin, daß alles vielfältigen Auslegungen unterworfen werden kann, – Auslegungen, die einen bedeutenden Teil des Daseins ausmachen. Musil trachtet darnach, das Zeitfeld seiner Figuren so weit aufzulichten, daß jener Bewußtheitsgrad erreicht wird, von dem Paul Valéry weiß: «Dans une très claire consciene, la mémoire et les phénomènes se trouvent tellement reliés, attendus, répondus; le passé si bien employé; le nouveau si promptement compensé; l'état de rélation totale si nettement reconquis que rien ne semble pouvoir commencer, rien se terminer, au sein de cette activité presque pure.»[23]

Die erdachten Wirklichkeiten und ihre Bewußtseinslagen verdichtet Musil in einer bisher kaum vorstellbaren Vielwertigkeit. Die Figuren und ihre «Vereinigungen» erschließen diese Beziehungen unnachahmlich, – sie erfahren ihre Gedankengänge, Leidenschaften, Vorstellungen und Widerstände als Handlungen, wie als Halluzinationen. Sie umspannen in ihrem Denken, Fühlen und Wollen gleichzeitig zahlreiche Gegensätze und sprechen zugleich das Hier wie das Dort an. Erstaunen und Befremden wirken aufeinander ein. Vergangenes erfährt wechselnde Auslegungen, künftige Möglichkeiten üben eine unwiderstehliche Anziehungskraft. Der Spannungszustand des musilschen «während» erscheint unüberbietbar vielbezüglich; am ehesten läßt er sich mit dem vielwertigen «da» von Georg Trakl vergleichen; das naheliegende kleistsche «indem» zeitigt eine fortreißende Gewaltsamkeit, die vieles ineinander verkeilt und ausschließt. Musil entdeckt und gestaltet die beziehungsgespannten Zeit-Räume zwischen «nicht mehr» und «noch nicht»; er vergegenwärtigt eindringlich, wie man zunächst über das Nahe hinwegdenkt, wie weit man sich im Entfernten aufhält. Den grammatischen Doppelformen, den Verneinungen und Conjunctionen, dem «nur mehr», «nichts als», «und doch» kommt aufschließende Bedeutung zu, bezeichnen diese Wendungen doch das Ungetrennte und Nichtvereinte. Musil verzichtet auf Wagnisse mit der Sprache, auf grelle Herausforderungen und eine gebieterische Phantasie; er vertraut auf Gelassenheit und aufschlußreiche Skepsis, auf den Geist der Ironie. Er belichtet Worte wie Wendungen von verschiedenen Seiten, hält ihren Bedeutungsfächer offen, setzt sie in unterschiedliche Zusammenhänge ein und entfaltet damit ihre vielfältigen Einsatz- und Ausdrucksmöglichkeiten; Zwischentöne werden vernehmbar, Bestimmungen des Ungewissen erreichen eine unerhörte Genauigkeit. Im Formelhaften reißt Musil oft den Selbstwiderspruch auf: «ein nichts und doch alles». (II, 220) Die Partikel erfüllen die Aufgabe, welche in der Mathematik den Zeichen zufällt, sie bestimmen Zuordnungen und Verfahren. Die Perspektiven des «als» oder «wie wenn» werden fast immer ausgezogen, Entsprechungen entfaltet, Gleichnisse verdichtet, die jedoch nicht das Gleiche ansprechen, vielmehr vielseitige Ansichten erschließen. Jedes «wie» vertritt etwas Unsagbares.

Conjunctivische Gespinste breiten sich aus, ein Miteinander von Fühlen und Verlangen, von Denken und Träumen, Spiele der Einbildungskraft. Manchmal denkt Claudine, «es müßte noch eine andere, ferne Art des Lebens für sie bestimmt sein. Es war das vielleicht nur die Form eines Gedankens, die von früher in ihr zurückgeblieben war, nicht ein wirklich gemeinter Gedanke, sondern nur ein Gefühl, wie es ihn einst begleitet haben mochte ...» (II, 164) Erinnerungen an eine Zukunft, die niemals ankommt. Während einstweilen gleichmütig «eine Uhr mit sich selbst irgendwo zu sprechen» beginnt, öffnet sich vor Claudine ein gren-

zenloser Horizont, überkommt sie das Vorgefühl, daß hier sich
etwas vollenden soll, und in gespanntem Erwarten verliert sie das
Bewußtsein für die Länge der Zeitspanne: «Viertelstunden, Stunden ... die Zeit lag reglos, von unsichtbaren Quellen gespeist, wie
ein uferloser See ohne Mündung und Abfluß um sie.» (II, 172/73)
Musil bevorzugt das Imperfekt, welches das Offene begünstigt.

Wie eindringlich Musil die Spannungen im Zeitbewußtsein
aufzufangen weiß, wie sich im Zugleich zahlreiche Epochen und
Zustände begegnen, welche Vorstellungen und Selbstauseinandersetzungen zum Drama der Gefühlsregungen sich verdichten,
wie er alles gestaltet, was nicht mehr und noch nicht begrifflich
sich fassen läßt, – Gestaltungen des Unaussprechlichen, – belegt
unüberbietbar die «Vollendung der Liebe». Claudine fühlt, daß
«hier sich etwas vollenden sollte, und wurde nicht gewahr, wie
lange sie so stand ... Nur einmal, irgendwann, glitt irgendwo von
diesem unbegrenzten Horizont her etwas Dunkles durch ihr
Bewußtsein, ein Gedanke, ein Einfall, ... und wie es an ihr
vorbeizog, erkannte sie die Erinnerung darin an lang versunkene
Träume ihres früheren Lebens – ... und währenddessen begann es
schon zu entschwinden und schrumpfte ein und aus der dunstigen
Unklarheit der Weite hob sich ein letztesmal, wie gespentisch klar
geknotetes Stangen- und Tauwerk eins nach dem andern darüber
hinaus, und es fiel ihr ein, wie sie sich nie wehren gekonnt, ... und
dann war es vorbei und in der wieder zusammenfließenden Stille
war nur ein Leuchten, eine veratmend zurückstreichende Welle,
als wäre ein Unsagbares gewesen, ... und da kam es jetzt plötzlich
von dort über sie – wie einstens diese schreckliche Wehrlosigkeit
ihres Daseins hinter den Träumen, fern, unfaßbar, im Imaginären, noch ein zweitesmal lebte – eine Verheißung, ein Sehnsuchts-
schimmer, eine niemals gefühlte Weichheit, ein Ichgefühl, das –
von der fürchterlichen Unwiderruflichkeit ihres Schicksals nackt,
ausgezogen, seiner selbst entkleidet – während es taumelnd nach
immer tieferen Entkräftungen verlangte, sie dabei seltsam wie der
in sie verirrte, mit zielloser Zärtlichkeit seine Vollendung suchen-
de Teil einer Liebe verwirrte, für die es in der Sprache des Tags und

des harten, aufrechten Ganges noch kein Wort gab.» (II, 173/ 74)

Musil vergegenwärtigt eindringlich, wie in jedem Augenblick Momente des Aufgangs wie des Niedergangs sich versammeln, Beharren und Verändern, Leidenschaft und Ekel, Erwartungen mit Enttäuschungen sich verknüpfen, Ferne wie Nähe, Gewesenes wie Kommendes aufeinander einwirken.

Das Gleichzeitige und Vielgesichtige der Bewußtseinsakte und Gefühlslagen erschwert den Zugang zu den «Vereinigungen», und der Dichter selber umreißt die Schwierigkeiten mit dem Hinweis: «Der Fehler dieses Buchs ist, ein Buch zu sein. Daß es einen Einband hat, Rücken, Paginierung. Man sollte zwischen Glasplatten ein paar Seiten davon ausbreiten u. sie von Zeit zu Zeit wechseln. Dann würde man sehen, was es ist. − −» (T 347) Aus solcher Übersicht erschlössen sich viele Wechselbeziehungen, die im Umblättern sich der Aufmerksamkeit allzu leicht entziehen. Man würde gewahr, wie wenig man vom Beginn sich entfernt, wie in ihm schon alles gegenwärtig erscheint. Die Spannungszustände wie die coexistierenden Möglichkeiten offenbaren sich im sinnfälligen Zugleich. Nicht zuletzt böte der «Mann ohne Eigenschaften» auf diese Weise ausgefaltet unschätzbare Einsichten in Wesen und Struktur. Da sich im Vorgang der Entstehung, Entwürfe, Fassungen, Entsprechungen nicht unwiderruflich voneinander ablösen, vielmehr alles in einem endlosen Feld aufgehoben bleibt, vergegenwärtigte sich in wechselseitigen Auflichtungen das Vielwertige der Vorgeschichten und Motive, der Beziehungen, das Verhältnis zwischen Geschehen und Nichtgeschehen im Aufriß aller Voraussetzungen und Auslegungen. Nicht weniger deutlich zeichneten sich in wechselnden Überlegungen und Einstellungen, in Aufgegebenem und Abgewandeltem das Durchgängige ab.

Eine Ordnung des Gleichzeitigen anstelle des Nacheinander versucht auch Marcel Proust aus anderen Voraussetzungen zu entwerfen. In einem Nebeneinander sollten sich die Bilder seiner Laterna Magica ausbreiten, in einem Raum sollten sich die verschiedenen Epochen versammeln.[24] Der Raum Prousts freilich öffnet sich nur nach rückwärts, derjenige Musils steht nach allen Seiten offen; in ihm erweist sich die Spannkraft der Erwartungen nicht weniger wirksam als diejenige der Erinnerungen. Diese Erinnerungen sind nicht an gesellschaftlichen Zuständen ablesbar, auch nicht an einer Landschaft oder im Spiegel eines Kunstwerks, vielmehr äußern sie sich in persönlichen Widerständen, in unbegreiflichen Veränderungen des Bewußtseins.

Immer sind es jähe Anstöße, unvermutete Unterbrechungen, Bestürzungen, die zur Erkenntnis, zur Selbsterkenntnis führen, während gleichförmige Abläufe etwas Einschläferndes bewirken, das teilnahmslose Mitmachen fördern. Was man immer sieht, nimmt man nicht mehr wahr. «Alles Beständige büßt seine Eindruckskraft ein. Alles, was die Wände unseres Lebens bildet, sozusagen die Kulisse unseres Bewußtseins, verliert die Fähigkeit, in diesem Bewußtsein eine Rolle zu spielen. Ein lästiges dauerndes Geräusch hören wir nach einigen Stunden nicht mehr.» (II, 507) Man beteiligt sich nicht mehr an geläufigen Vorgängen, und die Mehrzahl dessen, was geschieht, ereignet sich unter Ausschluß der Persönlichkeit; «es geht der Gewohnheitsweg unsrer Gedanken unter Ausschaltung des Ich von Gedanke zu Gedanke und Tatsache zu Tatsache, *wir denken und handeln nicht über unser Ich.*» (II, 1092) Anstelle menschlicher Ordnungen treten sachliche; was man «heute noch persönliches Schicksal nennt, wird verdrängt von kollektiven und schließlich statistisch erfaßbaren Vorgängen.» (722) Reißt der eintönige Zug von Gewohnheiten ab, sieht man sich mit Bestürzung aus eingeschliffenen Bahnen geworfen, dann erkennt man erst, wie viel Zeit man achtlos in einem Leben verbracht, das einen innerlich gar nicht berührt hatte; nicht das eigene Leben hatte man geführt, vielmehr nur eines «seinesgleichen». Die Augenblicke zeichnen sich unvergeßlich aus, in denen ein Wechsel in der Perspektive eintritt, – Schöpfungsaugenblicke, in denen man Wesentliches erkennt, als habe man es zum erstenmal wahrgenommen. Schien über lange

Zeit hinweg nichts klar voneinander abgesetzt, nicht entschieden erkennbar und nur von einem zweifelhaften Selbstgefühl begleitet, so erwacht plötzlich das Selbstbewußtsein, welches Entwürfe entbindet, entschlossen einer kommenden Wirklichkeit begegnet.

In solchen Augenblicken erfährt sich der Mensch als das zeithafteste Wesen; mitgerissen erkennt er seine Vergänglichkeit, ihn befremdet die Welt, er entfremdet sich und vermag wieder zu sich zu kommen – beides gleichermaßen erregende wie unbegreifliche Erfahrungen. Was Plutarch oder Seneca, Montaigne und Diderot, Proust und Hofmannsthal bedacht und gestaltet, vergegenwärtigt «Monsieur le vivisecteur» gleichermaßen genau wie vielsinnig, nüchtern und visionär: «Man geht täglich zwischen bestimmten Menschen oder durch eine Landschaft, eine Stadt, ein Haus und diese Landschaft oder diese Menschen gehen immer mit, täglich, ... ohne Widerstand. Aber einmal bleiben sie plötzlich mit einem leisen Ruck stehen und stehn ganz unbegreiflich starr und still, losgelöst, in einem fremden hartnäckigen Gefühl. Und wenn man auf sich zurücksieht, steht ein Fremder bei ihnen. Dann hat man eine Vergangenheit.» (II, 178)

Angesichts dieser unaufhaltsamen wie unheimlichen Entfremdungen teilen früher oder später alle Nachdenklichen das Wissen Claudines: «Man selbst sei es, der sich geändert habe» und zugleich wird jener «sonderbare Widerstand» spürbar, die Möglichkeit dieses Vorgangs zu begreifen; «und vielleicht erlebt man die großen, bestimmenden Zusammenhänge nur in einer eigentümlich verkehrten Vernunft, während sie nun bald die Leichtigkeit nicht verstand, mit der sie eine Vergangenheit, die einst so nah um sie gewesen war wie ihr eigener Leib, als fremd empfinden konnte, bald wieder die Tatsache ihr unfaßbar erschien, daß überhaupt je etwas anders gewesen sein mochte als jetzt, fiel ihr ein, wie das ist, wenn man manchmal etwas in der Ferne sieht, fremd, und dann geht man hin und an einer gewissen Stelle tritt es in den Kreis des eigenen Lebens, aber der Platz, wo man früher war, ist jetzt so eigentümlich leer ...» (II, 179)

Das Ich wird von sich selber immer wieder durch einen Abgrund getrennt und weiß sich dennoch über alle Abgründe mit sich verknüpft. Diderot faßt diesen unauflösbaren Widerspruch in der Formel: «... nous sommes nous, toujours nous, et pas une minute les mêmes.»[25]

Stets ist dieses Ich sich voraus, deshalb vermag es auch ständig auf sich zurückzukommen. Nur über zahllose Entfremdungen hinweg wird der Mensch allmählich mit sich so vertraut, daß er sich zwar niemals ganz versteht, jedoch auch sich nicht völlig unbegreiflich ist. Er bleibt sich nahe und entfernt sich unabsehbar von sich selber, ein «Gehaltenwerden vom eigenen Widerhall ...», der jedes Wort auffängt und bis zum nächsten verlängert, damit man nicht hört, was man nicht ertragen könnte» und dabei die Mühe, den Zwischenraum, den Abgrund, bis zum nächsten Augenblick überwinden muß, «in den man von dem Gefühl von sich fortsinkt, irgendwohin in das Schweigen zwischen zwei Worten, das ebensogut das Schweigen zwischen den Worten eines ganz anderen Menschen sein könnte.» (II, 187) Erinnerungen erschließen dem Menschen seine Vielspältigkeit; sie vergegenwärtigen ihm Sichtweisen, Begegnungen und Beziehungen, die er bisher bewußt gar nicht wahrgenommen hatte. Er erfährt die Zukunft seiner Vergangenheit, das Kommende in allen seinen Erinnerungen. Seine Erfindungen sind vielfach Erinnerungen; wie weit seine Erinnerungen Erfindungen hervorrufen, bleibt eine offene, eine erregende Frage.

Die Auslegung von Marcel Proust: «Die Erschaffung der Welt hat nicht am Anfang stattgefunden, sie findet alle Tage statt» – entspricht den Vorstellungen Musils.[26] Wiederholt hebt er auf diese Schöpfungsaugenblicke ab, – Augenblicke der Erkenntnis, in denen sich alle Gegensätze vereinigen, Gewesenes dem Kommenden begegnet. Seit dem «Törleß» zeichnet Musil gleichnishaft das Wesen eines solchen Augenblicks, von dem man nicht sagen kann, was in ihm vorgeht: «Er ist gleichsam der Schatten, den die Leidenschaft vorauswirft. Ein organischer Schatten; eine Lockerung aller früheren Spannungen und zugleich ein Zustand plötzlicher, neuer Gebundenheit, in dem schon die ganze Zukunft enthalten ist; eine auf die Schärfe eines Nadelstichs konzentrierte Inkubation ... Und er ist andrer seits ein Nichts, ein dumpfes, unbestimmtes Gefühl, eine Schwäche, eine Angst ...» (II, 45/46) Es sind Augenblicke, in denen das Beziehungsgeflecht durchsichtig erscheint, erhöhte Zustände, in denen es gelingt, «Risse, Lücken und Pausen» zu schließen, «auch die große Spaltung zwischen dem, was wir sind, und dem, wie wir uns sehen.»[27] Musil zeichnet zugleich jene «überschwänglichen» Augenblicke, in denen Gesichte und Gefühle, Logik und Affekt ungetrennt erscheinen, in denen eines dem anderen entspricht, in denen «eine Zweiteilung noch nicht auftritt, als hätten sich dann Wasser und Land noch nicht geschieden und es lägen die Wellen des Gefühls im gleichen Horizont mit den Erhöhungen und Tälern, von denen die Gestalt der Dinge gebildet wird.» (857)

Der Mensch existiert als das zeithafteste Wesen; zu seiner Überraschung erkennt er immer wieder, daß jeder Tag einen anderen aus ihm machen kann. Den Erfahrungen des Flüchtigen, des Unaufhaltsamen entgegnet aber auch ein Bewußtsein des Überdauernden. Man erhält sich, indem man vergeht, so wie die Zeit bleibt, indem sie verstreicht, – ein gleichzeitiges Bleiben und Vergehen. Der Mensch ist sich selbst, indem er immer nie ganz sich selber ist, – ein Bewußtsein, das alle musilschen Dichtungen vergegenwärtigen. Allem ausgesetzt, weiß der Mensch sich zugleich geborgen und als einziges Wesen erlebt er Augenblicke einer entrückten Zeit, – Augenblicke, in denen die Zeit plötzlich einzuhalten scheint, «jenes Stillstehen und dann leise Senken, wie wenn sich plötzlich Flächen ordnen und ein Kristall sich bildet ...» (II, 157) Nicht allein Agathe im «Mann ohne Eigenschaften» versucht sich vorzustellen, «wie es wäre, aus allen Gefühlen des Lebens entlassen zu sein.» Öffnet sie dann ihre Augen, nachdem sie diese eine Weile geschlossen gehalten hatte, bemerkt sie veränderte Zuordnungen in ihrer Umgebung: alles «in einer sichtbaren Weise unsichtbar verändert ... Und etwas Ähnliches wie am Eindruck des Raums hatte sich überdies am Gefühl der Zeit ereignet; dieses fließende Band, die rollende Treppe mit ihrer

unheimlichen Nebenbeziehung zum Tod schien in manchen Augenblicken stillzustehen, und in manchen floß sie ohne Verbindung dahin. Während eines einzigen äußeren Augenblicks konnte
sie innen verschwunden sein, ohne eine Spur davon, ob sie eine
Stunde oder eine Minute ausgesetzt habe.» (1093/94)

Unschwer erkennt man darin den «taghellen» erhöhten Augenblick des mystischen «Nunc aeternum»; nicht zufällig bemüht
sich Musil um Einblicke in «Ekstatische Konfessionen». In der
Sprache der Mystiker beruft er eine eigene Vorstellung: «Die Zeit
stand still, ein Jahrtausend wog so leicht wie ein Öffnen und
Schließen des Auges.» Unerachtet des Widerspruchs, in dem man
nacheinander empfindet, was zugleich sich vorstellt, zeitentrückt
und zeitverhaftet, erscheint die Welt «erfüllt von Verklärung zu
sein.» (1241) Im Gegenlicht scheint das «simul et non successive»
des Thomas von Aquin auf.[28] Die Einstellung von Gottfried Benn
bringt sich zur Erinnerung: «*Manchmal eine Stunde, da bist du;
der Rest ist das Geschehen*»[29] – eine Summe, parallel zur fragenden Antwort von Musil: «Scheint dir nicht auch alles andere
hinfällig zu sein in einem Augenblick wie diesem?» (1243) «Es gibt
Augenblicke, nicht Stunden, um deren willen gelebt wird» – lautet
die Entsprechung bei Hofmannsthal.[30] Zu diesen Augenblicken
zählt auch jene beglückende Wiedergeburt, in welcher der
Mensch, aus dem Zwang der Datenfolge befreit, neu erschaffen
erwacht, – jener Augenblick, in dem die Dichtung Marcel Prousts
gipfelt.

Musil entwirft immer wieder Vereinigungen, in denen «der
magische Trennungsstrich, welcher noch die stärksten Erinnerungen sonst von der Wirklichkeit unterscheidet», überschritten
wird. (1659) James Joyce gestaltet Szenen in einer ekstatischen
Gegenwart und die Offenbarungen einer «Epiphanie», Momente
plötzlichen, umspannenden Erkennens, einer weltweiten Gegenwart.

Das «Totum simul» bildet für Musil beständig eine unerhörte
Herausforderung; seine nie nachlassenden Anstrengungen folgen
dem Leitsatz von Denis Diderot: «L'imagination du poète embras-

se tout à la fois.»³¹ Musil weiß freilich auch, daß selbst die
weltweiten Augenblicke oft nur Augenblickswelten hervorrufen;
er scheut vor dem Eingeständnis nicht zurück: der Mensch «ist für
das geschaffen, was sich wiederholt, und nicht für das, was ganz
aus der Reihe tritt.» (1090) Wiederholungen ermöglichen erst
dem Menschen, sich zu erkennen, sich mit seiner Herkunft zu
verknüpfen, das Vergangene wieder zu erkennen, schaffend sich
zuzueignen, das Bewußtsein seiner Gegenwart zu wecken. Die
Möglichkeit, daß der Mensch «sein Leben lang bloß ein und
dieselbe Tat» wiederholt (741), kann gleichermaßen seine unnachahmlichen Entwürfe entbinden wie eine teilnahms- und absichts-
lose Preisgabe bedeuten, sie zeugt für Macht wie Ohnmacht der
menschlichen Natur. Wiederholungen legen in allen Veränderungen das Unveränderliche frei; sie zeitigen endlose Anregungen,
die alles Augenblickliche einem Dauernden zuordnen. Eindringlich offenbaren sie, daß die aufschlußreichen Handlungen wie alle
Wesenserfahrungen «nicht aus der Eingebung der Augenblicke»
hervorgehen, sondern «aus dem bis an Letzte währenden Zustand.» (1025)

Wie wenige entwirft Musil seine Dichtungen bewußt aus sich
wiederholenden Elementen; er wiederholt sich selbst im Vorwurf
seiner Motive, Zustände und Constellationen: immer neue Lösungsmöglichkeiten, Unbekannte und Variable entdeckt er in
ihnen; hellsichtig zeichnet er die zahlreichen Parallelen: zwischen
der «Zeit vor der französischen Revolution und der Gegenwart»
(T 581) wie zwischen dem Österreich vor Ausbruch des ersten und
dem Europa im Vorfeld des zweiten Weltkriegs. Zugleich wagt er
es, jenen Selbstwiderspruch anzusprechen, der im Einmaligen die
Wiederholung erkennt, in der Wiederholung etwas Einmaliges
wahrnimmt. Auf diesem Wege begegnet Musil wiederholt sich
selbst, der Dichter dem Denker. Analog zu Friedrich Nietzsche
verdichtet er die Vorstellung, daß das gegenwärtige Leben schon
ein wiederholtes ist, alles Kommende noch immer Wiederholungen zeitigt. Wiederholungen, die nicht in der Zeit entstehen,
vielmehr die Zeit sind, – Wiederholungen in einer Gegenwart, die

«gleichzeitig schon hier und noch um Jahrtausende zurück» ist.
(II, 1056)[32]

Was als Gegenwart jeweilig angesprochen wird, gibt sich zugleich als Selbstauslegung zu erkennen; was notwendig als Vergangenheit oder Zukunft abgesetzt wird, gehört zum Ganzen, zu
Leben, Erleben und Überleben, – gegenwärtige Erinnerungen,
unmittelbare Erwartungen, ausgreifende Entwürfe, die sich beständig erneuern, leitende Vorstellungen, die man seit jeher
verfolgt, Unterbrechungen, die das Selbstbewußtsein erwecken, –
eine Umsicht, die sich in ausgezeichneten Augenblicken öffnet,
die Grenzen von Jetzt und Hier überwindet und das Bewußtsein
der Existenz umfassend auflichtet, – Augenblicke, in denen sich
Selbst- und Weltbewußtsein sinnfällig entsprechen.

IV

Das Ich

Nous portons en nous des formes de la sensibilité qui ne
peuvent naître. Ce sont des instants dérobés á la criti-
que implacable de la durée; ils ne résistent pas au
fonctionnement complet de notre être: ou nous péris-
sons, ou ils se dissolvent. Mais ce sont des monstres
pleins de leçons que ces monstres de l'entendement, et
que ces états de passage – espaces dans lesquels la
continuité, la connexion, la mobilité connues sont alté-
rées ...   Valéry

De la vaporisation et de la centralisation du *Moi*. Tout
est là.   Baudelaire

Le ‹moi› n'est pas définisable comme le total des pensées et affections.   Valéry

Robert Musil entwirft seine Dichtungen nicht auf Gestalten hin,
noch gehen sie aus Gestalten hervor; es geht ihm keineswegs
darum, Personen eindringlich vorzustellen oder Lebensläufe auf-
zuzeichnen. Er glaubt nicht mehr an die unterscheidbare, unzerstörbare Persönlichkeit, die sich durch Unabhängigkeit auszeichnet. Mit aufschließender Skepsis und aus kritischem Abstand
bedenkt er die Hinfälligkeit dessen, was vielfach als unangreifbar
angesehen wird. Schon früh wird monsieur le vivisecteur auf die
unbelichtete Seite der Personen aufmerksam, wenn sie ihrer
gesellschaftlichen Verpflichtungen ledig, «die unbequemen Thea-
terkleider ablegen.» (T 3) Er erkennt, daß es eine Vielzahl von
Vorstellungen, Handlungen, Erwartungen ist, die sich zu einem
Spannungsfeld verdichten, dessen ununterbrochene Existenz dasjenige ausmacht, was man als Individuum anzusprechen pflegt.
Jegliches zu jeder Stunde ein Schauplatz von Abenteuern und
Erregungszuständen, von Gewohnheiten, Vorgefühlen und Widerständen, die wechselseitig sich auszugleichen trachten, – Vor-

gänge und Begegnungen, von denen das meiste verlorengeht, – für das Individuum, welches sie austrägt, – nicht weniger für die anderen, die möglicherweise davon betroffen sind. Je nach Situation und Configuration, Willensäußerungen und Selbstgefühl zeigt das Spiel der inneren Personenvielfalt ein wechselndes Aussehen, – ein Aussehen, das sich zudem noch im Laufe der Zeit verändert. Alle Bestimmungen erweisen sich als unzulängliche, wenn auch unerläßliche Vereinfachungen, und die Selbstbestimmung leitet sich aus Erwartungen her, die von Wünschen und Stimmungen hervorgerufen werden; der Ausdruck zeigt etwas Flüchtiges und das Gesicht, eine Folge von unablässigen Ablösungen, bleibt umrißlos. Auch auf diesem Wege stellt sich Musil auf die Sichtweise ein, die Paul Valéry einnimmt: «l'homme moderne' avec une idée de lui-même et du monde qui n'est *plus* une idée déterminée. – Il ne peut pas ne pas en porter plusieurs; ne pourrait presque vivre sans cette multiplicité contradictoire de visions; – il lui est devenu impossible d'étre l'homme d'un seul point de vue, et d'appartenir *réellement* à une seul langue, à une seule nation, à une seule confession, à une seule physique. Ceci, et par suite de son mode de vivre et par suite de la pénétration mutuelle des diverses solutions.»[1]

Das Wahre an einer Person läßt sich schwerlich bezeichnen; sie bleibt sich selber ebenso unbekannt wie den anderen; was sie vorstellt, verbirgt meistens dasjenige, was sie denkt. Anspruch auf Wahrheit erheben höchstens die Möglichkeiten, welche das Individuum in sich birgt, und Musil legt seine Entwürfe darauf hin aus, eine Vielzahl überraschender Möglichkeiten zu entfalten. Er deckt das Zugleich von Gleichgültigkeit und Leidenschaft auf, von Besinnungen und Unbesonnenheiten, – jene Brechungsmomente, in denen das Ich sein eigenes Dasein gleichermaßen befremdend wie erstaunlich anmutet. Die fortwährenden Begegnungen von Bestimmtem und Unbestimmtem vergegenwärtigt Musil ebenso eindringlich wie das vielwertige Zusammenspiel von Wirkungen und Rückwirkungen. Weder jemals vollendet noch in sich ruhend stellt sich die Reihe der Daseinsmöglichkeiten vor, und Musil lichtet durchdringend auf, wie sich Begebenheiten und Begegnungen, Erinnerungen und Vorhaben zu einer «mystischen Einheit» vereinigen, die man Ich nennt.[2]

Schon Törleß vermutet, daß er «überhaupt keinen Charakter» besitze (II, 13). Gallertartig nimmt der Mensch «alle Formen an, ohne das Gefühl der Zufälligkeit seiner Existenz zu verlieren» (II, 941) – das Bewußtsein der Unsicherheit seiner selbst verläßt ihn nie. Zuweilen scheint es, als bildeten alle Anläufe, Entwürfe, Annahmen, Impulse nichts als endlose Versuche des Menschen, zu sich selber zu kommen. Erfährt er dabei mehr als Zufälligkeiten und einen Bruchteil seiner Möglichkeiten, mehr als vorläufige Bedingungen und Vermutungen? – Diese Frage wirft Musil leidenschaftlich wie besonnen auf. Grenzsituationen, Abenteuer, Selbstwidersprüche erschließen die Möglichkeiten einer Existenz, das Dasein in seinen vielseitig existenten Möglichkeiten, die erdenkliche Widersprüche vereinigen, Leidenschaften und Ideen, Träume und Utopien.

«Das Ich ist an sich etwas sehr vag und veränderlich Erlebtes. Man kann vielleicht sagen, daß es bei allen objektiven Verhältnissen in gewissem Sinn ausgeschaltet ist …, und daß es sich dadurch erklärt, daß man diese landläufigen Zustände als eine ‹Entfremdung› charakterisiert; von starken Willenshandlungen wird man das aber gewiß nicht immer behaupten können. Von Affekten aber doch!» (II, 1393) Das Ich läßt sich nicht endgültig bestimmen, unwiderruflich abgrenzen. Denken wie Tun, Sprechen und Erinnern, Schweigen und Zögern, – alle Grenzen verwischen sich, auch diejenigen zwischen dem Ich und den anderen, zwischen dem Ich und dem Es. Ernst Mach, der Musil vielfältige Anregungen vermittelt hatte, erkennt die Grenzen des Ich als «unbestimmt und willkürlich verschiebbar.»[3] Als Zeuge führt er Georg Christoph Lichtenberg an, der auf vielen Wegen Musil vorausgeht und zu bedenken gibt: «Wir werden uns gewisser Vorstellungen bewußt, die nicht von uns abhängen; andere glauben, wir wenigstens hingen von uns ab; wo ist die Grenze? Wir kennen nur allein die Existenz unserer Empfindungen, Vorstellungen und Gedanken.

Es denkt, sollte man sagen, so wie man sagt: *es blitzt*. Zu sagen
cogito, ist schon zu viel, so bald man es durch *Ich denke* übersetzt.
Das *Ich* anzunehmen, zu postulieren, ist praktisches Bedürfnis.»[4]
Das Wechselspiel zwischen Es und Ich, zwischen dem Menschen
und seiner Welt, die vielseitigen Abhängigkeitsverhältnisse, – seit
seinem «Törleß» bilden diese Beziehungen einen wesentlichen
Vorwurf für Musil. Nicht nur die Menschheit nimmt sehr verschiedene Gestaltungen an, auch das Individuum steht Wesens-
veränderungen erstaunlich offen, «wie Wasser unter einem Wind
nach allen Richtungen beweglich ist.» (II, 1373) Musil vergegenwärtigt eindringlich, wie das Individuum unablässig bemüht
bleibt, seine Gestaltlosigkeit in vorläufigen Gestalten einzufan-
gen, wie es in Anpassungen und Widerständen, in Auflehnung
und Ergebung Möglichkeiten eines persönlichen Ausdrucks zu
gewinnen trachtet. Die «Übergänge zwischen den menschlichen
Typen» sind fließend (II, 1372); das «Fließende zwischen Individuen und Typen ist ein eigentliches Anliegen des Dichters» –
diesem Wink von Elias Canetti folgt auch Musil.[5] Die ungewissen
Umrisse, die gleitenden Übergänge zwischen Ich und Nicht-Ich,
die grenzenlosen Vielwertigkeiten, – sie gemahnen an Spätwerke
von Tizian oder Rembrandt, in denen die Grenzen zwischen Leben
und Belebtem, zwischen Körper und Raum aufgehoben erscheinen und anstelle entschiedener Bestimmungen fortwährende Bewegungen treten.

In seinen Figuren zeichnet Musil die unablässigen Begegnungen und Auseinandersetzungen des Persönlichen mit dem Unpersönlichen; kein Individuum gehört ausschließlich sich selbst,
vielmehr ist es stets auch Ausdruck unpersönlicher Kräfte und
Wirkungen. Dieses Spannungsverhältnis mit seinen Randwerten
kann ebensogut Gewinn wie Verlust bedeuten; es zeitigt in
Ekstasen Bereicherungen wie Verarmungen, überquellende und
versiegende Formen des Sich-Verlierens, und es wirkt gleichermaßen eindringlich wie aufschließend, daß Musil kaum eine
Dichtung entwirft, in der ekstatische Augenblicke fehlen, – Augenblicke, in denen Tun und Erleiden, Leidenschaften und Beson-

nenheit sich nicht mehr sondern lassen. In solchen Zuständen, in
denen das Ich das Bewußtsein seiner Grenzen verliert, in denen die
Spannweite seiner Möglichkeiten sich ausfaltet, bestätigt sich eine
Einsicht von Georg Christoph Lichtenberg: «In jedem Menschen
ist etwas von allen Menschen»[6] – ein Hinweis, der fast wörtlich
von Novalis und Jean Paul, von Hofmannsthal und Valéry aufgenommen wird. Zugleich freilich kann dieser grenzenlose Zustand
als Selbstenteignung angesehen werden, wenn man die Abhängigkeit von Gesetzen und Bestimmungen, Vereinbarungen und Gewohnheiten bedenkt. Das Ich büßt den Willen zur Selbstentschei-
dung ein; es lebt nicht sich, sondern paßt sich namenlosen Bedingungen an, verzichtet auf Wahl, Entschluß und Selbstverantwor-
tung: «ein imaginärer Treffpunkt des Unpersönlichen.» (474)
Man begegnet immer häufiger Figuren, die an Figuren erinnern;
keine besitzt ein Gesicht, vielmehr zeigt jede das Gesicht der
anderen. Nichts geht von solchen Personen aus, nichts erreicht
sie. Gleichgültige Erwiderungen und gleichförmige Einstellungen, Gedanken und Handlungen, die auswechselbar anmuten,
während der unnachahmliche und beständige Hintergrund der
Persönlichkeit verlorengegangen ist, – eine Erfahrung, die Musil
seit seinem Törleß anhaltend erneuert. Er verfällt nicht dem
Trugschluß, «unwillkürlich erworbene Wiederholungsdispositio-
nen einem Menschen als Charakter zuzuschreiben und dann
seinen Charakter für die Wiederholungen verantwortlich zu machen.» (252)

Aus dem gegenläufigen Blickwinkel wird indessen sichtbar, wie
weitgehend Wiederholungen den Charakter der musilschen Dichtungen bedingen, – Wiederholungen, die an seinen Figuren mit
am eindringlichsten abzulesen sind. Zuweilen legt es Musil darauf
an, in einer Figur Möglichkeiten einer anderen aufzunehmen und
fortzuspielen oder in einer die Vorgeschichte einer anderen aufscheinen zu lassen. Darum lassen sich die einzelnen Personen
nicht unwiderruflich voneinander absetzen, zumal kaum eine
entschiedene Gestalt gewinnt, vielmehr jene Gestaltlosigkeit
wahrt, welche die Fähigkeit zu vielem birgt; die gegensätzlichsten

Äußerungen schlagen bei diesen Figuren «gleich weit aus, wie der
Zeiger einer empfindlichen Waage.» (II, 1072) Liebe und Haß,
Ausschweifungen und Strenge, Leidenschaften und Ideen, Erregungen und Besonnenheit, Einsamkeit und Eifersucht, – nichts
bildet einen Widerspruch, vielmehr erscheint alles als die verschiedenen und zusammengehörigen Entgegnungen auf verwandte Herausforderungen. Spannungsfelder des Geistes verdichtet Musil zu Figuren, Gruppierungen, die sich rasch bilden,
stets jedoch der Auflösung nah bleiben oder sich aufspalten.

Musil weiß um das vielseitig Bedingte jeder Figur; keine beansprucht Unabhängigkeit, vielmehr erkennt sich jede im Spannungsfeld von überpersönlichen Wechselbeziehungen und -wir-
kungen. Keine entwirft Musil als beherrschende Gestalt, vielmehr
verdichtet er figurierte Verhältnisse; zu parallelen Constellationen gesellen sich Parallelfiguren, und es bleibt nicht aus, daß das
Gegensätzliche in den Parallelen zum Vorschein gelangt. Dem
Ähnlich-Unähnlichen wendet Musil von Beginn erhöhte Aufmerksamkeit zu, in Entwürfen so gut wie in Motiven, in Themen
und Figuren, in den Entsprechungen von Selbstvertrauen und
Selbstentfremden. Kritische Zustände und Grenzwerte verdichtet
er unablässig in Hippolyte und im Spion, in Grauauge, dem
Archivar und Achilles, in Madelaine, Veronika, Claudine. Jede
Figur erinnert an andere; ein gemeinsamer Erinnerungshorizont
umfängt alle. Von ihm her empfangen sie ihre endlosen Erwartungen. Keiner dieser Figuren verdichtet sich bis zum Eindeutigen, keine indessen begnügt sich mit bloßer Vieldeutigkeit, vielmehr eignet jeder eine Beweglichkeit, die unberechenbar bleibt.
Eigenschaften verknüpfen sich keineswegs unwiderruflich mit
einem Individuum; häufig besitzt es diejenigen gar nicht, die ihm
vorschnell und hilflos zugeschrieben werden; die Schwierigkeiten
einer Bestimmung werden schließlich unabsehbar, wenn Personen auftreten, denen charakterisierende Eigenschaften fehlen. Sie
bieten und vertreten widersprüchlichste Ansichten, – Personen,
die es darauf anlegen, sich käuflichen Kennzeichnungen zu entziehen und deshalb bei ihrer Umgebung eine fortwährende Unruhe

und Unsicherheit verbreiten. Man rätselt über sie, zumal die verschiedenen Rollen und vieldeutigen Äußerungen schwerlich einen bündigen Schluß zulassen. Die gängigen Bezeichnungen, die man Menschen zuzudenken pflegt, haften an Eigenschaften und Verhaltensweisen, die oft nur ein zufälliges Gesicht auszeichnen, einen auffälligen Zug für das Ganze nehmen, ohne die vielwertigen Voraussetzungen und Bedingungen je wahrzunehmen, das Unaussprechliche mißachten. Eindringlich verweist Nietzsche auf das Ungehörige: «‹Religiöser Mensch›, ‹Narr›, ‹Genie›, ‹Verbrecher›, ‹Tyrann› – das sind schlechte Namen und Einzelheiten an Stelle des Unbenennbaren.»[7]

Den Figuren Musils fehlen scharf gezeichnete Umrisse ebenso wie jene Eindrucksstärke, mit der sich Gestalten eines Stendhal, Balzac oder Dostojewski unvergeßlich einprägen. Schon zur «Törless»-Zeit gibt Musil den wegweisenden Wink für die Gestaltungsweise seiner Personen: «alles auf die kürzeste Linie zusammengefaßt, keine vollen Menschen dargestellt sondern jeweils nur deren Schwerlinie.» (B 13) Nicht in sinnfälligen Wahrnehmungen vergegenwärtigen sich die musilschen Personen, vielmehr weitgehend in Akten geistiger Erfahrungen. Je ungesichtiger die äußere Erscheinung anmutet, desto eindringlicher verdichtet sich das Feld ihrer Beziehungen, nicht weniger die Wechselwirkungen zwischen Gedankengruppen und Gefühlsregungen. Es erschließen sich dann jene vielwertigen Zusammenhänge, die man vereinfachend als Erlebnisse bezeichnet; sie können nicht beschrieben, vielmehr nur umschrieben werden, – vor allem jene Erfahrungen, die reflektiert werden, ohne diejenigen, die sie erleben, – Versuche, die Musil sich immer wieder zumutet.

Anregung wie Bestätigung zu seinen Entwürfen, den Roman als Geschehnisfeld auszubreiten, im Persönlichen das Unpersönliche aufscheinen zu lassen, empfängt Musil aus der Romanfolge von Jules Romains «Les hommes de bonne volonté». Die Vielzahl paralleler, sich überschneidender Vorgänge, das Miteinander einsetzender und abbrechender Begebenheiten, die vielgesichtigen Figuren, Verbrecher und Spekulanten, Politiker und Beamte,

zweideutige Existenzen, lüsterne Frauenspersonen und abenteu-
ernde Handwerker, – solche Gruppierungen kommen dem Schöpfer des «Mannes ohne Eigenschaften» denkbar gelegen. Dem
einleitenden Band versagt er denn auch hohe Anerkennung nicht:
«Eine bestrickende Kunst, das Dasein vieler verschiedener Menschen zu zeichnen, die alle ein persönliches Wesen haben und
zugleich für den Menschenkreis dastehen, dem sie entnommen
sind. Die Gedanken u Gefühle, die zur Darstellung gelangen,
bilden an typischen Beispielen nach, wie heute im Durchschnitt
gedacht u gefühlt wird; aber so gut wie nirgends ist die Konstruktion zu spüren, weil dieses Buch zugleich an den unvorherbe-
stimmbaren Einfällen der Beschreibung eins der reichsten unter
den heutigen ist» (T II, 1241) – Ausführungen, die sich als
Begleitstimme zum musilschen Roman vernehmen lassen.

Das Verständnis für das Unpersönliche fördert zugleich die
Einsichten in die Eigentümlichkeiten des Persönlichen, – eine
Erkenntnis, welche zahlreiche geläufige Annahmen widerlegt und
zu einer Umkehr gängiger Ansichten herausfordert. Diese Spuren, die auch einen Weg zu den «Müttern» weisen, verfolgt
Hofmannsthal mit dem Wink: «Dringt man in einen Menschen
tiefer ein …, so ergeben sich als Fond lauter allgemein menschli-
che Züge – das Individuelle verliert sich. Die Umstände und
Handlungen, die übrigbleiben, könnten so gut einem andern
gehören wie gerade diesem.»[8] In einem aufschlußreichen Hinweis
zu seinen «Vereinigungen» zeichnet Musil die Vorüberlegungen
auf: «Ganz an der Oberfläche gibt es Temperamente, Charaktere.
Ein wenig tiefer haben die Ehrlichen Flecken von Schuftigkeit, die
Schufte Flecken von Ehrlichkeit, die Großen Augenblicke der
Dummheit … In dieser Sphäre lebt die große Epik, u. die große
Menschenschilderung im Drama … Noch etwas tiefer lösen sich
die Menschen in Nichtigkeiten auf. Es ist die Sphäre, wo man
mitten in einem Leidenschaftsausbruch abbricht. Man fühlt, daß
hier gar nichts mehr von einem ist, es sind dort nur Gedanken,
allgemeine Relationen, die nicht die Tendenz u. Fähigkeit haben
ein Individuum zu bilden.» (II, 1314) Erst in solcher Durchsichtig-

keit erscheinen jene Möglichkeiten sinnfällig, wie das Ich ungetrennt mit vielen lebt, ohne mit ihnen vereinigt zu sein, wie viele
andere in ihm leben, so daß es ohne das Leben der anderen nicht
vorstellbar ist. Was in Begegnungen und Begebenheiten, in
menschlichen Beziehungen bis zum Grade höchster Leidenschaften dem einen oder dem anderen zuzusprechen ist, läßt sich kaum
ausmachen, das Wechselspiel zwischen Geben und Empfangen
entzieht sich bündigen Bestimmungen, nicht weniger alles, was in
Entscheidungen einem persönlichen Einsatz, was Zwang oder
Zufall zugerechnet werden kann. Das Ich bildet die Summe der
Erwiderungen auf alle Zurufe, die es empfängt, das Miteinander
der möglichen Antworten. Es lebt aus der Vielstimmigkeit seiner
Beziehungen, aus endlosen Erinnerungen an andere, – nicht
zuletzt aus unabsehbaren Erwartungen, in denen es sich mit
anderen verknüpft. In vielfachen Veränderungen und aus vielseitigen Einstellungen heraus entfalten sich die Ich-Möglichkeiten
und keineswegs aus beschränkender Selbstbezogenheit. Je weiter
sich die Beziehungen auffächern, je stärker die Situationen aufgeladen sind, je ausgreifender das Unpersönliche sich vergegenwärtigt, um so umfassender läßt sich der vielwertige Ausdruck eines
Ich in den grenzenlosen Zuständen ausmachen, – Ausdrucksfor-
men, die es vorläufig annimmt, die es möglicherweise rasch
wieder aufgibt. Weit gespannte Beziehungen, Grenzsituationen,
unbenennbare, persönliche Regungen und Erwiderungen, verschwiegene Abhängigkeiten und Widersprüche bilden bevorzugte
Vorwürfe musilscher Dichtungen, – Felder, die von anziehenden
und abstoßenden Kräften beherrscht werden. In ihnen vergegenwärtigt sich die Masse jener namenlosen Figuren, die sich in
irgendeiner Aufgabe erschöpfen, ohne jemals zu einem auflich-
tenden Bewußtsein ihrer Eigentümlichkeit zu gelangen, deren
Stimmen sich im allgemeinen Gewirr verlieren, – zugleich jene
Personen, die unter einem ungeheuren Druck aus allen gewöhnlichen Bindungen herausgeschleudert, selbstbesessen, beziehungs-
los dahin leben.

Das Miteinander durchschnittlicher Personen und einiger

Randexistenzen läßt sich in allen Werken von Musil verfolgen;
seine leitenden Figuren sehen sich denkbar verschiedenen Einwirkungen ausgesetzt; sie vergegenwärtigen das Weltoffene der
menschlichen Natur, sie zeigen die Ein- und Auswirkungen,
denen sie ausgesetzt sind, aus denen sie leben und in welche sie
lebendig wirken. Was man für das Persönliche hält, sind weitgehend die Anderen, auf die man sich bezieht, deren Wirkungen
man sich niemals zu entziehen weiß, – Wirkungen, die niemals
aufhören, obwohl sie häufig gar nicht wahrgenommen werden;
Wirkungen, an die man sich derart gewöhnt hat, daß man kaum
mehr auf sie achtet. Man kann sich indessen nur schwer von der
Vorstellung befreien, daß andere an uns denken, so wie man selbst
beständig andere sich vorstellt, gleichgültig, ob man die anderen in
sich anspricht oder sich von anderen ansprechen läßt. Das Entscheidende erkennt man erst in Auseinandersetzungen und Vergleichen mit anderen. Was als persönliches Schicksal angesehen
wird, zieht die Summe der Vorfälle und Zwischenfälle, die sich im
Umgang mit anderen ereignen, – mit anderen, die sich oft nicht
benennen lassen, vielmehr eine unpersönliche, jedoch machtvolle
Menge bilden. Das endlos Offene bestimmt das Ich und bedrängt
es mit wechselnden Einfällen; aus ihnen entfaltet es seine Möglichkeiten. Je weiter es ausgreift, je mehr die Selbstbegrenzung an
Schärfe verliert, desto größer ist die Zahl der Personen, die das Ich
zu vertreten vermag, desto umfassender vergegenwärtigt es unwillkürlich das Unpersönliche; je widersprüchlicher die Anregungen, welche vom Unentschiedenen ausgehen, desto vielfältiger
wirken die Erwiderungen, mit denen das Ich alle Begegnungen
aufnimmt und ihnen zu entsprechen sucht. Auch auf diesem
Wege kommt Musil dem Aufriß Valérys nahe: «La personnalité
est composée de souvenirs, d'habitudes, de penchants, de réac-
tions. Elle est, en somme, l'ensemble des plus promptes réponses
de l'être, même quand cette promtitude amène la tendance à
différer.»[9]

Unpersönliche Kräfte beherrschen alle Verhältnisse. Sie laden
die Spannungen auf, erzeugen das magnetische Feld, dessen Wir-

kungen niemand sich entziehen kann. Man bedenkt zu wenig, daß aus zahllosen unpersönlichen Ereignissen und Wirkungen das persönliche Geschehen resultiert, daß ungleich mehr mit dem Ich als durch das Ich geschieht. Namenlose Leidenschaften, unerklärliche Grausamkeiten, Gewalttaten, Begierden, – sie besetzen das Ich, entlassen aus ihm die widersprüchlichsten Figuren. Oft handelt es aus wechselndem Rollenbewußtsein; absichtsvoll stellt es etwas zur Schau, abhängig von Beifall und Bewertungen vertritt es beflissen die öffentliche Meinung. Unvermutet gehorcht es dann einem Ruf, der es in die Einsamkeit verweist, nicht selten verfällt es dem Wahn, von den anderen sich absetzen zu müssen, etwas Einzigartiges vorzustellen. Geschöpf seiner Umgebung bis zur Hörigkeit wird es plötzlich von einem Widerwillen gegen alle und alles erfaßt, – ein Widerwille, der sich bis zum Wahnsinn steigern kann. Nicht nur den Umschlag in den Einstellungen vergegenwärtigt Musil minutiös, vielmehr auch die allmählichen Übergänge, zugleich jene Zwischenzustände, in denen sich Zutrauen und Entfremden, Sinn und Wahnsinn nicht unterscheiden lassen, – Zwischenzustände, die sich in Reizbarkeit äußern, in denen Werben und Weigern, Ansprüche und Ungenügen sich erregend im Gleichgewicht halten, in denen hinter verbindlichen Formen und geläufigen Formeln der Aufbruch sich versteckt. In hemmungslosen Ausbrüchen, Erregungen und Verwirrungen offenbart sich dann ein anderes Ich, unpersönliche Stimmen werden vernehmbar. Erlauchte Lügen werden ausgesprochen, hinfällige Gelöbnisse feil geboten, glaubwürdige Vorwände erfunden; zuletzt reißt der Faden der Gewohnheiten, und die verzweifelte Sprache hilfloser Gebärden zeugt für die Ausflucht in die Aufrichtigkeit. Fortwährend abhängig von Situationen und Constellationen, von unberechenbaren Einwirkungen, sprechen die Figuren mit mehreren Stimmen. Es entzieht sich jeder eindeutigen Bestimmung, ob eigene oder fremde, persönliche oder unpersönliche Ausdrucksweisen sich vernehmen lassen. Die Figuren schaffen sich selten eine eigene, unverwechselbare Sprache, vielmehr erweisen sie sich weitgehend als Sprecher vorgegebener Texte.

Musil kann darum mühelos Äußerungen von einer Person auf eine andere übertragen. Die Verabredungen der Sprache, ihre Gedankengruppen und Ordnungen sind häufig enger miteinander verknüpft als die Figur mit ihrer Ausdrucksweise. Das Bewußtsein einer zufälligen Existenz überkommt diese Figuren, – die Vorstellungen «daß das Leben, das sie führen, und das sie führt», sie «nicht viel, nicht innerlich angeht», ein beunruhigendes Gefühl, das sich in der Einsicht niederschlägt: «alles, was ich zu erreichen meine, erreicht mich; eine nagende Vermutung, daß in dieser Welt die unwahren, achtlosen und persönlich unwichtigen Äußerungen kräftiger widerhallen werden als die eigensten und eigentlichen.» (129)

Im Spannungsverhältnis der «feindlichen Verwandten» nimmt der Mann ohne Eigenschaften eine Sichtweise ein, die Künftigem vorgreift und zugleich Einwände und Versuche einer anderen Auslegung herausfordert, wenn er äußert: «Das Ich verliert die Bedeutung, die es bisher gehabt hat, als ein Souverän, der Regierungsakte erläßt; wir lernen sein gesetzmäßiges Werden verstehn, den Einfluß seiner Umgebung, die Typen seines Aufbaus, sein Verschwinden in den Augenblicken der höchsten Tätigkeit, mit einem Wort, die Gesetze, die seine Bildung und sein Verhalten regeln ... da Gesetze wohl das Unpersönlichste sind, was es auf der Welt gibt, wird die Persönlichkeit bald nicht mehr sein als ein imaginärer Treffpunkt des Unpersönlichen ...» (474), so daß von ihr «beinahe nichts übrigbleibt als der unendlich kleine Schnittpunkt der verschiedenen öffentlichen Ansprüche» (II, 1249) – wobei sich die Frage vordrängt, wie weit Gesetze das Ich zu vertreten vermögen, in welchem Grade sie individuell erfahren werden, wie weit bloße Nachahmungen und Abreden sich als Gesetze ausgeben.

Die Figuren Musils zeigen sich nur in Ausnahmen selbstsicher, und ihre Selbstsicherheit verrät sich meistens rasch als Täuschung und Selbsttäuschung; fast immer sind sie Besessene in allen Graden, in unaufdringlichen Abhängigkeitsverhältnissen bis zu jenen Ekstasen, in denen das Ich verlorengeht «bis auf die leere

Hülle». (1191) Musil schreibt dem Menschen keine durchgängige
Bestimmtheit und Bestimmung zu; er vergegenwärtigt, wie das
Über- und Unpersönliche zum Menschen selbst gehört, ihn nicht
von außen anfällt. Zugleich aber verdichtet er das Schwierigste,
das Unbestimmte des menschlichen Wesens, das Spannungsfeld
vielwertiger Lebensmomente und unabsehbarer Beziehungen; ein
Wesen, das im Bewußtsein des Unverwirklichten, des Ausstehenden lebt, in dem sich fortwährend Gewisses mit Ungewissem
vereinigt. Es ist im auszeichnenden Sinne der Mensch ohne
Bindung, ohne Bedürfnis nach Ja oder Nein, der zwischen zwei
Stühlen zu sitzen pflegt, Werte, Worte und Formeln gegensätzlicher Herkunft versammelt, in allem nur Vorschläge zu Teillösungen erkennt. Meistens glaubt er mehreres gleichzeitig und an
nichts endgültig; seine Annahmen tauscht er laufend aus.

Jede Situation, jeder Augenblick zeigt etwas Zufälliges und legt
die Vermutung nahe, daß auch alles Künftige von Zufällen abhängig bleibt, daß aus jedem Moment ein anderes Ich hervortreten
kann. Hinzu kommt, «daß alle Eigenschaften, die in der Menschheit je zum Ausdruck gekommen sind, ziemlich nah beieinander
in dem Geist jedes Menschen ruhen» (117). Die widersprüchlichsten Vereinigungen vollziehen sich unablässig, – Widersprüche,
die zu keinen endgültigen Entscheidungen führen: Grausamkeit
und Zärtlichkeit, Ergebenheit und Auflehnung, Phantasie und
Berechnung, Zuneigung und Zurückhaltung, Glaube und Skepsis.
Das «menschliche Wesen ist ebenso leicht der Menschenfresserei
fähig wie der Kritik der reinen Vernunft; es kann mit den gleichen
Überzeugungen und Eigenschaften beides schaffen, wenn die
Umstände danach sind, und sehr großen äußeren Unterschieden
entsprechen dabei sehr kleine innere.» (361)

Das Ich bleibt sich Entwurf; fassungslos befindet es sich auf der
Suche nach sich selbst, in unablässigem Aufbruch zu neuen
Versuchen. Der Spielraum der Möglichkeiten steht ihm offen, –
Herausforderung und Zwang zugleich. Als bedürftiges, ungestal-
tes Wesen, im Andrang der Möglichkeiten vom Selbstverlust
bedroht, sieht sich der Mensch genötigt, sich in Formen zu passen,

Ordnungen und Einrichtungen anzunehmen. Stand oder Beruf, Lebensstil und anerkannte Wertungen verleihen ihm einen Halt. Freilich entwickeln sich diese Besinnungen und Nötigungen nicht in einer bündigen Lebensgeschichte oder in einer psychologisch begründeten Folge, vielmehr ist der Raum menschlichen Wesens immer schon von Auslegungen, Weisungen und Entwürfen besetzt, von Antworten auf bedrängende und verwirrende Lebensfragen, – die Fragwürdigkeit des Individuums selbst indessen währt endlos fort. Seine Freiheit läßt sich an der Weite des Spielraums erkennen, den es ausmißt. Seine Bedeutung vermag man daran abzulesen, wie weit es auf vertraute Vorgaben verzichtet, wie weit es den Bereich der Gewißheiten hinter sich läßt; bereit, das Wagnis eines Aufbruchs einzugehen, dessen Gelingen ebenso ungewiß bleibt wie sein Ende.

Selten nur begnügt sich das Ich mit einer Form, mit einer einzigen Rolle, einer bestimmten Lebensart; keine kann ihm endgültig entsprechen. Es hält sich offen für verschiedene und gegensätzliche Möglichkeiten, – Möglichkeiten, die sein Wesen ausmachen. Von sich selber wie von namenlosen Mächten wird es aufgerufen auszubrechen, ein vielspältiges Dasein zu führen, das mit der Bezeichnung eines Doppellebens nur unzulänglich anzusprechen ist. Im Umgang mit sich selbst wie in den Begegnungen mit anderen wirkt der Reiz der Möglichkeiten: unaufdringlich oder herausfordernd, verhalten oder spannungsreich, taktvoll oder rücksichtslos, – darin äußern sich nur verschiedene Spielarten.

Zöglinge frönen sadistischen Trieben, Militärpersonen gefallen sich in vieldeutigen Aufträgen, willensschwache Personen äußern sich als Fanatiker, Treuhänder treiben Hochstapelei; im Vertrauen auf eine öffentliche Ordnung begehen achtbare Frauen Ehebruch; hinter schöngeistigen Vorwänden verfolgt eine weltläufige Persönlichkeit undurchsichtige Pläne. Angesehene Mitglieder der Gesellschaft verschwören sich zu einer gewaltsamen Gefangenenbefreiung. Ehrbarkeit und Verbrechen, Verantwortungsbewußtsein und Wahnsinn, Empfindsamkeit und Hinterhältigkeit, menschenfreundliche Neigungen und abgefeimter Geschäftssinn, Hilfsbereitschaft und Grausamkeit, Leidenschaft und Teilnahmslosigkeit, Preisgabe und Verweigerung, Gerechtigkeitssinn und Bestechlichkeit, religiöser Wahn und Geschlechtsrausch, Askese und Lüsternheit, – nichts schließt sich wechselseitig aus, und häufig bildet beides verschiedene Seiten derselben Verfassung; das Untermenschliche und das Übermenschliche begegnen sich unablässig im Ich und zeitigen unaufhebbare Gegensatzspannungen.

Diese Spannungen gleichen sich in verschiedenen Widerständen aus, halten sich in einem beweglichen Gleichgewicht, das sich auch auf die Figuren der Umgebung stützt. Jede Störung dieses Gleichgewichts wirkt sich folgenschwer aus. Wie Montaigne, Jean Paul oder Nietzsche erkennt Musil mit Valéry, daß alle Manien, Delirien, Phobien «auch im sogenannten normalen Menschen vorhanden sind, – nur eben in einem andern Zustand: zerstreut, beschränkt, kurz, lenksam, diffus, verpuppt, versteckbar! Der Wahnsinn ist in uns aufgegossen, in der Schwebe», bis plötzlich eine Störung, ein Zwischenfall ihn ausbrechen läßt, indem alle Hemmungen, Rückhalte und Vorbehalte entfallen, – Möglichkeiten, die in Moosbrugger, Hans Sepp oder Clarisse sich verwirklichen, die aber auch in Veronika oder Agathe zuweilen aufscheinen. Ulrichs «Pläne ein Napoleon zu werden» (1890), weisen gleichfalls in diese Richtung.[10] Niemand weiß, zu was er fähig ist; viele können nicht glauben, was sie getan haben, woran sie bis zum Augenblick der Tat – selbst eines grauenhaften Verbrechens – niemals gedacht oder mit diesem Gedanken nur gespielt hatten.

Das Ich lebt sich in Erfindungen ebenso aus wie in Vorgaben; es verstellt und verleugnet sich zuweilen; Wünsche und Vorhaben, Absichten und Begierden, welche von der Umgebung, von den anderen nicht eingelöst werden, verlegt es in den willfährigen Bereich der Möglichkeiten. Es pflegt sich in erdichteten Existenzen auszuleben; ihnen vertraut es alles, was es verschweigen muß, und der Umgang mit ihnen besetzt weite Lebensräume. Unablässig sieht es sich verführt, Erfindungen und Gegebenheiten auszutauschen, und dieses erregende Spiel kann derart zur Gewohnheit werden, daß sich keine eindeutigen Grenzen zwischen den Bereichen ziehen lassen. Alle Selbsteinschätzungen indessen wie die Meinungen, welche man über andere hegt, – sie schwanken unablässig – anziehend wie abstoßend – ein «*Schweben* zwischen Extremen, die notwendig zu vereinigen und notwendig zu trennen sind.»[11]

Der Fragwürdigkeit des eigenen Ich entsprechen jene Rätsel, welche die anderen ihm aufgeben, – eine wechselseitige Unsicherheit, welche sich in jeder Dichtung Musils offenbart, in den «Verwirrungen des Zöglings Törleß» nicht weniger eindringlich wie in den «Vereinigungen», in den «Schwärmern», der «Tonka», im «Mann ohne Eigenschaften». Die Unberechenbarkeit des anderen, die Ungewißheit über seine jeweilige Wirklichkeit, über seine Einstellungen, unüberwindliche Zweifel an seinem Verhalten, das Unerklärliche an ihm, – alles löst eine fortwährende Unruhe aus, von der die eigene Selbstgewißheit unabweisbar betroffen wird. Ein Ich ohne Du erkennt sich nicht als Ich; jedes bedarf des Gegenübers als Herausforderung und Widerstand, als Spiegel und Widerschein. Man zeigt bei jeder Begegnung ein anderes Gesicht und jede zeitigt unwillkürlich mehr oder weniger erkennbare Veränderungen, – eine Spannweite, die von kaum merklichen Abwandlungen bis zu einer Wiedergeburt ausgreifen kann.

Die Fragen: «Wer bin ich?», «Wer bist du?» – sie können immer nur unvollständig beantwortet werden. Lebensgeschichte, äußeres Auftreten, Verhalten und Erwiderungen, – nichts ermöglicht eine zuverlässige Auskunft. Zahllose Äußerungen gehören keineswegs unwiderruflich zum Ich. Nachahmung, Launen, Unmut wie Übermut, – sie erwecken Zweifel, wie weit man es mit derselben Person zu tun hat, die gleichzeitigen Widersprüche, die einschneidenden Veränderungen machen es schwer, wenn nicht gar unmöglich, sie alle einem einzigen Individuum zuzuerkennen. Vermutungen über andere, über sich selber schließen Irrtümer und Befangenheit unabweisbar ein. Vieles bleibt unüberwindlich Annahme, und die Erwägungen des Mannes ohne Eigenschaften reißen umfassend einen ausgedehnten Fragenkreis auf: Wenn er hätte sagen sollen, «wie er eigentlich sei, er wäre in Verlegenheit geraten, denn er hatte sich so wie viele Menschen noch nie anders geprüft als an einer Aufgabe und im Verhältnis zu ihr. Sein Selbstbewußtsein war weder beschädigt worden, noch war es verzärtelt und eitel, und es kannte nicht das Bedürfnis nach jener Wiederinstandsetzung und Ölung, die man Gewissenserforschung nennt. War er ein starker Mensch? Das wußte er nicht; darüber befand er sich vielleicht in einem verhängnisvollen Irrtum. Aber sicher war er immer ein Mensch gewesen, der seiner Kraft vertraute. Auch jetzt zweifelte er nicht daran, daß dieser Unterschied zwischen dem Haben der eigenen Erlebnisse und Eigenschaften und ihrem Fremdbleiben nur ein Haltungsunterschied sei, in gewissem Sinn ein Willensbeschluß oder ein gewählter Grad zwischen Allgemeinheit und Personhaftigkeit, auf dem man lebt. Ganz einfach gesprochen, man kann sich zu den Dingen, die einem widerfahren oder die man tut, mehr allgemein oder mehr persönlich verhalten. ... Es sind ... noch allerhand Unterscheidungen gebräuchlich, um je nach der Lage ein allgemeines oder ein persönliches Verhalten anzuwenden und zu fordern. Einem Mörder wird es, wenn er sachlich vorgeht, als besondere Rohheit ausgelegt; einem Professor, der in den Armen seiner Gattin an einer Aufgabe weiterrechnet, als knöcherne Trockenheit; einem Politiker, der über vernichtete Menschen in die Höhe steigt, je nach dem Erfolg als Gemeinheit oder Größe; von Soldaten, Henkern und Chirurgen dagegen fordert man geradezu diese Unerschütterlichkeit, die man an anderen verurteilt. Ohne daß man sich weiter auf die Moral dieser Beispiele einzulassen brauchte, fällt die Unsicherheit auf, mit der jedesmal ein Kompromiß zwischen sachlich richtigem und persönlich richtigem Verhalten geschlossen wird.» (149/50)

Musil hebt auf ein verbreitetes Mißverständnis ab, dem die Beurteilungen der eigenen Person wie diejenigen anderer unterliegen. Man schreibt Eigenschaften, Gesinnungen, Affekte voreilig einem Menschen zu, ohne zu bedenken, ob sie ihm auch

wirklich eigen sind. Handlungen, Leidenschaften, Zustände haben
oft mehr miteinander zu tun als mit der Person, welcher man sie
zurechnet; sie gehören ebenso anderen an, die man nicht erwähnt
oder nicht berücksichtigt. Die persönlichen Bindungen sind vielfach abgerissen. Eine «Welt von Eigenschaften ohne Mann» ist
entstanden, «von Erlebnissen ohne den, der sie erlebt, und es sieht
beinahe aus, als ob im Idealfall der Mensch überhaupt nichts mehr
privat erleben werde und die freundliche Schwere der persönlichen Verantwortung sich in ein Formelsystem von möglichen
Bedeutungen auflösen solle.» (150)

Mit dem Licht durchdringender Ironie verweist Musil auf jene
Verhältnisse, die man gewohnt ist, spiegelverkehrt zu verstehen:
«Die Welt des Schreibens und Schreibenmüssens ist voll von
großen Worten und Begriffen, die ihre Gegenstände verloren
haben. Die Attribute großer Männer und Begeisterungen leben
länger als ihre Anlässe, und darum bleiben eine Menge Attribute
übrig ... die überlebenden Begriffe müssen angewendet werden.
Deshalb wird immerzu zu den Beiwörtern der Mann gesucht.»
(326) Bereits Pascal freilich hatte hintergründig bedacht:
«... wenn man mich um meines Urteils, meines Gedächtnisses
willen liebt, liebt man dann mich? ... Und wieso liebt man den Leib
oder die Seele, wenn nicht um dieser Eigenschaft willen ...? Man
liebt also nie jemanden, sondern immer nur Eigenschaften ...»[12]
Um derartige Vorwände und Vorurteile durchsichtig zu machen,
wagt Musil den Versuch eines Mannes ohne Eigenschaften. Keine
Eigenschaft nämlich kann als entscheidender Wesenszug angesprochen werden, denn jeder erwidert eine Gegeneigenschaft;
nichts schließt sich unwiderruflich zu einem Charakter zusammen, alles bewahrt sich eine unberechenbare Spannungsvielfalt,
die sich im Widerspiel der Gegensätze und Widersprüche viele
Möglichkeiten offen hält. Nicht die begrenzenden Zuschreibungen erfassen das Wesen eines Individuums, vielmehr jene unbestimmbaren Wechselwirkungen, die etwas Unerklärliches behalten, die unbeschreiblich hochgespannten Zustände, welche fortwährend einem Ausgleich zustreben.

Aus diesem Grunde bleiben auch alle gängigen Bezeichnungen für Gefühle unzulänglich; die Hinweise auf Weite, Tiefe, Größe, Reichtum führen in die Irre; keine Regung kann eindeutig angesprochen werden, keine ist meßbar, sobald sie sich begrifflich ausdrücken läßt, hat sie aufgehört, Gefühl zu sein. Stets bilden sich Wechselwirkungen zwischen Fühlen und Erkennen, Handeln und Empfinden, Sinnlichkeit und Geist, – und die engsten Gefühlsbindungen resultieren aus ungewissen, aber unabweisbaren Stimmungen. Nicht zuletzt läßt sich die Einsicht nicht verleugnen, daß heftige Gefühlserlebnisse «meist unpersönlich» sind. «Wer wirklich je einen anderen Menschen so gehaßt hat, daß über dessen Tod nur ein Zufall entschied, wer in die Katastrophe einer Angst geriet, wer eine Frau bis zum letzten Abschaum geliebt hat ..., der weiß es.» (II, 1316)

Musil vergegenwärtigt in seinen Dichtungen jene Möglichkeiten, welche dem Bedenken Martin Heideggers entsprechen: die Ausflucht eines unentschlossenen Daseins in die «Zweideutigkeit der Öffentlichkeit», «in der sich niemand entschließt und die doch schon immer beschlossen hat.» Die «*allgemeine Lage*», in der man sich an die nächsten «*Gelegenheiten*» verliert, das Dasein «aus der Verrechnung der ‹Zufälle›» bestreitet.[13]

Die musilschen Figuren werden unaufhörlich von der Unruhe getrieben, welche «die stets übrig gebliebenen Möglichkeiten des Andersseins» auslösen.[14] In jeder Wirklichkeit erblicken sie eine nichtverwirklichte Möglichkeit; noch unerfundene Möglichkeiten und verfehlte oder versäumte Wirklichkeiten begleiten sie. Wie sie zu sich selbst gekommen, ob sie vorläufig bei sich angekommen sind, – dies bleibt offen. «Es ließe sich sogar behaupten, daß sie betrogen worden seien, denn man kann nirgends einen zureichenden Grund dafür entdecken, daß alles gerade so kam, wie es gekommen ist; es hätte auch anders kommen können; die Ereignisse sind ja zum wenigsten von ihnen selbst ausgegangen, meistens hingen sie von allerhand Umständen ab, von der Laune, dem Leben, dem Tod ganz anderer Menschen, und sind gleichsam bloß im gegebenen Zeitpunkt auf sie zugeeilt.» (131)

Das Individuum existiert in den fortwährenden Spannungen zwischen Selbstbesitz und Selbstverlust, in der Erwartung des Ausstehenden. Es ist beständig aufgerufen, das Abwesende sich zu vergegenwärtigen, – eine Aufgabe, die seine Einbildungskraft beständig herausfordert und zu schöpferischen Versuchen anregt, das Wagnis einer Hingabe ihm nahe legt. «Der *Mensch* ist so gut Nichtich, als Ich» erinnert ein Novalis-Fragment[15], ihm allein eignet dieses Bewußtsein, das Musil in dem Paradoxon anspricht: «Man ist nie so sehr bei sich, als wenn man sich verliert.» (II, 379)

Das Individuum lebt aus einem Selbstwiderspruch: sich selber vorgegeben bleibt es sich eine unlösbare, fortwährende Aufgabe. Im Bewußtsein seines formlosen Wesens drängt es zu Formen; obschon es zu sich gekommen, ist es unablässig unterwegs zu sich, vollzieht es das «Drama der Identität in der Um- und Mitwelt des Widerspruchs»[16] – ein Drama, wie es Musil beispielhaft in seinen «Schwärmern» entwirft. Jegliches Tun wird von dem Gefühl des Nichttunsollens begleitet, jeder Willensregung begegnen Hemmungen; Erwartungen werden von Unerwartetem überholt. Vertrautes wirkt befremdend. Man handelt, wie man will und hat selten getan, was man beabsichtigt hatte. Das Ich ist nie ganz dasjenige, was es tut und denkt, Handlungen wie Gedanken, sein ganzes Dasein, – alles behält etwas Fremdes, der Selbstentwurf etwas Unerreichbares: «*Eine versuchte Gestalt in einer versuchten Gestalt der Gesamtheit.*» (1649)

In fortgesetzten Versuchen, in ihren Widersprüchen, erwartet sich das Ich bis zuletzt; das Unzulängliche wie Vorläufige dieser Existenz bietet die Bedingung, sich zu erfahren. Die Dichtungen Musils ziehen Parallelen zu der Weisung von Valéry: «Ce qui est le plus vrai d'un individu, et le plus Lui-Même, c'est son *possible*, – que son histoire ne dégage qu'incertainement. Ce qui lui arrive peut ne pas en tirer ce qu'il ignore de soi-même.»[17] Stets erneut bricht Musil zu Reisen «an den Rand des Möglichen» auf; er erfindet mitunter befremdliche, abstoßende Grenzsituationen, um Möglichkeiten des Ich freizulegen, weiß doch keines um seinen Beginn und sein Ende, um seine unheimlichen Neigungen.

Im «gewöhnlichen Leben» erblickt Musil einen «Mittelzustand aus allen uns möglichen Verbrechen» (474), – Grund dafür, daß verbrecherische Ausbrüche nie auszuschließen sind. Erst in Begebenheiten und Situationen, in Zwischenfällen und Abenteuern werden die widersprüchlichen Züge, die verborgenen Leidenschaften aufgedeckt. Beispielhaft hatte ein Ahnherr von monsieur le vivisecteur, Montaigne, darauf verwiesen: «Nous sommes tous des lopins, et d'une contexture si informe et diverse, que chaque piece, chaque moment, faict son jeu. Et se trouve autant de difference de nous à nous mesme, que de nous à autruy.»[18] Zugleich offenbart sich darin das Unerschöpfliche des menschlichen Wesens, seine proteische Natur, die Diderot im Gespräch mit sich selber geistvoll in «Le Neveu de Rameau» aufscheinen läßt: «Und nichts gleicht ihm weniger als er selbst.»[19]

Musil wird dem Vielgesichtigen in allen Übergängen gerecht; er weiß um die «âme universelle» des Rimbaud[20], um die «Vielheit des Individuums», die Nietzsche ebenso hervorhebt wie Goethe oder Proust: Jeder ist nicht ein einziger, vielmehr eine Unzahl von Personen, die nicht den gleichen moralischen Wert besitzen, und zu ein und derselben Zeit wechseln «widersprechende Wesen» in unserem Innern[21] – verwirrende Veränderungen, die sich beispielhaft in den «Schwärmern» oder in der «Freundin bedeutender Männer» vorstellen, das Undurchdringliche vielspältiger Individuen, mit denen sich Entwürfe zögernd auseinandersetzen: der Archivar, der Spion Anders, der Zigarrenhändler.

Vereinigungen des Unvereinbaren vergegenwärtigen sich, jene Wahrheit der Selbstwidersprüche, zu der Montaigne in aufschließender Skepsis sich bekennt: «schamhaft-frech; keusch-sinnlich, schwatzhaft-schweigsam, geistvoll-stumpf ... das alles bin ich und seh' ich in mir ...»[22] Es ist nicht zufällig, daß sich Montaigne wie Musil gegen formelhafte Bestimmungen in der Menschengestaltung wenden, – gegen Festschreibungen, die das Vielgesichtige und Offene verkennen und nur abgezogene Vorlagen zeigen: «Angesichts der naturgegebenen Unbeständigkeit unseres Verhaltens und Meinens schien es mir oft, daß selbst die guten

Autoren irren, wenn sie unbedingt ein festes und starkes Gefüge
in uns sehen wollen. Sie greifen irgendein allgemeines Gehaben
heraus, und nach diesem Bilde ordnen und deuten sie dann alle
Handlungen eines Menschen. Und wenn sie da nicht genügend
hineinzwängen können, dann behaupten sie einfach, er verstelle
sich.»[23] Musil führt diese kritischen Einlassungen Montaignes
fort: «Wo uns ein Mensch erschüttert und beeinflußt, geschieht es
dadurch, daß sich uns die Gedankengruppen eröffnen, unter
denen er seine Erlebnisse zusammenfaßt, und die Gefühle, wie sie
in dieser komplizierten wechselwirkenden Synthese eine überraschende Bedeutung gewinnen. Die gälte es darzustellen, wenn es
heißt, einen Menschen ... gestalten. Aber statt ihrer findet man
stets nur die naive Voraussetzung ihres Vorhandenseins und erst
um diese Annahme herum, die wie ein Hohlgerüst in den Menschen steckenbleibt, wird die Durcharbeitung begonnen. Man
schildert, wie man glaubt, daß sich jetzt solche Menschen innerlich und äußerlich im Ablauf der Handlung benehmen werden;
wobei dieses psychologische Innerliche ... eigentlich nur ein
zweiter Grad von außen ist. Man gibt ... nur die Konsequenzen
dessen, was an Menschen das Wesentliche ist, nicht aber dieses
selbst ...» (II, 1000/1001)

Das Wesen des Menschen entzieht sich endgültigen Bestimmungen; diese erfassen das Vielwertige ebensowenig wie die
Bedeutungsmöglichkeiten seiner Handlungen und Erschütterungen; «versuchte man, das Bild eines Menschen aus lauter ...
psychologischen Daten herzustellen, so erhielte man – trotzdem
der Nebenreichtum an ihnen das Entzückende, Leichtbewegliche
der Darstellung bildet – nur den Aufbau einer Individualität, der
aus dem Abbruchmaterial von ungezählten andern aufgerichtet
ist.» (II, 1326) Zugleich rechnet Musil mit der gleichermaßen
verbreiteten wie falschen Voraussetzung ab, Figuren der Dichtung
wie «lebende Menschen» zu behandeln, eine Haltung, die der
Unbekümmertheit eines Affen gleicht, «der in den Spiegel
greift.»[24] In einer Selbstauslegung bestätigt der Schöpfer des
«Törless», daß jeder Mensch in einer Dichtung «aus mehreren

Menschen besteht, daß er gut und verwerflich zugleich ist, daß er keinen Charakter hat, inkonsequent ist, nicht kausal handelt: kurz, daß man die moralischen Kräfte, die ihn bewegen, in keiner Weise ordnen und einordnen kann. Man kann diesem Menschen keinen andren Weg weisen als den Zufallsweg der Handlung des Buchs. Die Frage, wieweit Törless recht oder unrecht hat, Basini zu quälen, ob seine Indifferenz gegen diese Frage weiterhin Zeichen eines Rechts oder Unrechts ist, läßt sich gar nicht beantworten. Die Frage, warum sie sich nicht einmal aufwerfen läßt, ließe sich nur in einem echten Essay beantworten.» (II, 1335) Im Geist ironischer Vielstimmigkeit, in der Skizze «Über Robert Musil's Bücher», hat der Dichter auf einem Um-Weg Versuche zu einer Antwort ausgelegt.

Musil erkennt wie Valéry die Grenzen jeder Beschreibung: man beschreibt das Leben eines Menschen, seine Werke und Taten. «Das, was er gesagt hat, das, was man über ihn gesagt hat. Aber das Gelebteste dieses Lebens entzieht sich. Ein Traum ...; ein einzelner Eindruck ..., Erstaunen, Blick; Lieblingsbilder oder Zwangsvorstellungen; eine Melodie, die in bestimmten Augenblicken von Geistesabwesenheit in ihm aufklingt; dies alles ist mehr er als seine erkennbare Geschichte.»[25] Kaum einem Dichter ist es gelungen, mit mathematischem Wagemut vieles aufzulichten, was sich hinter dem Erkennbaren verbirgt, das Spannungsfeld menschlichen Wesens zu vergegenwärtigen, was es ausmacht, bewirkt, aber auch vieles, was unerklärlich bleibt.

Das Ich ist allotropisch, – eine Auffassung, die Hofmannsthal gleichzeitig vertritt.[26] Aufschlußreich, in berechtigter Hoffnung, es würde ihn weiterbringen, sinnt der Mann ohne Eigenschaften darüber nach, «in wieviel Zuständen Kohlenstoff vorkomme; aber es fiel ihm nicht ein, und er dachte statt dessen: ‹Der Mensch kommt in zweien vor. Als Mann und als Frau.› Das dachte er eine ganze Weile, scheinbar reglos vor Staunen, als ob es Wunder was für eine Entdeckung bedeutete, daß der Mensch in zwei verschiedenen Dauerzuständen lebe. Nur verbarg sich unter diesem Stillstand seines Denkens eine andere Erscheinung. Denn man kann hart sein, selbstsüchtig, bestrebt, gleichsam hinaus geprägt, und kann sich plötzlich als der gleiche Ulrich Soundso auch umgekehrt fühlen, eingesenkt, als ein selbstlos glückliches Wesen in einem unbeschreiblich empfindlichen ... Zustand.» (687) Eine «Erste Überlegung» Musils zum Mann ohne Eigenschaften vermittelt den gleichnishaften Aufriß: «Wie ein Mann o E. aussieht, ist nicht schwer zu sagen: wie die meisten anderen. Es ist nur zuweilen ein Schimmer an ihm, wie in einer Lösung, die kristallisieren will u doch immer wieder zurück geht.» (1830) Aus einer geistigen Lösung kristallisieren die musilschen Figuren und besetzen jeweils einen Spielraum der Möglichkeiten. Miteinander verwandt und verknüpft unterhalten sie zahlreiche Beziehungen, die sich nicht auf eine einzige Dichtung beschränken: Törless erscheint als vorgeborener Ulrich; die Figuren der «Vereinigungen» und die «Schwärmer» sind geschwisterlich einander verbunden, diejenigen der zahlreichen Entwürfe ordnen sich unschwer den Dichtungen zu. Je nach den Constellationen zeigen sie ein anderes Gesicht und auch darin halten sie sich kommenden Anordnungen und Begegnungen offen. Die skizzierte Configuration Gustl, Robert und Alice verdichtet sich später zu Ulrich, Walter und Clarisse, die zum Ursprünglichsten dieser Dichtung zählt.

Wie Musil seine Anregungen weitgehend von geistigen Feldspannungen empfängt und nicht von Eigentümlichkeiten der Figuren, zeigen die vielfältigen Zuordnungen seiner «Schwärmer», die eine entschiedene dramatische Configuration verhindern: «ein Nebel geistiger Materie, ohne dramatisches Skelett» (T 956), lautet das lieblose, unerbittliche Urteil aus dem vorletzten Lebensjahr. Von diesem Stück «stand beinahe jedes Wort fest, so wie es heute darin steht, aber es gab drei Fassungen, drei verschiedene Handlungen, drei Szenerien, dreierlei Personenkreise, kurz dreierlei theatermäßig ganz verschiedene Stücke, ehe ich mich für eines davon entschied» – Stücke, «die im wesentlichen doch ein und dasselbe waren» – ein aufschlußreiches «Vermächtnis», welches die Schwierigkeiten im Einfachen offenbart, das Einfache hinter dem Schwierigen erkennen läßt, – den Geist, der im Aussinnen von Zuordnungen sich nie genug tun kann (II, 954 f.), der stets nur zu einem vorläufigen Ende in allen Ausgestaltungen gelangt und sich Gestaltungsmöglichkeiten vorbehält.

Constellationen mit vielen variablen Größen sind schwer faßbar. Musils geistige Leidenschaft richtet sich indessen auf die Genauigkeit des Unbestimmten. Die dichterischen Vergegenwärtigungen sehen sich darüber hinaus noch den Schwierigkeiten ausgesetzt, die jeweilige Welt eines Ich vorzustellen, wie sie sich aus den Erfahrungen des Denkens, in Erinnerungen, Gefühlserschütterungen, Wahrnehmungen zeigt, – ein cartesianischer Entwurf des Weltbewußtseins von bestechender Durchsichtigkeit, zuweilen jedoch ohne Sinnfälligkeit.

Die Wechselbeziehungen zwischen Ich und Welt sind derart vielfältig, das Spannungsfeld der Situationen ist derart hoch aufgeladen, daß Fragen nach Ursachen und Wirkungen entfallen, daß selbst die Grenzen aufgehoben sind zwischen dem, was man entschieden zu glauben vorgibt und allem, was unentschieden fortlebt. Situationen wie Personen behalten in Regungen, Aufbrüchen und Ansprüchen etwas Ungewisses, und gerade darin äußert sich eine unschätzbare Spannkraft. Mit Skepsis und Leidenschaft, ironisch und teilnehmend erschließt Musil an seinen Figuren, daß sie mehreres und nicht selten Widersprüchliches zugleich wollen, daß ihrem Wissen häufig ihr Wollen nicht entspricht; sie bleiben nicht nur für andere unberechenbar, vielmehr auch für sich selber. Niemand weiß heute, wozu er morgen fähig ist, und jeder sieht sich betroffen, Handlungen und Auslegungen von gestern mit seinen heutigen nicht mehr verknüpfen zu können.

Mit Nietzsche oder Hofmannsthal offenbart Musil in seinen Figuren die vielfältigen Möglichkeiten, – Widersprüche und Vereinigungen, die etwas gleichermaßen Vertrautes wie Fremdes behalten und von Erwartungen anderer Lösungen begleitet werden, zumal das Wissen um den Anfang ebenso unbestimmt bleibt wie dasjenige um das Ende. Zweideutige Figuren bevölkern bevorzugt die musische Szene: Grauauge, der Archivar, Arnheim,

Homo, Fischel, Moosbrugger, Diotima, Bonadea. Es bestätigt sich
in allen Bereichen der Leitsatz: «Jeder Mensch, jedes Werk, jedes
Leben hat an einer Stelle eine Fuge, die nur zugeklebt ist! Zuge-
schwindelt ist!» (II, 361)

Haltlos, geneigt, sich Formen anzupassen, in zahllosen Erwiderungen einen jeweiligen Ausdruck anzunehmen, wird das Ich
noch unbestimmter als es schon ist. Gegenüber jedem Du, in
veränderten Situationen, wechselt es Züge und Gehaben. Das
Bewußtsein der Öffentlichkeit gewinnt von den wenigsten Individuen eine hinlängliche Vorstellung, vielmehr «nur die matten,
weiten Felder sich vermengender allgemeiner Begriffe», die aus-
fallen wie die «graue Helle in einem Fernglas, das auf eine zu
große Entfernung eingestellt ist» (532), und selbst in der Aufmerksamkeit eines Einzelnen vollzieht sich das Ungenaue im
Gegensinn, indem die Sichtweite einen zu geringen Abstand
wählt. Auf dem Untergrund von Vorurteilen verfließen die Meinungen über ein Individuum wie Flecken auf Löschpapier.

Bei aller angenommenen Vertrautheit bleiben die Individuen
einander fremd; sie nähern sich einander, ohne sich nahe zu
kommen, – Erfahrungen, welche beitragen, Verwirrungen des
Zöglings Törless auszulösen, in Vereinigungen das Unvereinbare
aufscheinen zu lassen; sie bedingen jenes Rätselhafte, das die
«Drei Frauen» umspielt, fortgesetztes Fragen und Suchen inständig herausfordert. Das Du bleibt eine Annahme, die man immer
wieder erneuern und abwandeln muß. Dieses Fremde taucht
keineswegs unerwartet auf, immer schon lauert es hinter dem
oberflächlich Vertrauten. Bestürzender freilich noch wirkt die
Erfahrung, daß man sich selbst in unfaßbarem Grade fremd,
unfaßlich wird, – jene Bestürzung, die Claudine in der «Vollendung der Liebe» überfällt: plötzlich, in schlagschneller Erhellung,
erscheint «ihr ganzes Leben von diesem unverstehbaren, unaufhörlichen Treubruch beherrscht, mit dem man sich, während man
für alle andern der gleiche bleibt, in jedem Augenblick von sich
selbst loslöst, ohne zu wissen warum, dennoch darin eine letzte,
nie verbrauchte bewußtseinsferne Zärtlichkeit ahnend, durch die

man tiefer als mit allem, was man tut, mit sich selbst zusammenhängt.» (II, 179)

Das Ich gewahrt sich weitsichtig als eine Folge von Ich-Epochen, die sich mehr oder weniger voneinander absetzen und nicht selten in spannungsreichen Widersprüchen sich begegnen, – sich wiederbegegnen, ohne sich restlos zu erkennen. Wie kein anderes Wesen erfährt das Ich die Zeit; das Flüchtige wird ihm bestürzend bewußt, und sein Leben faltet sich fortwährend zur Lebensgeschichte aus; sein Wesen ist unwillkürlich Geschichte, – nicht zuletzt in den Erfahrungen gleichzeitiger Nähe und Ferne, in dem Bewußtsein von Hinkunft und Herkunft. Das Ich kommt immer auf sich zurück, aber niemals ganz; es erkennt sich und sieht sich zugleich von einem Schatten der Entfremdung begleitet. Daß man beständig ein anderer wird und dennoch derselbe bleibt, – diese fortwährend sich erneuernde Erfahrung zeitigt im Selbstverständnis die Aufbrüche in das Grauenvolle und Rätselhafte, – jene Augenblicke, in denen man mit Schaudern und Schwermut das Fremde und Fragwürdige der menschlichen Existenz erfährt, in wechselnden Deutungen das Unbegreifliche auszulegen trachtet:

> ... daß mein eignes Ich, durch nichts gehemmt,
> Herüberglitt aus einem kleinen Kind
> Mir wie ein Hund unheimlich stumm und fremd.[27]

Dieses Flüchtige des menschlichen Wesens, das unbegreiflich Hinfällige ist das Erregendste und Bestürzendste, welches dem Menschen in seinem Selbstverständnis begegnet.

Hofmannsthal wie Musil empfangen von Ernst Mach Anregung und Bestätigung: «Größere Verschiedenheiten dem Ich verschiedener Menschen, als im Laufe der Jahre in *einem* Menschen eintreten, kann es kaum geben. Die scheinbare Beständigkeit des Ich besteht vorzüglich nur ... in der langsamen Änderung.» «Das Ich ist so wenig ... beständig als der Körper. Was wir am Tode so sehr fürchten, das tritt im Leben schon in reichlichem Maße ein»[28] – eine Überlegung, die Musil fortführt: «Ließe man die künstliche Ichkontinuität sich nicht bilden, hätte der Tod keine

Schrecken mehr als das Leben.» (T 577) Antike Denker schon
haben im Tode keinen durchgreifenderen Einschnitt gesehen als
die zahllosen Wechsel im Leben selber: Plutarch, in verkürzender
Aufnahme von Heraklit, dann Seneca; später haben Montaigne,
Quevedo, Diderot diese Auffassung überliefert, die um 1900
vielfältige Ausgestaltungen wie Erörterungen erfahren sollte. In
einem Brief vom 4. November 1909 erklärt Rilke: «Unser Wesen
geht immerfort in Veränderungen über und ein, die an Intensität
vielleicht nicht geringer sind als das Neue, Nächste und Übernäch-
ste, das der Tod mit sich bringt. Und so wie wir einander an einer
bestimmten Stelle jenes auffallendsten Wechsels ganz und gar
lassen müssen, so müssen wir, strenggenommen, einander jeden
Augenblick aufgeben und weiterlassen und nicht zurückhalten.»[29]
Der 17jährige Schöpfer von «Gestern» zeichnet sich auf: «Wir
haben kein Bewußtsein über den Augenblick hinaus, weil jede
unserer Seelen nur einen Augenblick lebt ... Mein Ich von *gestern*
geht mich so wenig an wie das Ich Napoleons oder Goethes.»[30]
Nicht selten freilich bildet der «Abgrund», der sich zwischen
einem verlebten Ich und dem gegenwärtigen auftut, (wie auch
derjenige zwischen zwei Individuen) nur eine Krümmung der
Oberfläche; man hat sich vom früheren entfernt, aber doch den
Glauben an den Zusammenhang nicht aufgegeben in jenem zähen
Festhalten an sich, «das sich so schwer austreiben läßt wie das
Leben aus einer Katze, selbst wenn sie von den Hunden schon ganz
zerfleischt ist.» (257)

Das eigene Fremdwerden löst eine ungleich tiefere Bestürzung
aus als die Fremdheit der Dinge oder eine befremdende Welt.
Zuweilen bemerkt man dieses «Anderswerden» nicht, «weil man
beständig alle Beweise dafür, wie das Fremdeste, aus den Händen
läßt.»[31]

Das Selbstverständnis des Menschen fordert fortwährende
Selbstauslegungen, – Auslegungen der Zeit, des Nicht-Mehr und
Noch-Nicht. Das menschliche Dasein ist wesenhaft Selbstdeu-
tung. Wechsel wie Widersprüche dieser Deutungen zeitigen unwillkürlich jene Verwirrungen, die schon den Zögling Törleß

überkommen, denn immer wird man gewahr, daß manche Auslegungen unvereinbar mit früheren anmuten, vielfach erblickt man
sich in Grenzsituationen, im Ungewissen zwischen dem, was man
zu wissen glaubt und vielem, was diesem Glauben widerspricht,
zwischen Vorstellungen und Gegebenheiten, in beklemmender
Nähe und unbegreiflicher Ferne, – Gegensätze, die wechselseitig
sich bedingen, Gegensatzspannungen hervorrufen und zugleich
erregende Entsprechungen zeigen. Jedes Selbstverständnis bewahrt einen undurchdringlichen Rest, das Selbstverständliche
behält sich ein offenes Geheimnis vor, das unablässig herausfordert und zurückweist, als beständige Aufgabe sich vergegenwärtigt. Diese unlösbare Aufgabe vereinigt die Ich-Möglichkeiten am
entschiedensten zum Individuum.

Das Spannungsfeld Ich bildet für Musil vom «Monsieur le
vivisecteur» bis zuletzt einen ungeheuren, nie einholbaren Vorwurf. Musil wird so wenig wie Paul Valéry jemals müde, jenen
Selbstwiderspruch zu verfolgen, dem der Schöpfer des Monsieur
Teste nachsinnt: «Mon idée la plus intime est de ne pouvoir être
celui que je suis. Je ne puis pas me reconnaître dans une figure
finie. Et MOI s'enfuit toujours de ma personne, que cependant il
dessine ou imprime en la fuyant.»[32]

Auf auswegloser Flucht zu sich und endloser Suche nach sich
selber entdeckt das Ich schwerlich alle seine Möglichkeiten, indessen bleibt ihm keineswegs erspart, in Wahl und Entscheidungen
sich für alltägliche Forderungen und die Ansprüche der Öffentlichkeit einzugrenzen. Die Umgebung nötigt das Ich, eine beständige und berechenbare Person vorzustellen, selbst wenn diese den
inneren Regungen und Überzeugungen nicht entspricht. Die
tieferen Beweggründe finden oft wenig Beachtung, so daß sich das
Ich in seinen gewohnheitsmäßigen Geschäften oft kaum oder gar
nicht mehr erkennt, daß es die Handlungen, welche es vollzieht,
zuweilen einem anderen zuschreibt, daß zahlreiche seiner Einlassungen nachträglich ihm unbegreiflich erscheinen. Das Ich bleibt
seinem Wesen nach eine variable Größe, die überwältigende
Mehrzahl jedoch seiner täglichen Aufgaben, Forderungen und

Bedürfnisse läßt sich nur mit festen Werten bewältigen. Das Ich
verhält sich dann weitgehend so, wie man es von ihm erwartet.
Daß man für andere derselbe bleibt, während man sich unablässig
vom Vorgegebenen ablöst und verändert, – dieser unauflösbare
Widerspruch zeitigt kaum überwindliche Schwierigkeiten im Umgang mit der Welt wie in den Begegnungen mit sich selber. Das
Selbstverständnis des Ich und die Urteile, welche andere über es
hegen, – sie lassen sich nicht zur Deckung bringen und rufen in
allen Beziehungen erhebliche Spannungen hervor. Das Rechnen
mit dem Unberechenbaren zählt zu den wesentlichsten Aufgaben
im menschlichen Umgang. Wie weit man die Handlungen eines
Menschen voraussagen kann, wann und unter welchen Bedingungen und Umständen das Unvorhersehbare eintritt, – handelt
Musil vielseitig ab.

Nach Kierkegaard, Dostojewski und Nietzsche hat kaum jemand schärfer und folgenreicher die Akte der Selbstenteignung
gestaltet als Musil. Wie weit ein Individuum das Wagnis seiner
eigenen Existenz verfolgt, wie weit es wie Seinesgleichen zugunsten allgemeiner Bedingungen und Bestimmungen abdankt, welche Möglichkeiten es in eigener Verantwortung sich zu erhalten
weiß, – darum kreisen ebenso hartnäckig wie unerbittlich seine
wegweisenden Entwürfe. Auch auf diesem Feld verdichtet er
Grundmöglichkeiten: Versuche eines Rückzugs auf sich selbst,
Akte der Hingabe, in denen Selbstsucht und Selbstlosigkeit nicht
mehr zu unterscheiden sind. In Augenblicken der Selbstverges-
senheit wie in solchen der Selbstbesessenheit gipfeln die Dichtungen Musils wiederholt. Die Vorgänge von Selbstverlust und die
Befreiungsversuche zu Selbstbesitz, – sie erreichen in Vorstellungen und Überlegungen aufschlußreiche Einsätze, ohne zu vereinfachenden Entscheidungen verengt zu werden. Fern von jeglicher
Einseitigkeit umkreist Musil das Widerspiel der Bezüge, die vielspältigen Anlagen des Ich, die sich in keinem Entweder-Oder
erschöpfen, vielmehr in den fortwährenden Spannungen der Gegensätze weiterleben.

Unwillkürlich löst sich das Ich mit jedem Augenblick von sich

ab; dennoch hängt es tiefer als mit allem anderen mit sich selber
zusammen, – diese Dauer im Wechsel verfolgt Musil in beispiel-
haften Vivisectionen des Bewußtseins, welche eigentümliche Parallelen zu den minuziösen Überlegungen des späten Edmund
Husserl bilden: das Ich «werdend seiend», ein Ich, das «strömend
versinkend doch immerzu verharrt als ich-bin-gewesen. ...»[33]
Zum «Mann ohne Eigenschaften» skizziert Musil: «Könnte man
nicht sagen: wir haben eine fertige Persönlichkeit u. eine immer
werdende. Die erste hat Leidenschaften, denkt usw. Die zweite ist
überhaupt der ungeformte Menschenstoff, der Mensch minus der
Einflüsse, die ihn geformt haben, das was auch anders hätte
kommen können.» (T 590)

Die beständigen Selbstentfremdungen zeitigen zugleich Akte
der Selbsterhaltung, so wie die Liebe sich in einer Untreue zu
vollenden vermag. Krampfhaftes Sich-Festhalten-Wollen führt
ebensogut zum Wahnsinn wie hemmungsloses Sich-Verleugnen;
im Zusammenwirken von Vergessen und Erinnern lädt sich unablässig das Spannungsfeld des Individuums auf. Das Ich wird nur es
selbst, indem es nie ganz es selbst ist, – indem es in sich selber
geborgen zugleich in jedem Augenblick der Selbstentfremdung
ausgesetzt bleibt. In unabsehbaren Übergängen erhält es sich
lebendig, selbstbewußt.

Mit satirischer Schärfe erfaßt Musil freilich auch jene Figuren
von lebendiger Leblosigkeit wie Hagauer oder Lindner: sie «machen aus einem Zustand eine Forderung, aus einer Gnade eine
Norm, aus einem Sein ein Ziel!» (748) Der «Traum des Seins» ist
bei ihnen «nur lose über die Materie gestülpt» (25), ein Mantel-
wurf über die Gliederpuppe gebreitet. Ihnen eignet die Beständigkeit und Selbstsicherheit des Alltäglichen, die Zweifellosigkeit des
Einverständnisses mit sich selber. In dieser Hinsicht pflegt Musil
absichtsvoll wie ironisch auf zeitgenössische Vorbilder zurückzu-
greifen, – Zeugen zugleich dafür, wie unzulänglich alle bleiben,
die selbstgewiß auftreten, wie zweifelhaft die Anschauungen
wirken, welche sie selbstsicher vertreten, – nicht weniger fragwürdig die Wertschätzung, die man ihnen vielfach entgegen-

bringt. Anstelle des kritischen Bewußtseins tritt bei ihnen das Selbstgefällige.

Kritisches Bewußtsein eignet den wegweisenden Figuren Musils in ungewöhnlich hohem Grade; sie lassen sich nicht abhalten, ihr Ich zu leben und sie vermeiden es, in ein «Seinesgleichen» auszuweichen. Sie nehmen die unablässigen Selbstauseinandersetzungen auf sich und erneuern die schmerzliche Erfahrung, daß man sich um so unbegreiflicher wird, je anhaltender man sich mit sich selbst einläßt. Sie bekennen sich zum fortwährenden Aufbruch Valérys: «Mon être est de n'être rien de ce qui est – le JE refuse Tout.»[34] Das Widerspiel zwischen Selbstvertrauen und Selbstzweifel, zwischen Einvernehmen und Entfremden gelangt zu keinem Ende; nie gewinnen die Überlegungen dieser Personen die Zuversicht, irgendwann zu wissen, wer sie sind, vielmehr sehen sie sich in der erregenden Vermutung bestätigt, daß sie sich selbst sind, indem sie es nie ganz sind. Beständiger Selbstumgang wie inständige und kritische Selbstaussprache offenbart ihnen etwas von ihren Möglichkeiten, und dies nicht nur in nachträglichen Überlegungen, sondern selbst im unmittelbaren Tun und Lassen, in Leidenschaften und Aufbrüchen.

Nicht selten vertritt im Umgang ein Du das Ich, – ein Du, in dem sie sich begegnen. Das Rätsel eines zusammenhanglosen Zusammenhangs stellt sich ihnen in kritischen Erinnerungen vor, – Erinnerungen auf dem Weg, der von ihrer Zukunft her kommt. In dem Kapitel, welches der Dichter vieldeutig «Heimweg» überschreibt, erinnert sich der Mann ohne Eigenschaften einiger Kinderbildnisse, die er vor weniger Zeit wiedergesehen hatte: «mit Fremdheit hatte er auf ihnen einen kleinen Knaben erblickt, den eine altmodisch gekleidete, schöne Frau glücklich anlächelte. Die äußerst eindringliche Vorstellung eines braven, liebevollen, klugen kleinen Jungen, die man sich von ihm gemacht hatte; Hoffnungen, die ganz und gar nicht seine eigenen waren; ungewisse Erwartungen einer ehrenvollen erwünschten Zukunft, die wie die offenen Flügel eines goldenen Netzes nach ihm langten –: obgleich alles das seinerzeit unsichtbar gewesen war, hatte es sich nach Jahreszehnten doch sehr deutlich den alten Platten ablesen lassen, und mitten aus dieser sichtbaren Unsichtbarkeit, die so leicht hätte Wirklichkeit werden können, blickte ihn sein weiches, leeres Kindergesicht mit dem etwas verstörten Ausdruck des Stillhaltens entgegen. Er hatte keine Spur von Neigung für diesen Knaben gefühlt, hatte das Ganze doch vor allem den Eindruck auf ihn gemacht, einem großen Schreck entronnen zu sein.» (648) Erneut liegt es nahe, auf die Erfahrung von Ernst Mach zu verweisen: «Wenn ich mich heute meiner frühen Jugend erinnere, so müßte ich den Knaben (einzelne wenige Punkte abgerechnet) für einen Anderen halten, wenn nicht die Kette der Erinnerungen vorläge.»[35]

Die Spannungen zwischen nah und fern, zwischen Einst und Jetzt, – sie lösen fortwährend Unruhe aus, sie zeitigen die härtesten Herausforderungen an das Selbstverständnis. Läßt sich ein Einvernehmen erreichen mit jenen anderen, die man doch auch gewesen war? Wie müssen «Bindemittel» (648) und «Kitt» (II, 14) beschaffen sein, welche verhindern, daß die Epochen oder Stunden ohne Zusammenhang auseinanderfallen, – Fragen, die sich auf verschiedenen Stufen Törleß wie Ulrich eindringlich vorlegen. In der durchsichtigen Helligkeit des selbstbewußten Geistes findet der Mann ohne Eigenschaften die Antwort, zu welcher der Zögling Törleß noch auf dem Wege war. Eine «Art perspektivischer Verkürzung des Verstandes» ergibt das Gefühl «eines mit sich selbst einverstandenen Lebens», die Gabe, Widersprüche nicht zu lösen, «sondern sie verschwinden zu machen, wie sich in einer langen Allee die Lücken schließen, und so, wie sich allenthalben die sichtbaren Verhältnisse für das Auge verschieben, daß ein von ihm beherrschtes Bild entsteht, worin das Dringende und Nahe groß erscheint, weiter weg aber selbst das Ungeheuerliche klein, … und endlich das Ganze eine ordentliche glatte Rundung erfährt. …» (648 f.) Zu dieser «Verkürzung» zugunsten einer Selbstzufriedenheit können sich freilich Ulrich und sein Geschlecht so wenig wie sein Schöpfer entschließen; selbstkritisch decken sie noch dort Widersprüche auf, wo andere sie gar nicht

vermuten oder gar suchen, und gelangen mit sich nie zu einem
Ende. Sie gewahren mit skeptischer Weitsicht, zuweilen mit
Befremden, daß das Leben keineswegs gleichförmig und geordnet
abläuft, daß sein Vergehen sich in Akten der Selbstvergegenwärti-
gung vorstellt, – Vergegenwärtigungen im Schweigen und Sprechen, die jeweils eine andere Einstellung beziehen, das Leben als
Aufgabe, als Bürde, als Abenteuer erscheinen lassen, wechselnde
Lösungsmöglichkeiten vorschlagen, – Möglichkeiten, die sich bis
zum Unvereinbaren voneinander entfernen können. Nicht zuletzt
hängt von Einstellung und Auslegung, von Glauben und Skepsis
ab, wieviel vom Künftigen schon im Gewesenen lebt.

In Welt- wie Selbstauslegungen erschließen sich die Bedeutung
der «Perspektive» wie sie Friedrich Nietzsche eindringlich ausgezogen hatte, Perspektive, eine gleichermaßen grandiose wie notwendige Erfindung des Menschen, das Eingeständnis, daß kein
Leben bestünde, «wenn nicht auf dem Grunde perspektivischer
Schätzungen und Scheinbarkeiten.»[36]

Je vielspältiger ein Individuum wirkt, je zahlreicher die Personen, welche es birgt, desto unfaßbarer erscheint es. Je mehr
Gesichter es besitzt, desto gesichtsloser mutet es an; je weiter das
Ich sich in und mit seinen Widersprüchen entfaltet, desto mehr
entzieht es sich bestimmter Wahrnehmung und Einschätzung, –
eine Erfahrung, die Musil ebenso beglaubigt wie Valéry oder
Proust. Der Geist läßt sich auf kein unwiderrufliches Gesicht
festlegen, und die Leitfiguren Musils kämen in Verlegenheit,
wenn sie die Frage, welches sie als das ihrige erkennen, zu
beantworten hätten.

In zahllosen Spiegelungen und Begegnungen gewinnt und zeigt
das Ich die verschiedenartigsten Ansichten, indessen nie einen
endgültigen Umriß. Die jeweiligen Situationen bilden die Kraftfelder, in denen die Ich-Möglichkeiten sich in verschiedenen
Zuordnungen und unterschiedlich weit entfalten. Die überraschende Entdeckung stellt sich ein, daß nicht wenige Menschen
«aus einzelnen gewissermaßen flottierenden Elementen ... bestehen, die sich niemals um ein Zentrum zu gruppieren, also auch

keine Einheit zu bilden imstande sind. So lebt der kernlose Mensch in einer ungeheuren und ihm doch niemals völlig zu Bewußtsein kommenden Einsamkeit dahin. Die große Mehrzahl der Menschen ist in diesem Sinne kernlos, doch erst an merkwürdigen und bedeutenden Menschen fällt uns eine solche Kernlosigkeit auf. ...»[37] Diese erschütternde Erfahrung von Arthur Schnitzler beschäftigt und bestätigt Musil vielfältig. Um die Spannweite des Ich, die Zahl der Personen, die es versammelt und entläßt, zu ermessen, ersinnt er Grenzfälle und Ausnahmesituationen. Mit leidenschaftlicher Genauigkeit vereinigt er verschiedene Individuen in einer Situation, um ihre Entwürfe und Erwiderungen auszubreiten, die wechselseitigen Abhängigkeitsverhältnisse und Wechselwirkungen zu verfolgen, im Bekannten Unbekanntes freizulegen. Nicht weniger Erfindungskraft bietet er auf, um dasselbe Ich in verschiedene Lagen zu versetzen, zu erproben, wie weit es seine Fähigkeiten und Möglichkeiten bewahrt, – das Miteinander seiner Gegensätze, seiner Entsprechungen, – wie weit das Unwägbare und Vielwertige wirksam wird. In einem frühen Entwurf, «Grauauges nebligster Herbst», umkreist Musil eindringlich das Rätsel der Person, jene Ungewißheit, die sie für das Gegenüber darstellt, das Unberechenbare, welches jeden Umgang so schwierig und fragwürdig gestaltet, indem man es nicht mit dem abgestempelten «Charakter» zu tun hat, den man erleichtert daran erkennt, daß er «in ganz bedeutungslosen Fragen weiß, was er zu tun hat.» Wer Vermögen, Übung und Gewohnheit dazu nicht besitzt, wer «ohne Theorie von sich» selbst lebt, – ohne «eine Vorstellung was man zu sein glaubt» (II, 733), – wirkt auf seine Umgebung unheimlich und undurchsichtig. Er entzieht sich eindeutigen Bestimmungen; er zeigt so viele Gesichter, die ein unwiderrufliches Erkennen verhindern, und es ist aufschlußreich, daß Musil eine Vorliebe für hintergründige, vielspältige Existenzen hegt, für Spione, Schwärmer, für Doppel-Ich und Doppelgänger, für die zwielichtigen Verhältnisse in «Katakomben», in «Parallelaktionen», im «Vorstadtgasthof», am «Südpol» und im Niemandsland.

Angeregt von Überlegungen der Romantiker, die ihm Ricarda
Huch vermittelt hatte, von Tieck, Novalis, Baader versucht der
25jährige Musil die Spannweite des Ich zu skizzieren: im Selbstbewußtsein des Cartesius (mit dem er sich anhaltend auseinandersetzt) glaubt er «die gewisse augenblickliche Einheit» zu erkennen. In der Gegensetzung bezeichnen ihm die Mystiker «das
komplexe Ich. Das Erstere ist das Gewisseste, das letztere das
Ungewisseste.» (T 138)

Die unaufhebbaren Spannungen zwischen dem gewissen und
dem unbegreiflichen Ich, – mit ihren ausholenden Fragen, die
Montaigne vorgetragen hatte, – erhalten sich als unerhörte Herausforderung. Wo verlaufen die Grenzen zwischen Ich und Nicht-
Ich, wie weit ist die Welt Vorstellung des Ich, wie weit das Ich
Ausdruck der Welt, – Dichter und Denker in der Epoche Musils
versuchten in Entwürfen und Gestalten diesen Fragen zu begegnen, Nietzsche wie Husserl, Valéry, Pirandello, Rilke in seinem
Malte Laurids Brigge, Hofmannsthal in Andreas, Gottfried Benn
in Rönne.

Die unablässigen Auseinandersetzungen des Ich mit sich selbst,
– Selbstsucht und Selbstflucht, Selbstbesitz und Selbstverlust
vergegenwärtigt Musil in allen Stadien und in einem denkbar
weiten Spielraum der Möglichkeiten, der auch die überpersönlichen Wirkungen auffängt. Das Ich geneigt wie bedroht, sich in
seine Vielspältigkeit zu verlieren, gibt die Erwartung nicht auf, in
einer Selbstaufgabe eine Wiedergeburt zu erfahren, – nicht zufällig gewinnen Ekstasen aufschließende Bedeutung. In höchsten
Gefühlsgraden verliert die Welt «in einer Art kalter Glut ihre
Farben; und das Ich geht verloren bis auf die leere Hülle»; die
«verarmende Ekstase» verbindet sich häufig mit der orgiastischen.
Die «überquellende und die versiegende Form des Sichverlierens»
ist nicht zu unterscheiden. «Der orgiastisch Entzückte springt in
sein Verderben wie in ein Licht, und Zerreißen oder Zerrissenwer-
den sind ihm lodernde Liebesgeschehnisse und Freiheitstaten. ...
So verschmelzen Tun und Erleiden in den höchsten Graden, wo sie
noch erlebt werden.» (1191)

Seit seinem «Törleß» umkreist Musil diese Grenzerfahrungen, – Ekstasen, in denen das Ich sich verliert und empfängt; die Abenteuer des Bewußtseins, die Lockungen und Drohungen der eigenen Möglichkeiten, nicht zuletzt der erträumten, – in allen Selbstauseinandersetzungen sprechen sie sich ebenso aus wie in den zwischenmenschlichen Beziehungen. Bewußtseinszustände schlagen sich in Begegnungen nieder, Begegnungen erwecken Vorstellungen, – Vorstellungen, welche die Wirklichkeit hinter sich lassen und etwas Unwirkliches beschwören. Man entdeckt Entsprechungen und sucht sie. Zustände einer «taghellen Mystik» stellen sich ein, – einer Mystik, die in welthafter Zuwendung aufgeht, – so wie sie Goethe und Novalis vertraut ist.

In der Sprache der Ekstasen greift Musil auf zahlreiche Vorlagen zurück: Meister Eckhart und Nikolaus von Cues, Novalis, Swedenborg, Emerson, Nietzsche. Unter der Überschrift «Grenzerlebnisse» verzeichnet er Auszüge aus den «Ekstatischen Konfessionen» (1909), die Martin Buber gesammelt hatte.[38] Bereits die Einleitung Bubers mußte Musil lebhaft ansprechen. Freimütig geht er mit diesen Texten um; er löst sie aus ihren Zusammenhängen und schafft neue, ihm gemäße Beziehungen und Ausdruckswerte; östliche Zeugnisse kreuzt er unbekümmert mit westlichen, so daß sich vielfältige Zuordnungen, überraschende Beziehungen ergeben, die an vieles erinnern und zugleich eine unverwechselbar eigene Bedeutung annehmen.

Immer legt Musil seine Dichtungen darauf hin an, daß jeder seine Möglichkeiten erst in Begegnungen ermißt, daß er sich in anderen, andere in sich erkennt. Diese Wechselbeziehungen und Vervielfältigungen fächern sich jeweils verschieden weit auf. Wer auf sich zurückgeworfen ist, sieht sich genötigt, einen anderen in sich zu entdecken. Man braucht den anderen, der die Erregungen auffängt, dem man seine Vorhaben und Ausdeutungen vorträgt, mit dem man sich auseinandersetzt, an den man sich verliert, in welchem man sich findet. «Es gibt so viele geistige Personen, als es Begegnungen gibt», diese Einsicht Hofmannsthals entspricht derjenigen Musils ebenso wie diejenige, welche Hofmannsthal bald folgen läßt: «Jede neue bedeutende Bekanntschaft zerlegt uns und setzt uns neu zusammen. Ist sie von der größten Bedeutung, so machen wir eine Regeneration durch.»[39] Die Wirkungen sich wechselseitig bestrahlender Figuren fängt Musil in zahlreichen Brechungen auf, – Wirkungen, die ebensogut anwesende wie abwesende Personen auslösen. Versuche gegenseitiger Ausgestaltungen, – sie gelangen an kein Ende so wenig wie jene Möglichkeiten jemals sich erschöpfen. In Verkennen wie Erkennen, in Neigungen, den anderen mit sich selbst zu verwechseln, leisten sich zahlreiche Figuren «den Dienst unbestechlicher Zerrspiegel.» (50) Minuziös vergegenwärtigt Musil in den zwischenmenschlichen Beziehungen «eine funktionale Abhängigkeit so wie zwischen zwei elastischen Bällen oder zwei geladenen Stromkreisen». Dabei wird das Vielwertige sichtbar: die Abneigung in der Zuneigung, die Verzweiflung in der Leidenschaft. Das Übereinkommen in den Gegensätzen spricht sich ebenso aus wie der Vorbehalt im Einverständnis.

Die Feldstruktur der musilschen Dichtung bestätigt sich darin, daß das Ich in seinem Bestreben wie in seinem Gleichgewicht nur soweit in sich selbst abgeschlossen ist wie ein «Stein in einer Mauer oder ein Tropfen in einem Fluß ..., durch den die Kräfte und Spannungen des Ganzen gehn. Was ein Mensch selbst tut und empfindet, ist geringfügig, im Vergleich mit allem, wovon er voraussetzen muß, daß es andere für ihn ... tun und empfinden. Kein Mensch lebt nur sein eigenes Gleichgewicht, sondern jeder stützt sich auf das der Schichten, die ihn umfassen. ...» (523/24) «Die Menschen verändern sich gegen die Extreme, und sind nur *das, was* sie nach ihrer Umgebung und *gegen* die Gegenstände und Gegenmenschen seyn können – daher Veränderlichkeit der Charactere und relativer Character überhaupt.»[40] Diesem Hardenberg-Aufriß folgen die Configurationen Musils. Jede Figur bildet Spiegel und empfängt Spiegelgesichte; jede bleibt eine unvollendete Person, jede versucht zu sein, was sie nicht ist. Immer und in allen Begegnungen begleitet sie jene Ungewißheit über sich selbst, «die eine

Folge von Veränderungen ist, deren Größe deutlicher ist als ihre Ursachen.» (837)

Alle Beziehungen zeitigen gegenseitige Ausgestaltungen und zweiseitige Wirkungen, – Grunderfahrungen des Menschen, dem es allein gegeben ist, sich entgegenzutreten, sich anzusprechen, sich im anderen und als ein anderer zu erfahren, sich in ferne Zeiten und Zonen zu versetzen, mehrere Pläne zugleich zu verfolgen, im Anwesenden das Abwesende zu erblicken. Das Ich versammelt jene zahllosen Gegensätze, die ohne einander nicht bestehen können. Jedes Ich birgt in sich das Gegen-Ich (1865), – flüchtigen Einfällen, Gedankensprüngen, Erregungen entgegnet ein beharrliches Selbstbewußtsein. Allen Widersprüchen wie vielfältigen Vorstellungen geht das Ich als ursprüngliche Einheit voraus. Nichts indessen läßt sich ohne den zugehörigen Gegensatz denken: Das Ich nicht ohne das Du, der Geist nicht ohne die Natur, der Tag nicht ohne die Nacht. In endlosem Fortgang erkennt man im einen das andere, und die geheimnisvollste Aufgabe des Ich erfüllt sich darin, schrankenlos in sich das Auseinanderliegende zu vereinigen.[41]

Schwierigkeiten wie Verlockungen dieser Aufgabe deckt Musil wie wenige auf: die Meinungen, die man von sich selber hegt wie die Vermutungen, die man von anderen empfängt, gilt es fortwährend einander zuzuordnen, die beträchtlichen Schwankungen in einem vorläufigen Ausgleich aufzufangen. Die schwer abschätzbaren Erwartungen dessen, was man für möglich hält, mit dem zu verknüpfen, was man von und für sich selber erwartet, was sich als gegeben anbietet, erweist sich als unablässige Herausforderung. Immer stellt man sich auf dasjenige ein, was man auf sich zukommen sieht, von dem man annimmt, daß es künftig Gegenwart ist, – Vermutungen, Annahmen, denen eine gewisse Wahrscheinlichkeit zukommt, nie jedoch endgültige Gewißheit. Das Bewußtsein des Daseins entwirft beständig Vorstellungen eines Nicht-Daseins, – Vorstellungen, die unwillkürlich Dichtungen zeitigen, von denen freilich nur ein Bruchteil aufgezeichnet wird. Alle Gespräche, die man führt, mit sich wie mit den anderen, – nicht

zuletzt die schweigenden Unterredungen, – sie bilden eine Zwie-
sprache mit dem Rätsel der eigenen Person, mit allem, was an ihr
unaussprechlich bleibt und dennoch unwiderstehlich zur Sprache
drängt, in der Sprache des Schweigens und Verschweigens sich
vielfach offenbart.

V

Vereinigungen

Die Einheit vor der Entzweiung, Einheit nach der Entzweiung, die Einheit als bewegte Mitte, Vereinigung des Entzweiten, des Gegensatzes, im Wirbel, in der Ekstase, durch die Vision, als Umkehr, ist seit je das zentrale Thema aller Mystiker gewesen. Kassner

Sonderbar, daß das Innre des Menschen bisher nur so dürftig betrachtet und so geistlos behandelt worden ist. Die sogenannte Psychologie gehört auch zu den Larven, die die Stellen im Heiligtuhm eingenommen haben, wo ächte Götterbilder stehn sollten. Wie wenig hat man noch die Physik für das Gemüth – und das Gemüth für die Außenwelt benutzt. Verstand, Fantasie – Vernunft – das sind die dürftigen Fachwercke des Universums in uns. Von ihren wunderbaren Vermischungen, Gestaltungen, Übergängen kein Wort. Keinem fiel es ein – noch neue, ungenannte Kräfte aufzusuchen – ihren geselligen Verhältnissen nachzuspüren – Wer weiß welche wunderbare Vereinigungen, welche wunderbare Generationen uns noch im Innern bevorstehn.

Novalis

Sondern und Vereinigen bilden nicht nur Voraussetzungen von Welt- und Selbstverständnis, – sie zählen zu jenen selbstverständlichen, alltäglichen Handlungen, die zugleich schöpferisch wirken und unergründlich bleiben. Das Ich als ursprüngliche Einheit geht zwar allen Überlegungen und Vorstellungen voraus, zugleich aber tritt es sich entgegen, erfährt sich in den Spannungen von Vertrautheit und Fremde, in widersprüchlichen Einstellungen und endlosen Selbstauslegungen. Zweifel zeitigen Entschlußlosigkeit, Selbstauseinandersetzungen lassen den Menschen das Vielspältige entdecken. Die Welt der Erscheinungen wiederum zeigt eine unabsehbare Fülle von Dingen und Ereignissen, die sich gegeneinander abgrenzen und gleichzeitig miteinander verbunden sind. Die Grenzen bewegen sich unaufhörlich, Zuordnungen verändern sich, Perspektiven wechseln, – das Feld der Erscheinungen indessen verharrt.

Erblickt man in der «Zwei-Einigkeit» seit Platon den Ursprung des mathematischen Denkens[1] – so offenbart sich darin auch die Herkunft der musilschen Dichtung. In der Entzweiung vergegenwärtigt sich die verlorene, die kommende Einheit, – aus dieser Einsicht entwirft Musil seine Vereinigungen, die sich keineswegs auf die Novellen beschränken. Unablässige Vereinigungen der Gegensätze zeitigen die lebendige Einheit von Ich und Du, von Welt und Ich, von Tag und Nacht, Ruhe und Bewegung, – ein Übereinkommen von Gegensätzen, die keineswegs einander ausschließen, vielmehr unerläßlich aufeinander bezogen bleiben, – ein Verständnis, das Heraklit wie Goethe oder Hofmannsthal anspricht. Wie Nietzsche geht auch Musil hinter starre Gegensetzungen zurück; eindringlich erinnert er an die unbeschreiblichen Anfänge, in denen sich Gefühl und Anschauung noch nicht voneinander getrennt hatten. In den Spannungsgegensätzen erkennt er noch das umfangende Ganze, – Bogen und Leier, um das eindringliche Gleichnis von Heraklit anzuführen.[2] Musil bricht auf, das Wagnis der coincidentia oppositorum zu erneuern, zu erfahren, wie zuvor ein Nikolaus von Cues oder Pascal, – und wie Novalis erblickt er die höchste Aufgabe der Logik darin, den «Satz des Widerspruchs zu vernichten.»[3]

Nicht nur das Vielwertige in allen Verbindungen erschließt die Dichtung Musils, sie offenbart in allen Verhältnissen die anziehenden und abstoßenden Kräfte, das unablässige Sich-Nähern und Sich-Entfernen. Mathematisches Denken verbindet sie mit moralischen Vorstellungen, Physik mit Phantasie; sie gewahrt mit Nietzsche die «Chemie der Begriffe und Empfindungen» und offenbart die «Logik des Traums». Sie wendet alle Genauigkeit auf, um das Unbestimmte zu erfassen; das Unzulängliche von Gewohnheiten und geläufigen Vorstellungen bricht sie auf und sie rechnet beständig damit, daß sich dem Erwarteten etwas Überraschendes zugesellt. Planlose Versuche begleiten planvolle Veränderungen. Die musilsche Dichtung vermittelt, wieviel Unvorstellbares sich in allen Begegnungen abspielt, wie das Benennbare immer nur einen Bruchteil der Vorgänge ausmacht. Trugbilder einer festen Ordnung ergänzt die Einbildungskraft durch Vermutungen. Gewißheiten überholt sie in der Annahme von Wahrscheinlichkeiten, Begreifen verknüpft sie mit Fühlen, Träume mit Denken, Behauptungen setzt sie Einwände entgegen, jedem Anspruch auf Vollendung hartnäckige Widerstände. Der Dichter selbst vereinigt zahllose Selbstwidersprüche in sich, – er, dem «die rettungslose Einsamkeit des Ich in der Welt und zwischen den Menschen am stärksten zu Bewußtsein kommt. ... Dessen Gemüt auf die imponderablen Gründe viel mehr reagiert als auf gewichtige. ... Der noch in der Freundschaft und in der Liebe den Hauch von Antipathie empfindet, der jedes Wesen von den andern fernhält und das schmerzlich-nichtige Geheimnis der Individualität ausmacht.» (II, 1026)

Die Gegensatzspannungen in den menschlichen Beziehungen entbindet Musil in ihrer Vieldeutigkeit und befreit sie aus dem Vorurteil einseitiger Bindungen. Wie jeglicher Regung unwillkürlich eine Gegenregung erwidert, wie in jedem Miteinander zugleich ein Gegeneinander sich äußert, wie bei aller Vertrautheit ein Rest von Verständnislosigkeit sich nie tilgen läßt, wird in den Brechungen von Zuneigung und Skepsis, von Liebe und Feindseligkeit, Selbstsucht und Hingabe angesprochen; «darum ist es nicht von der Hand zu weisen, daß die tiefste Anlehnung des Menschen an seinen Mitmenschen in dessen Ablehnung besteht» (26) – ein Satz, der in der Umkehr gleichermaßen gültig bleibt. Die Configurationen Musils vergegenwärtigen diese Gegensatzspannungen eindringlich, das Miteinander widerstreitender Regungen, die sich wiederholende Erfahrung: je weiter man sich entfernt, desto näher kommt man einander.

Der menschliche Geist, je umfassender er wirkt, erkennt immer neue Zuordnungen und Perspektiven, – Sichtweisen, die eine mathematische Phänomenologie entwerfen. In fortwährendem Ungenügen sucht er das Vorgegebene zu überholen, unausgeschöpfte Möglichkeiten aufzureißen. Im Verwandten deckt er das Verschiedene auf, in den Gegensätzen das Zusammengehörige: «Er bringt durcheinander, löst auf und hängt neu zusammen. Gut

und bös, oben und unten sind für ihn nicht skeptisch-relative
Vorstellungen, wohl aber Glieder einer Funktion, Werte, die von
dem Zusammenhang abhängen, in dem sie sich befinden. ... Er
anerkennt nichts Unerlaubtes und nichts Erlaubtes, denn alles
kann eine Eigenschaft haben, durch die es eines Tages teil hat an
einem großen, neuen Zusammenhang. Er haßt heimlich wie den
Tod alles, was so tut, als stünde es ein für allemal fest. ... Er hält
kein Ding für fest, kein Ich, keine Ordnung; weil unsre Kenntnisse sich mit jedem Tag ändern können, glaubt er an keine Bindung,
und alles besitzt den Wert, den es hat, nur bis zum nächsten Akt
der Schöpfung ...» (153 f.) Parallel hierzu erkennt Valéry das
Wirken des Geistes darin: «Donc, le rôle de l' *esprit* est ici de
combiner des ordres de grandeur ou de qualités incompatibles des
accomodations qui s'excluent ...»[4] Novalis schon weist dem Geist
die Aufgabe zu, das völlig Ungleiche zu verbinden, er erblickt in
ihm «das potenzierende Prinzip.»

Beständig sieht sich der menschliche Geist vom Entgegenge-
setzten herausgefordert: das Ich erwidert unablässig dem Nicht-
Ich; seine Aufmerksamkeit wird durch das erregt, was noch nicht
oder nicht mehr ist; seine Einbildungskraft beschäftigt sich vornehmlich mit dem Abwesenden. Im wachen Zustand setzt er sich
mit seinen Träumen auseinander, aus dem Jetzt und Hier entwirft
er seine Utopie. Dem Wirklichen setzt er Möglichkeiten entgegen,
dem Künftigen das Gewesene; das Sprechen entläßt er aus dem
Schweigen und fängt es in ihm auf. Aus der Erwartung der
Zukunft empfängt er seine Gegenwart. Im Aufriß der Gegensätze
erfüllt der Geist zugleich die Aufgabe zu vereinigen: Fördern und
Hemmen, Zufall und Berechnung, Aufbau und Zerstörung, Bewahren und Verändern. Keine Wirklichkeit genügt ihm, jede
sucht er hinter sich zu lassen; immer verfolgt er nicht verwirklichte Träume auf dem endlosen Weg zum Utopischen, – ein Weg, der
auch zur Frage nach der «Utopie des exakten Lebens» führt, wie sie
Musil zu beantworten sucht: «Es hieße ... soviel wie schweigen,
wo man nichts zu sagen hat; nur das Nötige tun, wo man nichts
Besonderes zu bestellen hat; und was das Wichtigste ist, gefühllos

bleiben, wo man nicht das unbeschreibliche Gefühl hat die Arme auszubreiten und von einer Welle der Schöpfung gehoben zu werden! ... man wird einwenden, daß dies ... eine Utopie sei! Gewiß ... Utopien bedeuten ungefähr so viel wie Möglichkeiten; darin, daß eine Möglichkeit nicht Wirklichkeit ist, drückt sich nichts anderes aus, als daß die Umstände, mit denen sie gegenwärtig verflochten ist, sie daran hindern ...; löst man sie nun aus ihrer Bindung und gewährt ihr Entwicklung, so entsteht die Utopie. Es ist ein ähnlicher Vorgang, wie wenn ein Forscher die Veränderung eines Elements in einer zusammengesetzten Erscheinung betrachtet und daraus seine Folgerungen zieht. ... Ist nun das beobachtete Element die Exaktheit selbst ..., betrachtet man es als Denkgewohnheit und Lebenshaltung und läßt es seine beispielgebende Kraft auf alles auswirken, was mit ihm in Berührung kommt, so wird man zu einem Menschen geführt, in dem eine paradoxe Verbindung von Genauigkeit und Unbestimmtheit stattfindet. Von diesem kommenden wie gegenwärtigen Menschen weiß man nicht, wie er seinen Tag zubringen soll, «da er doch nicht beständig im Akt der Schöpfung schweben kann. ... Als Mensch im Menschen lebt er nicht nur im Forscher, sondern auch im Kaufmann, im Organisator, im Sportsmann, im Techniker; wenn auch vorläufig nur während jener Haupttageszeiten, die sie nicht ihr Leben, sondern ihren Beruf nennen. Denn er, der alles so gründlich und vorurteilslos nimmt, verabscheut nichts so sehr wie die Idee, sich selbst gründlich zu nehmen ...» (246 f.) Nicht in der bloßen Sinnenwelt und nicht im Reich reiner Vernunft, vielmehr über sie hinaus in der Utopie, im Unzugänglichen birgt der Mensch dasjenige, was ihn zutiefst bewegt, seine äußersten Erwartungen, alles, was nie zu Ende gedacht werden kann. Entsprechend dem Wesen dieses Menschen, seinen Gesichten die äußerste Genauigkeit zu geben, zugleich ihnen das Unbestimmte zu erhalten, – darin liegt eine endlose Aufgabe, die Musil sich zuerkennt, – ein Fluchtpunkt, in dem sich Mathematik und Mystik begegnen.

Mit der «Utopie des exakten Lebens» beruft Musil einen endlos aufgerissenen Horizont, – entwirft die Möglichkeit eines Men-

schen, der sich aus einengender Moral und bedrängenden Formen
löst, der sich mit der Spannkraft des Geistes aus erdrosselnden
Gewohnheiten befreit, das Wagnis, das Experiment seines Daseins
lebt. «Es würde dann allerdings nicht viel Gutes geschehn, aber
einiges Besseres; es würde kein Talent übrig bleiben, sondern nur
das Genie; es würden aus dem Bild des Lebens die faden Abzugbil-
der verschwinden, die aus der blassen Ähnlichkeit entstehen,
welche die Handlungen mit den Tugenden haben, und an ihre
Stelle deren berauschendes Einssein in der Heiligkeit treten.»
(246) Das Leben als Versuch, als Aufbruch in das Utopische – darin
erkennt man eine Abwandlung von Nietzsches «Philosophie des
Vormittages».[5]

Was in parallelen Bewegungszügen, in der Spannung der Gegensätze sichtbar wird, ist nichts voneinander Getrenntes, vielmehr der Gang des Ganzen: Erscheinen und Verschwinden, Aufgang und Niedergang, Nacht und Licht, – sie gehören zusammen;
das eine birgt und entläßt das andere: Heraklit deutet in vieler
Hinsicht dieses Übereinkommen: «Der Weg hinauf und hinab ist
einer und derselbe»[6] – ein Satz, der in dem Zuruf Mephistos einen
Widerhall findet: «Versinke denn! Ich könnt auch sagen: steige! /
's ist einerlei.»[7] Jeder Augenblick vereinigt Geborgenheit und
Preisgabe, Vertrautes mit Fremdem, Innigkeit und Ferne, Abge-
schiedenheit und Unmittelbarkeit; jeder schafft und zerstört. Im
beharrlichen Feld vollzieht sich alles zugleich; ein unaufhörliches
Entstehen und Vergehen, Tun und Leiden; alles bewegt sich und
erhält sich im Wechselspiel im Gleichgewicht. In einem Augenblick werden Menschen gezeugt und getötet. «Irgendwie geschieht alles auf der Welt gleichförmig gesetzlich eintönig, aber
auf unzählige Weise abgewandelt, was je nach der Stimmung, in
der man es betrachtet, ebensowohl selige Fülle als auch lächerli-
cher Überfluß ist.» (1440) Jedes Entweder-Oder ist denkbar welt-
fremd; es gibt keine einander ausschließenden Gegensätze, vielmehr vergegenwärtigt sich die Welt in der coincidentia oppositorum. Nichts freilich vereinfacht sich zum Eindeutigen, vielmehr
bewahrt alles jene Vielwertigkeit, die das Widersprüchliche um-

spannt. Jenes Leitwort, das Goethe nach Hippokrates sich zueignet, entspricht auch der Auslegung Musils: «Alles ist gleich, alles ungleich, alles nützlich und schädlich, sprechend und stumm, vernünftig und unvernünftig. Und was man von einzelnen Dingen bekennt, widerspricht sich öfters.»[8] Treue vermag sich in Akten der Untreue zu vollenden, Schmerzen können als Lust empfunden werden, im Ekelhaften birgt sich zuweilen ein unerklärlicher Reiz.

Der Geist der Epoche, in welcher der Mann ohne Eigenschaften und sein Schöpfer heranwachsen, charakterisiert sich in mythischen Überhöhungen, in Grenzfällen, sprunghaften Einfällen, in seinem Bewußtsein für das Zugleich der Gegensätze, im Spiel mit Selbstwidersprüchen. Von Gilbert Keith Chesterton sieht Musil sich nachdrücklich bestätigt und angeregt, und er gewahrt an ihm außerordentliche Ähnlichkeiten mit sich (T 700), die in ironischen Glanzlichtern aufscheinen: «Es wurde der Übermensch geliebt, und es wurde der Untermensch geliebt ... man war gläubig und skeptisch, naturalistisch und preziös, robust und morbid; man träumte von alten Schloßalleen, herbstlichen Gärten, ... von Schmiede- und Walzwerken ..., menschlichen Urpaaren und Zertrümmerung der Gesellschaft. Dies waren freilich Widersprüche ..., aber sie hatten einen gemeinsamen Atem; würde man jene Zeit zerlegt haben, so würde ein Unsinn herausgekommen sein wie ein eckiger Kreis, der aus hölzernem Eisen bestehen will, aber in Wirklichkeit war alles zu einem schimmernden Sinn verschmolzen.» (55) Das Zeitalter des Oxymorons ist damit skizziert, das seit Baudelaire seine Herrschaft beansprucht, – das Oxymoron, welches sich zur Schlüsselfigur zwei-einiger Bewußtseinszustände aufwirft, Vereinigungen des Unvereinbaren erzwingt.

Diese Verbindungen, die etwas gleichermaßen Anziehendes wie Abweisendes besitzen, vergegenwärtigt Musil mit seltener Eindringlichkeit. Das Zweiseitige jeder Erscheinung, das Doppeldeutige jeglicher Einsicht spricht er an und teilt damit die Erkenntnis von Hardenberg: «Die sensibelste – frappanteste Wahrheit hat eine ihr *entgegengesetzte*, ebenso frappante – aber umgekehrt.»[9]

Die sich wiederholenden «ebensogut» – Wendungen weisen auf
die eingeschränkte Gültigkeit im Einzelnen wie auf die gültigen
Einschränkungen im Ganzen. Häufig führt Musil wie seine Figu-
ren bündige Sätze in der Umkehr an, um ihre gegenläufige
Wahrheit zu erproben, – eine Möglichkeit, die Goethe in seinen
«Wanderjahren» ausspielt.

In seinen Dichtungen verfolgt Musil das Gesetz gegenläufiger
Entsprechungen und widerwendiger Übereinkünfte, complementärer Verhältnisse und coexistierender Möglichkeiten, Genauigkeit und Unbestimmtheit, – Gesetze, die ihre Nähe zu Vorstellungen neuerer Physik nicht verleugnen. Unablässig bleibt er bestrebt, die erfinderische Ungenauigkeit der Einbildung mit leidenschaftlicher Genauigkeit in der Ausführung zu verbinden.

Die alte Erfahrung der «zweiseitigen Beschaffenheit» des Lebens, regt den Schöpfer des «Mannes ohne Eigenschaften» zu
unablässigen Versuchen einer vielseitigen Gestaltung an; aus der
Doppelperspektive von Teilnahme und Skepsis zeichnet er leidenschaftlich und zuweilen satirisch das Miteinander von Verheißung
und Verzicht, von Zuversicht und Zweifel, von Notwendigkeit
und Willkür, Zuneigung und Abneigung. In Configurationen und
Begebenheiten, in Situationen und Gesprächen, in Vorgängen
und Überlegungen vergegenwärtigt er eindrucksvoll, wie das
Ganze aus Gegensatzspannungen lebt: jedes Vorgehen hemmen
Widerstände. Diese unüberwindliche Zweiseitigkeit – Entsprechungen zur Metamorphosen-Lehre Goethes werden sichtbar –
verknüpft jede Kraft mit einer Schwäche, «und sie gibt keinem ein
Recht, das sie nicht anderen nähme, ordnet keine Verwicklung,
ohne neue Unordnung zu stiften, und scheint sogar das Erhabene
nur hervorzurufen, um es in der nächsten Stunde mit dem Platten
verwechseln zu können. Ein geradezu unlösbarer und tief notwendiger Zusammenhang verbindet scheinbar alle hochgestimmten
menschlichen Bemühungen mit der Verwirklichung ihres Gegenteils ...» (1096) – ein Umstand, der zugleich in denkbar gegensätzlichen Auslegungen angesprochen wird, den man nicht zuletzt –
»mit einem Wort, das spöttisch mit seinem berühmten Gegenwort

spielt, – die ‹prästabilierte Disharmonie› der Schöpfung nennen könnte.» (207)

Diese unauflösbaren Verknüpfungen der Gegensätze, das Spiel ihrer Wechselwirkungen, widerstrebender Vereinigungen, erkennt Musil in seinem «Kakanien», das nach Notwendigkeiten geordnet, die «Einheitlichkeit und Einigkeit» niemals überspannt hatte. Von einem in langen Erfahrungen erworbenen «Mißtrauen gegen alles Entweder-Oder beseelt», lebte immer «eine Ahnung davon, daß es noch viel mehr Gegensätze in der Welt gebe, als die, an denen es schließlich zugrunde gegangen ist.» (1445) Nicht nur «die Abneigung gegen den Mitbürger war dort bis zum Gemeinschaftgefühl gesteigert ..., es nahm auch das Mißtrauen gegen die eigene Person und deren Schicksal den Charakter tiefer Selbstgewißheit an. Man handelte in diesem Land – und mitunter bis zu den höchsten Graden der Leidenschaft und ihren Folgen – immer anders, als man dachte, oder dachte anders, als man handelte. Unkundige Beobachter haben das für Liebenswürdigkeit oder gar für Schwäche des ihrer Meinung nach österreichischen Charakters gehalten. Aber das war falsch; und es ist immer falsch, die Erscheinungen in einem Land einfach mit dem Charakter seiner Bewohner zu erklären. Denn ein Landesbewohner hat mindestens neun Charaktere ...; er vereinigt sie in sich, aber sie lösen ihn auf, und er ist eigentlich nichts als eine kleine, von diesen vielen Rinnsalen ausgewaschene Mulde. ... Deshalb hat jeder Erdbewohner auch noch einen zehnten Charakter, und dieser ist nichts als die passive Phantasie unausgefüllter Räume ...» (34) Diese vielspältigen Personen ohne Bedürfnis nach Ja oder Nein, die sich mit Lösungsmöglichkeiten begnügen, die mehr an kritischen Fähigkeiten besitzen als notwendig ist, um den drängenden Aufgaben des Tages zu genügen, jedoch nicht genug, um sich vom Mißtrauen, nicht zuletzt vom Selbstmißtrauen, zu befreien, – sie vertreten gleichnishaft den Menschen, der Gegenwart so wie Kakanien ein Gleichnis für die Experimentallandschaft der neueren Welt bildet, die eine Unzahl unausgetragener Gegensätze vereinigt.

Die Spannweite gegensätzlicher Entsprechungen, die Versuche unablässiger Begegnungen in Widersprüchen, die schöpferischen Widerstände, das herausfordernde Einvernehmen des Verschiedenen, das beständige Sich-Absetzen vom Gegebenen, – darin greift Musil Vorstellungen auf, die seit Heraklit und Goethe, seit Montaigne und Pascal, Kierkegaard und Nietzsche das Bewußtsein beherrschen. Goethe vergegenwärtigt sie in den lebensvollen Äußerungen seiner Farbenlehre, indem er auf den «stillen Widerspruch» verweist, «den jedes Lebendige zu äußern gedrungen ist, wenn ihm irgendein bestimmter Zustand dargeboten wird. So setzt das Einatmen schon das Ausatmen voraus und umgekehrt; so jede Systole ihre Diastole. Es ist die ewige Formel des Lebens, die sich auch hier äußert»[10] – jene Formel, welche Adam Müller in seiner «Lehre vom Gegensatz» zusammenfaßt: «Alles Leben ist nur insoweit lebendig, als ihm das Lebendige entgegensteht»[11] – Hinweise, die Musil in allen Bereichen verfolgt: «Jeder Mensch hat seinen Gegenmenschen in sich» (1865), jeder Eigenschaft entspricht eine Gegeneigenschaft, jegliche Wirklichkeit erregt das Verlangen nach Unwirklichkeit. »Es gibt keine Idee, die nicht die Möglichkeit einer Widerlegung, kein Wort, das nicht sein Gegenwort in sich trägt.»[12]

Daß jeder Satz zusammen erst mit seinem Gegen-Satz sich vollendet, daß beide gemeinsam das Ganze aussprechen, – diese Erkenntnis bestätigt sich Musil durchgängig; sie bildet für ihn die notwendig anregende Herausforderung in jeder Beziehung, in jeglicher Einsicht, nicht zuletzt im Selbstverständnis. Akte der Treue «können eine Untreue andeuten», Ergebenheitsbeweise «können eine subtile Form der Untreue verstecken.» (T II, 868) Jede Kraft hat zu «ihrer Existenz den in ihr latenten Gegensatz zu sich selber nötig»: «der unsagbare Reiz der Schamhaften, zu denken, wie sie die Scham überwinden, der Hochmütigen, Kühlen, sie sich erglühend vorzustellen.» In jedem Nehmen wirkt der «tiefe Anreiz zum Nichtnehmen»[13] – in diesen Vorstellungen begegnet der Dichter der «Vereinigungen» dem Schöpfer von «Andreas oder die Vereinigten». Stets gestalten beide die uner-

müdlichen Versuche der Vereinigungen mit sich selbst, die Entsprechungen von Sich-Wissen und Sich-Wollen, – eine Aufgabe,
die im Spiel der Gegensätze, die den Menschen ausmachen, endlos
bleiben muß. Goethe, der von seinen Genie-Entwürfen bis zuletzt
diese Spannungen, die complementären Gesetze, überall in ihren
Wirkungen wahrgenommen hatte, erblickte sie beispielhaft in der
menschlichen Natur.

An Philipp Neri, dem «humoristischen Heiligen», bemerkt er
«die wundersame Komplikation ..., in welcher sich die stärksten
Gegensätze vereinigen, Materielles und Geistiges, Gewöhnliches
und Unmögliches, Widerwärtiges und Entzückendes, Beschränk-
tes und Grenzenloses, dergleichen aufzuführen man noch ein
langes Register fortsetzen könnte; bedenke man einen solchen
Widerstreit, wenn er in einem vorzüglichen Menschen sich ereignet und zutage tritt, wie er durch das Unbegreifliche, was sich
aufdringt, den Verstand irre macht, die Einbildungskraft losbin-
det, den Glauben überflügelt, den Aberglauben berechtigt und
dadurch den natürlichen Zustand mit dem unnatürlichsten in
unmittelbare Berührung, ja zur Vereinigung bringt.»[14]

Grenzwerte in diesen Vereinigungen ermittelt und gestaltet
Musil seit seinem «Törleß» – in Claudine und Clarisse, in Veronika und Moosbrugger; im Zigarrenhändler und den Zwillingsge-
schwistern faltet er vieldeutige Möglichkeiten aus: Grausamkeit
und Sensibilität, Reiz und Ruhe, Erlöserinbrunst und Gewaltsamkeit, – Zustände, die «vielleicht Grund hätten, sich fremd zu
bleiben» wie «das religiöse Rauschgefühl und die Geschlechtserre-
gung», um Nietzsche anzuführen, der nicht wenige Wegmarken
zu den «Vereinigungen» setzt.[15] Wie kaum ein zweiter Dichter
faltet Musil aus, daß jedem sinnlichen Erlebnis ein geistiges
erwidert, daß jede geistige Erregung sich sinnlich niederschlägt.

Die Vieldeutigkeit der Selbst- und Weltauslegungen, die unablässig aufbrechenden Widersprüche und Gegensätze, die Notwendigkeit fortwährender Vereinigungen, – darin äußert sich das
Ungenügen an unwiderruflichen Bestimmungen, zugleich an allem, was sich als bestimmte Größe ausgibt. Das Miteinander von

Vorstellungen, welche den Anspruch auf Wirklichkeit erheben, mußte schon den Zögling Törleß verwirren, und Musil gestaltet diesen Aufriß bis zuletzt. Neben die Grundverhaltensweise der «Eindeutigkeit» tritt diejenige des «Gleichnisses». Mit dem Eindeutigen spricht er das «Gesetz des wachen Denkens und Handelns an, das ebenso in einem zwingenden Schluß der Logik wie in dem Gehirn eines Erpressers waltet, der sein Opfer Schritt um Schritt vor sich her drängt. ... Das Gleichnis dagegen ist die Verbindung der Vorstellungen, die im Traum herrscht, es ist die gleitende Logik der Seele, der die Verwandtschaft der Dinge in den Ahnungen der Kunst und Religion entspricht ...» (593)

Es liegt nahe, daß der Dichter der «Vereinigungen» dem Gleichnis aufschließende Bedeutung zuschreibt, – vermag er doch ihm Beziehungen, Erregungen, Zustände anzuvertrauen, die unmittelbar nicht auszusprechen sind, die allein im vielsagenden wie verschwiegenen Gleichnis sich einkreisen lassen. Gleichnisse bilden den geometrischen Ort, an dem sich die erdenklichen Gegensätze begegnen. Wenn bloße Bezeichnungen dem Ganzen einer Handlung, eines Vorhabens, einer Beziehung nie gerecht zu werden vermögen, der spannungsreichen Vielfältigkeit nicht entsprechen, so versammelt das Gleichnis das Ansprechbare und das Unaussprechliche. Gleich einem Gitterwerk trennt und verbindet es die Spannungsgegensätze und eröffnet unwillkürlich noch unerfundene Möglichkeiten. Genauigkeit vermag es mit Unbestimmtheit zu vereinigen, Sinnfälligkeit mit dem Reiz unerschöpflicher geistiger Spannkraft. Unsichtbares gelangt im Gleichnis zum Vorschein: Erwartungen und Ironie, Zweifel wie Glauben, die unentschiedenen Spannungszustände, satirische Einschläge. Das Gleichnis birgt Wahres und Unwahres; man kommt dem Wahren nur nahe, wenn das Unwahre mitgedacht wird. Das Gleichnis Musils entspricht in vieler Hinsicht der «figure» Pascals; es verdichtet den Selbstwiderspruch des Alles und Nichts: «Figure porte absence et présence, plaisir et déplaisir.»[16]

Die schöpferische Kraft von Gleichnis und Vergleich äußert sich nicht zuletzt darin, überraschende Zusammenhänge zu entdek-

ken, das scheinbar Verschiedene als die zwei Seiten derselben
Sache vorzustellen. Es zeigt, wie alles mit allem sich zu verknüpfen vermag, – diese Verknüpfungen indessen jederzeit lösbar
bleiben, sie fordern unablässig zu neuen Erfindungen und Zuordnungen heraus. Berechnung und Einbildungskraft spielen in Entwürfen zusammen, die sich dem Analogischen verschreiben, –
Columbusfahrten in das noch Unbekannte und doch schon Erkannte. Das Vermögen, analogisch zu entwerfen, besitzt Musil in
seltenem Grad, und er hat darüber nicht weniger nachgedacht als
Novalis. Die Analogie entfaltet einen denkbar weiten Möglichkeitsspielraum: was in ihr lebt, ist weder völlig verschieden noch
ganz gleich. Ihre Vereinigungen halten sich offen für das Vielwertige und Mannigfaltige, so daß die Einheit im Vielfältigen, das
Vielfältige in der Vereinigung sich vergegenwärtigt. Alles erscheint mit allem verwandt und austauschbar, und dennoch bleibt
ein unüberwindbarer Rest von Fremdheit; Vergleich wie Gleichnis entbinden aus jedem, was es noch nicht ist und was sich
dennoch bereits ihm zuordnet und in dieser Verbindung eine
erregend neue Sichtweise freilegt. Alles vermag zu etwas anderem
zu werden und bewahrt sich zugleich etwas von seiner ursprünglichen Bedeutung. Das «Ungleichnis des Gleichen» offenbart sich
ebenso wie das «Gleichnis des Ungleichen» (145). In persönlichen
wie in sachlichen Zusammenhängen beglaubigt Musil vielfach die
überraschende und zugleich lang vertraute Einsicht Hofmannsthals: «Die einzige Gleichheit, die vor dem tiefer eindringenden
Blick besteht, ist die Gleichheit des Gegensätzlichen.»[17]

In Bildern, Vergleichen und Gleichnissen erkennt man Spannweite und Spannkraft des Geistes sinnfällig darin, wie weit er
Trennungen überwindet, Unvereinbares vereinigt. Ähnliches wie
Unähnliches faßt er zu höherer Wahrheit zusammen, und sein
Vermögen äußert sich in dem Ausdruck, wie hoch die Gegensatzspannungen zwischen Einbildungskraft und Gegebenheiten erscheinen, die er bewältigt. Nicht Naturtreue und Ähnlichkeit
zeichnen Gleichnisse und Vergleiche aus, sonst versteht man sie
als Abbildungen; «die trockene Würde der Photographie, der

Geometrie» – sie sind nichts als Zugeständnisse an den Verstand, ihnen fehlt jene Magie, die ihre Wirkung übt, indem die ergreifendsten Stellvertretungen immer etwas Unähnliches besitzen. Die Puppen der Kindheit wurden um so leidenschaftlicher geliebt, «je einfacher und der Menschenähnlichkeit ferner sie gewesen». (1344) Im Gegensinn bestätigt die Erfahrung, je ähnlicher ein Bild, desto abstoßender vermag es zu wirken; sprechende Ähnlichkeit kann jene peinliche und gemeine Bestimmtheit erreichen, die Hofmannsthal aufschlußreich in seinem Roman der getrennten «Vereinigten» in einem Bildnis vorstellt, – Verhältnisse, denen auch Marcel Proust seine Aufmerksamkeit zuwendet.[18] Der frühe Musil bemerkt vor einem Altarbild in Torbole: «Ähnlich wie mit Musik ist es mit der Malerei der Alten. Es ist Natur und doch wieder nicht Natur. Es ist eine Ähnlichkeit, die bis auf den letzten Zug stimmt und doch eine Unähnlichkeit, die noch größer ist als diese.» (T 117) Dieser Spannung kommt aufschließende Bedeutung zu; in der Begegnung der Gegensätze liegt ein Schlüssel zur Erkenntnis, zur Offenbarung von Du und Ich, vom Ich im Du. An seiner Zwillingsschwester bemerkt Ulrich zunächst das Gleichgewicht zwischen Nachgiebigkeit und Widerstand, überraschende Ähnlichkeiten im Einzelnen mit ihm selber. Aber erst als ihre Erscheinung im Ganzen ihn unähnlicher anmutet, bemerkt er die Ähnlichkeit des Gesichts, und zum erstenmal erfaßt ihn der Gedanke, «daß seine Schwester eine traumhafte Wiederholung und Veränderung seiner selbst sei ...» (694)

Erst im Übereinkommen der Gegensätze erschließt sich das vielseitige Wesen eines Gegenstandes, einer Vorstellung wie eines Menschen, einer Epoche wie einer Landschaft; ohne den entsprechenden Gegensatz weiß man nichts, bleibt alles vordergründig, abgesonderte Einzelheit. Dem weitsichtigen Geist vergegenwärtigt sich stets das Feld der Erscheinungen. Er gewahrt im Dunkel das verborgene Licht, im Lichten das aufgehellte Dunkel, er vernimmt die Sprache des Schweigens und lauscht verschwiegenen Offenbarungen; Bewegung und Ruhe bilden eine Einheit, das eine birgt und entläßt das andere. In einem Spätfrühlingstag

kommt der Herbst zum Vorschein, in einem März bemerkt man
den vorzeitigen Mai, eine Mainacht wirkt wie eine verspätete
Märznacht, – ein vielgesichtiges und spannungsreiches Miteinander, von dem das Nacheinander nur eine abgezogene Ansicht
vermittelt. Wortwechsel verraten «verhüllte Übereinstimmung»
(1245) und das Einvernehmen deutet auf ein Mißverständnis.
Welche Spannungen der Innigkeit Musil zu versammeln vermag,
zeigen die Vorstellungen «Atemzüge eines Sommertages» – jenes
Kapitel, das ihn an seinem Todestag noch beschäftigt hatte: «Ein
geräuschloser Strom glanzlosen Blütenschnees schwebte, von
einer abgeblühten Baumgruppe kommend, durch den Sonnen-
schein; und der Atem, der ihn trug, war so sanft, daß sich kein
Blatt regte. Kein Schatten fiel davon auf das Grün des Rasens, aber
dieses schien sich von innen zu verdunkeln wie ein Auge. Die
zärtlich und verschwenderisch vom jungen Sommer belaubten
Bäume und Sträucher, die beiseite standen oder den Hintergrund
bildeten, machten den Eindruck von fassungslosen Zuschauern,
die, in ihrer fröhlichen Tracht überrascht und gebannt, an diesem
Begräbniszug und Naturfest teilnahmen. Frühling und Herbst,
Sprache und Schweigen der Natur, auch Lebens- und Todeszauber
mischten sich in dem Bild ...» (1232) Sehen und Gesicht vereinigen sich zu einer unvergleichlichen Schau, – ein Zeugnis «taghel-
ler Mystik» – einer Mystik, in der sich Schönheit und Schmerz,
Lust und Trauer durchdringen, die nach einem wegweisenden
Wort von Friedrich Nietzsche entsteht, wenn «Skepsis und Sehn-
sucht sich begatten.»[19] «Das Äußre ist ein in Geheimnißzustand
erhobnes Innre- / (Vielleicht auch umgekehrt.)», um wahlverwandt Novalis anzuführen.[20] Geist und Erfahrung durchdringen
sich im «Bild» dieser «Landschaft» der Farben und Formen, der
Begegnungen, – eine Landschaft des Unbeschreiblichen, wie sie
Musil in seinen Genfer Jahren wahrgenommen, – Gesichte einer
Landschaft, von denen er bekennt: «wenn ich meiner musikali-
schen Kenntnisse sicherer wäre, würde ich sagen, daß wie bei Bach
die Tiefe völlig unaussprechlich hervorkommt. ...» (B 1251)
  Nähe und Ferne, Hier und Dort, Sehen und Denken, Fühlen

und Wissen werden beständig aufeinander bezogen, und dieses vielwertige Miteinander läßt einsichtig werden, wie das Verhältnis des Menschen zum Dasein, zum Du, zu sich selber, Vertrautheit mit Fremdheit vereinigt. Begreifbares mit Unbegreiflichem, Wirkliches mit Unwirklichem, Vollzogenes mit Unverwirklichtem.

Mit geistiger Leidenschaft und leidenschaftlicher Genauigkeit erschließt die Dichtung Musils, wie das Wesentliche sich in Selbstwidersprüchen offenbart, – zugänglich unzugänglich, – zugleich in jenen «unmöglichen Synthesen», die Goethe in weitsichtiger Ironie und aus der Nähe selbstkritischer Einstellungen nachweist.[21] In fast allen Gesetzen gewahrt er «Synthesen des Unmöglichen». Sie erst lassen das Mögliche erreichbar erscheinen, – Einsichten, die Parallelen zu Musil bilden. Denken und Träumen verbinden sich unablösbar wie Fühlen und Erkennen, wie Besonnenheit und Ekstase.

Gleichnisse erfassen noch jene Grenzerfahrungen, die logischen Ermittlungen sich ebenso entziehen wie ursächlichen Nachweisen. Das Zwei-Einige erscheint sinnfällig in den beiden Goldfischen im Kugelglas, die Du und Ich sind, wie Ulrich seiner Zwillingsschwester erklärt: «Es scheint mir eine lösbare Aufgabe zu sein, sich vorzustellen, wie an ihrer geteilt-einigen Bewegung die Welt vorbeigleitet. Es geschieht nicht anders, als sich an einem Eisenbahnzug, der durch Krümmungen fährt, die Welt vorbeidreht; bloß geschieht es zweifach, so daß zu jedem Augenblick des Doppelwesens zwei Stellungen der Welt gehören, die irgendwie seelisch zusammenfallen müssen. ... Die beiden schwebenden Geschöpfe werden sich ... auch dann schon als eines fühlen, ohne daß sie durch die Verschiedenheit ihrer Wahrnehmungen darin gestört würden, und ohne daß es dazu einer höheren Geometrie und Physiologie bedürfte ...» (1346) Über allerlei ausgezirkelte Erörterungen hinweg ließe sich als einfachste Einlassung anführen: daß zwei Menschen «gesonnen und imstande sein könnten, alles, was sie erleben, nur als Gleichnis hinzunehmen! ... Wem die Welt bloß ein Gleichnis ist, der könnte also wohl, was nach ihren

Maßen zwei ist, nach den seinen als eins erleben! In diesem
Augenblick schwebte es Ulrich sogar vor, daß in einem Lebensver-
halten, dem das Hiersein bloß ein Gleichnis des Dortseins wäre,
sogar das Nichterlebbare, in zwei getrennt wandelnden Körpern
eine Person zu sein, den Stachel seiner Unmöglichkeit verlöre ...»
(1347 f.)

Mit diesem Hinweis reißt Musil eine Sichtweise auf, die für die
Entstehung seiner Dichtung, für ihr Verständnis, aber auch für
sein eigenes Selbstverständnis wegweisend bleibt. Zugleich erkennt man, in welch hohem Grade seine Rilke-Rede eine Selbstauslegung bildet. Alles ist Gleichnis, «und – nichts mehr nur
Gleichnis» (II, 1237) – damit spricht Musil auch sein eigenes Werk
an. Auch er ein Mann, «der im Grunde nur Gleichnisse liebt und
dem auch der Incest ein Gleichnis ist.» (T II, 912; B 34) Allein in
Gleichnissen vergegenwärtigt sich die vieldeutige Wahrheit des
Wirklichen; das Gleichnis umspannt das Feld der Erscheinungen,
das Ganze eines Geschehens, einer Beziehung, das Gleichnis allein
vermag den Spielraum der Möglichkeiten, der ungeschriebenen
Dichtungen offen zu halten. Die Einheit zweier Menschen – diese
Vorstellung verfolgt Musil seit seinen «Vereinigungen» unablässig, die Zweiheit eines Menschen bildet seit dem «Törleß» für ihn
ein leitendes Thema; das eine gehört zum anderen, – Bestätigung
des complementären Gesetzes. Alles Tun besitzt Gleichnischarak-
ter und offenbart sich darin als Vereinigung. Es kommt gar nicht
darauf an, was man tut, «es könnte ebensogut etwas anderes sein,
aber es muß den gleichen Gleichniswert haben.» (1834)

Gleichniswert kommt den «Verwirrungen des Zöglings Törleß»
ebenso zu wie der «Parallelaktion», dem «Nachlaß zu Lebzeiten»
und zahlreichen Studien; «Grigia» wie «Tonka» sind gleichnishaf-
te Novellen, durchgezeichneter noch die «Vereinigungen». Nichts
indessen kommt jedoch Musil so weit entgegen wie das Gleichnis
der «Zwillingsschwester», das Sternbild der «Ungetrennten und
Nichtvereinten», ein einvernehmliches Spannungsverhältnis, das
auch im Sinnbild des Gartengitters aufscheint, welches trennt und
verbindet, die Welt abhält und einläßt. Nichts vielleicht führt so

weit zur Herkunft der musilschen Dichtung wie die letzte Erinnerung an den Traum der Zweieinigkeit, zugleich das Verlangen,
nicht «ein Mensch aus zweien zu werden, sondern im Gegenteil,
unsrem Gefängnis, unsrer Einheit zu entrinnen, zwei zu werden
in einer Vereinigung, aber lieber noch zwölf, tausend, unzählbar
Viele, wie im Traum uns zu entschlüpfen ...» (1660)

Musil vergegenwärtigt in diesem Verlangen nach Selbstverviel-
fältigung Bewußtseinszustände und Aufbrüche, die Nietzsche und
Marcel Proust, Hofmannsthal, Italo Svevo oder Luigi Pirandello
nach verschiedenen Richtungen verfolgen, – Selbstauseinandersetzungen, die Jean Paul gestaltet hatte, die Elias Canetti nachhaltig beschäftigen. Möglichkeiten des Ich sollen entfaltet werden,
das Widersprüchliche eines vielfältigen Wesens, das sich fortwährend entbindet. Die gegensätzlichen Figuren, die das Ich in unablässigen Vorgängen von Sondern und Vereinigen entläßt, einem
Ganzen zuzuordnen, zählt zum Schwierigsten, – Dramen der
Person, die Shakespeare ebenso unvergeßlich vorstellt wie Dostojewski. In jeder lebt etwas von allen, ein Gedanke, der Hardenberg
vertraut gewesen war, er erscheint in seltener Durchsichtigkeit in
den Anlagen des «Törleß», der «Schwärmer», des «Mannes ohne
Eigenschaften». Der Anstoß Nietzsches, daß der Einzelne «viel
mehr Personen» birgt, als er glaubt, – wirkt vielfältig fort[22],
bedingt das Unbegreifbare, jenes Unbekannte, das den Menschen
auszeichnet, das unergründliche Rätsel der Person, das Musil in
erregenden Chiffren aufscheinen läßt, beispielhaft in Tonka, welche in Träumen stets anders aussieht. «Sie war zuweilen ihre
eigene jüngere Schwester, die es niemals gegeben hatte, und oft
war sie bloß ... der ganze berauschende Reiz unbekannter Abenteuer ...» (II, 300) Doppelwesen beruft Musil häufig auch in
Figuren, bei denen das eine Geschlecht in das andere hinüber-
spielt, Clarisse, aber auch Agathe weisen männliche Züge auf,
Walter weibliche. Grenzwerte menschlicher Existenz, Herm-
aphrodit wie Narciss verfolgt Musil mit beständiger Aufmerksamkeit.

Jeder Zustand vereinigt widersprüchliche Vorgänge und in

jedem Augenblick begegnen sich verschiedene Ich-Möglichkeiten.
Man bedenkt zu wenig, daß alle Beziehungen, jedes Verhalten von
vielfältigen und nicht selten gegensätzlichen Motiven bedingt
wird: Verlockungen werden von Hemmungen begleitet, Entscheidungen von Zögern. Die Abhängigkeit von Umständen und Situationen offenbart etwas Unwägbares, läßt höchstens Vermutungen
zu, niemals jedoch Gewißheiten. Die Zufallswirklichkeiten treten
weit häufiger auf als man gewöhnlich annimmt. Dieses Neben-
und Miteinander zahlloser Gegensätze zeitigt Spannungen, die
sich nur schwer ermessen lassen und vielfach unerklärlich bleiben.
Wirkungen und Gegenwirkungen verschmelzen zu einer Einheit,
so daß «es vergebens wäre ... Entwicklungsphasen ... feststellen
zu wollen.»[23]   Aufschlußreich erscheinen die fortgesetzten
Versuche des Ich, einen Zusammenhang im Zusammenhanglosen
zu bewahren. Es vereinigt verschiedene Ordnungen, ist mehreren
Größen verpflichtet, verfolgt zahlreiche Gesichtspunkte, unter-
liegt Anpassungen und Aufgaben, die kaum zu vereinbaren sind, –
Vereinigungen von Dingen, die vielfach getrennt auftreten.

Den Möglichkeiten einer Vertretbarkeit wie der schattenhaften
Verdopplungen des Ich begegnet Musil mit immer neuen Entwürfen. Unermüdlich umkreist er jenen «geheimen Sinn», den Goethe
in der Esoterik seines «West-östlichen Divan» im Gleichnis des
«Gingo Biloba» mit schwindelerregender Leichtigkeit umspielt:

> Ist es ein lebendig Wesen,
> Das sich in sich selbst getrennt?
> Sind es zwei, die sich erlesen,
> Daß man sie als eines kennt?[24]

In seiner Farbenlehre, die Denken mit Dichten unnachahmlich
vereinigt, hebt Goethe auf das Übereinkommen aller Naturkundi-
gen ab: alles, was uns als ein Phänomen begegnen soll, «müsse
entweder eine ursprüngliche Entzweiung, die einer Vereinigung
fähig ist, oder eine ursprüngliche Einheit, die zur Entzweiung
gelangen könne, andeuten. ... Das Geeinte zu entzweien, das
Entzweite zu einigen, ist das Leben der Natur ...»[25] Was Goethe

aus der Erfahrung der Anschauung erkennt, entwirft Musil aus
dem Geist des Mathematikers, Aufrisse zu einer Ethik der Vereinigungen wie zu einer mathematischen Mystik.

Musil verdichtet die gegensätzlichen Entsprechungen von Beginn an ebenso wie die Möglichkeiten der Zwillingsgeschwister.
Ein früher Entwurf aus dem Umkreis des späteren «Mannes ohne
Eigenschaften» skizziert in Robert einen vorgeborenen Ulrich, –
einen Philosophen, den theoretischen Menschen ohne Bindung:
«das bedingt das gewisse Abwartende in seinem Charakter, jene
Art verstecktesten Cynismus, der die Kehrseite seines Verständnisses für Alles ist. Sein jüngerer Bruder ... weich und still, wie
der Page auf jenem englischen Bilde. ... Für Ro war sein Bruder
ein Teil seiner selbst.» (T 86) Aus diesem Blickwinkel rückt Musil
in die Nähe von Hofmannsthal, erinnert dieses Spiegelverhältnis
doch an den Pagen im «Tizian»-Prolog und seinen «Zwillingsbruder», an den Kaiser und den Kämmerer in «Der Kaiser und die
Hexe». Auch in den Configurationen, welche die Gegensätze
herausstellen, erkennt man die Einheit des Complementären bei
Hofmannsthal wie bei Musil. Robert und Allesch oder die Vettern
Veronikas, Johannes und Demeter weisen sich als gegensätzliche
Entsprechungen aus: der eine weich, fast priesterlich, der andere
herrschsüchtig, gewalttätig. In den «Schwärmern» steht der wis-
send Ungläubige, Thomas, dem gläubig Unwissenden Anselm
gegenüber. Ulrich, der Mann ohne Eigenschaften, aber mit vielen
Gegensätzen, begegnet Arnheim, einem Mann mit allen Eigenschaften. Dabei darf man nie übersehen, daß jeder auch die Anlage
zum Anderen birgt: Jeder Mensch trägt den Gegenmenschen in
sich. Erneut sieht man sich an die Configurationen Hofmannsthals gemahnt, an Pierre und Jaffier, Elektra und Chrysothemis,
an Ödipus und Kreon.

Überblickt man den musilschen Figurenreigen, so erkennt man
in ihm das Vielgesichtige wie das Beziehungsreiche: Einheiten, die
auseinandertreten wie die stille Veronika aus dem «Verzauberten
Haus», die sich zu Maria und Regine in den «Schwärmern»
entzweit. Regine wiederum, «dunkel, unbestimmbar; Knabe,

Frau, Traumgaukelding, tückischer Zaubervogel» vereinigt in sich
die Möglichkeiten dämonischer Hysterie einer Clarisse, des «ge-
knickten Prometheus», mit dem verhaltenen Zauber von Agathe.
Im Vinzenz der «Posse» begegnen sich Thomas und Anselm,
andere Züge von ihm weisen auf Ulrich. Der umrißlose Monsieur
le vivisecteur, einer aus dem Geschlecht des Dr. Jekyll and
Mr. Hyde, entläßt gleichermaßen Möglichkeiten von Ulrich wie
Moosbrugger, eines Spions wie eines Erlösers.

Die wesentlichste Herausforderung vielleicht, die Musil zeitlebens in Dichten wie Denken zu gestalten versucht, sind die
Möglichkeiten, wie das Ich sich selbst wird, – sich selbst im Du, in
anderen, wie es in diesen Beziehungen Bindung und Freiheit zu
vereinigen vermag. Die Grenzwerte zwischen Selbsttreue und
Selbstverrat ermittelt er in selbstverständlichen Situationen wie
in abenteuerlichen Erfindungen, und die einen deckt er in den
anderen überraschend auf. Wie weit sich im Umgang mit anderen
die eigenen Möglichkeiten entfalten, wie Vorbehalt und Hingabe,
Abstand mit Innigkeit sich verbinden lassen, entwirft er in immer
neuen Configurationen und Spannungsverhältnissen. Die Sorge
um Wahrung der Eigenart gegenüber dem Du, gegenüber dem
Einbruch überpersönlicher Mächte bedrängt ihn unaufhörlich.
Diese Sichtweise bestätigt, wie engmaschig bei Musil Dichtungen
und Essays, Aufzeichnungen und Studien miteinander verknüpft
sind; eines verweist auf das andere und jedes vermag vieles zu
vertreten. Figuren, Motive, Gespräche, Bewußtseinszustände,
Gefühlserschütterungen, Raum – wie Lichtwerte, Einwände und
kritische Erörterungen, – alles geht aus der Grundspannung des
Zwei-Einigen hervor. Sie zeitigt jene Verwandtschaften, welche
bewirken, daß alles mit allem zusammenhängt.

Was Musil Rilke zuerkennt, gilt nicht weniger für ihn selber:
«Bei ihm sind die Dinge wie in einem Teppich verwoben; wenn
man *sie* betrachtet, sind sie getrennt, aber wenn man auf den
Untergrund achtet, sind sie durch ihn verbunden.» (II, 1238)
Musil zögert sich an seine Pläne heran; Beziehungen, geistige
Constellationen, Bewußtseinsakte, vielwertige Verhältnisse, der

Reiz, etwas für etwas anderes zu nehmen oder zu halten, bilden die Anregungen, die Stoffe selbst behalten etwas Gleichgültiges, sie können sich wechselseitig vertreten, was zunächst überraschend anmutet, beim Wiederlesen jedoch durchsichtig erscheint. Musil hat nach einem Selbstzeugnis mehrere Stoffe «... gleichzeitig u. behält sie bei sich, nachdem die Stunden der ersten Liebe vorbei sind oder auch ohne daß sie dagewesen sind. ... Manche Teilthemen wandern u. kommen in keinem Buch zum Ausdruck. ... Hier kommt man schon auf das Problem, in welchem Verhältnis Inneres u. Äußeres der Dichtung zu einander stehen. Es ist eine Binsenwahrheit, daß sie eine untrennbare Einheit bilden, aber wie sie das tun, ist weniger bekannt ... teilweise ganz unbekannt.» (II, 955)

Wer nicht ein anderes Ich, ein Du in sich entdeckt, findet nie sich selbst, wer nicht ein anderes Leben zu entwerfen vermag, weiß nie sein eigenes zu führen. Musil gestaltet Wege und Begegnungen zum Zwillings-Ich, zum Ich im Du, zur Zwillingsschwester, die in allen lebt, die man vergißt, um sich ihrer wieder zu erinnern, die als Idee, als Utopie, das Verlangen nach endlosen Vereinigungen weckt, «Geschwisterliebe = Ichliebe» (1829), lautet eine Notiz, die vielfache Auslegungen und Ausgestaltungen ermöglicht. Der Mann ohne Eigenschaften, im Glauben, sich selbst nicht zu lieben und die anderen nicht liebenswert zu finden, «muß doch etwas lieben können, und da ist eine Siamesische Schwester, die nicht ich noch sie ist, und geradesogut ich wie sie ist, offenbar der einzige Schnittpunkt von allem!» (945) Mit Recht wurde daran erinnert, daß damit Pascal angesprochen ist, freilich auf eine gegenwärtige Situation verkürzt. Dem «hassenswerten Ich» bleibt aufgetragen, ein wahrhaft liebenswertes Wesen zu suchen: «Da wir aber nicht lieben können, was außer uns ist, müssen wir ein Wesen lieben, das in uns ist und das nicht wir selbst ist ...»[26] Es äußert sich ein uraltes Verlangen «nach einem Doppelgänger im anderen Geschlecht», die Liebe zu einem Wesen, «das uns völlig gleichen, aber doch ein anderes als wir sein soll», – ein Wesen, dem man eher in der Einbildung begegnet, als in einer

geläufigen Wirklichkeit. Ulrich eröffnet in diesem Zusammenhang seiner Schwester: «... die großen, rücksichtslosen Liebeslei-
denschaften sind alle damit verbunden, daß sich ein Mensch
einbildet, sein geheimstes Ich spähe ihn hinter den Vorhängen
fremder Augen an» (905) – ein Hinweis, der gleichermaßen
Vorbehalt wie Zustimmung äußert und vieles offen läßt.

Als Ulrich seine «vergessene Schwester» wieder erblickt, trägt
er einen Pyjama, eine «Art Pierrotkleid, schwarz-grau gewür-
felt»; als er das Zimmer betritt, wo ihn die Schwester erwartet,
sieht er sich «durch geheime Anordnung des Zufalls» einem
großen, blonden, in zarte graue und rostbraune Würfel gehüllten
Pierrot gegenüber, der auf den ersten Blick ganz ähnlich aussieht
wie er selbst. «‹Ich habe nicht gewußt, daß wir Zwillinge sind!›
sagte Agathe, und ihr Gesicht leuchtete erheitert auf.» (675 f.) In
dieser augenblicklichen Regung zeigt sich hinter der Maske der
Geläufigkeit ein entspanntes Gesicht; im Gegenzug nimmt das
erkennende Bewußtsein den Ausdruck der Unmittelbarkeit zurück, – eine Ausflucht in das Unbestimmbare. Der Pierrot selbst
vertritt jene Begegnung zwischen hintergründigem Spiel und
schwermütiger Selbstbesinnung, eine Figur aus einem Zwischen-
bereich wie sie Watteau in ihrer Unwägbarkeit vorstellt, wie sie
Max Beckmann oder Paul Klee aufgenommen hat (Künstler, die
sich auch dem Aufriß der Geschwister zugewendet hatten). Walter Pater, Paul Verlaine, Arthur Schnitzler, Frank Wedekind,
Raymond Queneau haben den vielwertigen Reiz dieser Spielfigur
in verschiedener Weise aufgefangen, – Zeugnis zugleich, wie
Musil aus ihrer gleichnishaften Erscheinung eine Fülle von Beziehungsmöglichkeiten entläßt, Unaussprechliches versammelt und
eine zweite Wirklichkeit erschließt.

Ein «unlösbarer und tief notwendiger Zusammenhang verbindet scheinbar alle hochgestimmten menschlichen Bemühungen
mit der Verwirklichung ihres Gegenteils» (1096/97), – diese
Einsicht regt Musil zu wegweisenden Entwürfen an. Jede Liebe
erweckt das Bedürfnis nach Trennung, – eine Erfahrung, die
Claudine mit den Geschwistern teilt; nicht weniger eindringlich

äußert sich das gegenteilige Begehren: jegliche Trennung erregt das Verlangen nach Liebe. Diese «zweiseitige Beschaffenheit» des Daseins bindet an jede Kraft eine Schwäche, verleiht allem jene vielwertigen Bedeutungen, die das Gegensätzliche umspannen: «... in der Neigung zu einem Tier kann partiell etwas von der Hingebung an einen Priester sein, ... Untreue kann in einer tieferen Innenzone eine Vereinigung sein» (T 232) – mit diesem Hinweis umschreibt Musil «die Basis von Veronika und Claudine», zugleich jedoch erschließt er damit Wesentliches seiner Dichtung überhaupt. Alle Beziehungen, jegliches Geschehen und jeder Gedanke lichtet sich von daher auf. Jeglicher Bindung entspricht eine Befreiung, das Abstoßende übt eine unwiderstehliche Anziehungskraft, Untreue erscheint wie der Akt einer letzten Vermählung. Liebende müssen sich «nach einem Dritten umsehn», «zwischen zwei einzelnen Menschen gibt es keine Liebe!» (1899) – lautet eine musilsche Herausforderung.

Auf seinem Umweg begegnet Musil dem Moralisten Arthur Schnitzler: «Seiner Treue sich bewußt werden kann nur einer, der mindestens in Gedanken schon eine Untreue begangen hat.»[27] Hinter umgekehrten Vorzeichen bildet die schnitzlersche «Traumnovelle» eine Analogie zur «Vollendung der Liebe». Schnitzler freilich vergegenwärtigt das Abgründige in erregenden Situationen, wo Musil ein Mysterium verdichtet. Beide Dichter indessen spüren unbestechlich den Selbstwiderspruch auf, in dem die unteilbare Wahrheit sich offenbart: «Denn auch in den innigsten Verbindungen, bei vollkommener gegenseitiger Treue, waltet in den Tiefen unseres Wesens der Drang von Frau zu Mann und Mann zu Frau unbeirrt nach ewigen Gesetzen weiter ... – das Wissen ... ist nicht fortzudeuten und fortzudenken.»[28] Regine, einer nachgeborenen Schwester von Claudine, erscheint jede Untreue, die sie in diesem Leben begeht, «wie eine Treue gegen das andere». «Jede äußere Erniedrigung wie eine innere Erhöhung.» Sie schmückt sich «mit Schmutz wie eine andere mit Farben (II, 355)». Eine derart befremdende Wendung mit ihren Spannungswiderständen gemahnt an Kleist, der den ganzen «Schmutz zugleich und Glanz» zu seinem spannungsreichsten Geschöpf, der Penthesilea, verdichtet.

Von Beginn an war für Musil bestimmend, in Untreue und Ehebruch den «Selbstverrat» anzusprechen (II, 972); Vollendung der Liebe zeitigt zugleich Selbstvollendung. Die vielspältige Person vereinigt sich mit sich selbst in vollendeter Liebe, – eine Vereinigung, die gleichfalls im Titel der Novellen aufscheint, der mehrfache Bedeutungen versammelt. Erneut sieht man sich an «Andreas oder die Vereinigten» von Hofmannsthal gemahnt. Eine hofmannsthalsche Überlegung läßt abgewandelt sich auf Musil übertragen: «Wenn Liebe einen ‹Zweck› hat, transzendent gesprochen, so müßte es der sein, daß in ihrer Glut der beständig in innerste Teile auseinanderfallende Mensch zu einer Einheit zusammengeschmolzen wird» – womit sich unwillkürlich ein Ausblick bis zu Ulrich und Agathe öffnet.[29] «Das Nichtzusammengeschmolzene» in Anders (Ulrich), die «Spaltung in ihm selbst», zeichnet sich Musil wegweisend auf. (T 598) Wie aber auch in dieser Beziehung alles mit einer gegensätzlichen Erfahrung verknüpft bleibt, so entwirft Musil auch Vereinigungen, in denen das Trennende sich offenbart, in denen man mit sich selbst in einen Zwiespalt gerät – Erfahrungen, die sich dem Mann ohne Eigenschaften vielfach erneuern.

Die zwei-einigen Verbindungen, die geschwisterlichen Verhältnisse, – Musil setzt sie der entscheidenden Probe aus, indem eine dritte Person auftritt, die Configuration sich erweitert. Das «Wahlverwandtschaften»-Thema Goethes durchwandert fast alle seine Dichtungen, – so wie es für Rilke stets ein Vorwurf geblieben ist: «Nichts ist bedeutender in jedem Zustande, als die Dazwischenkunft eines Dritten.» Musil verdichtet die Wirkungen vielseitig, um nachzuweisen, ob und wie weit «durch den zufälligen oder gewählten Hinzutritt einer neuen Person»[30] ein Verhältnis sich verändert oder umkehrt. Er gestaltet diese Zuordnungen derart ausgreifend, daß dieser Dritte nicht nur ein Abwesender, sondern sogar ein Toter sein kann, – eine unerreichbare Ferne, die zu bezwingender Gegenwärtigkeit wird, den Raum der Möglich-

keiten endlos erweitert; der Geist der Vereinigungen erscheint
ebenso wirksam wie die Wirkungen geistiger Leidenschaften. Die
erdachten wie die erträumten Vereinigungen lassen alle Gegebenheiten weit hinter sich; sie übersteigen alles, was eine zufällige
Wirklichkeit fügt und bilden eine unerläßliche Voraussetzung für
jeden höheren Zustand, für die Notwendigkeit, sich als mit sich
vereinigt wie die Ungetrennten und nicht Vereinigten zu erkennen.

In seinen Tagebuch-Aufzeichnungen erinnert Musil an sein
Isis-Osiris-Gedicht: es enthalte «in nucleo den Roman» (T 847) –
freilich birgt es nicht allein ihn, vielmehr begegnen sich in ihm
Wunschträume, Neigungen, Versuche. Vorstellungen aus der
Jugendzeit vergegenwärtigen sich, welche sich mit Elsa von Czu-
ber verknüpfen, zugleich mit der vor seiner Geburt verstorbenen
Schwester, der er nachhaltig seine Aufmerksamkeit zuwenden
sollte: «... wie wenn sie noch am Leben wäre; ihr stünde ich am
nächsten? Setzte ich mich an ihre Stelle?» (T 952/53) Erfindungen
überformen die Erinnerung Musils, vertreten diese in Dichtungen, welche in Grenzsituationen erfundene Gefühlsregungen vergegenwärtigen. Wahre Erinnerungen ohne Anspruch auf doku-
mentarische Wirklichkeit ordnen sich zu einer Lebensgeschichte
Robert Musils; sie entläßt und begleitet seine Dichtungen mit der
Ironie kritischer Ferne, innigem Abstand und dem ungewissen
Reiz persönlicher Nähe, – endlose Parallelen, in denen hinter
Erfindungen Erinnerungen aufscheinen, – Erinnerungen den Erfindungen entsprechen. Musil verdichtet die Beziehungen zu
seiner Schwester, der er im Leben nie begegnet ist, zugleich zur
fernen Geliebten, von der man niemals loskommt. Aus bewußtem
Abstand heraus entwirft er die Möglichkeiten, an denen er teilnimmt, ohne sich für eine endgültig zu entscheiden; auf sich selbst
zurückgezogen, vereinigt er in sich viele Personen und Epochen,
spricht viele an und verbindet Dichtung mit Wahrheit, Entwürfe
mit Erfahrungen: «In manchem Leben ist die unwirkliche, erdich-
tete Schwester nichts anderes als die hochfliegende Jugendform
eines Liebesbedürfnisses. ... Im Leben manches anderen Men-

schen ist sie jugendliche Lebensscheu und Einsamkeit, ein erdichteter Doppelgänger von spiegelfechterischer Anmut. ... Und von manchen Naturen wäre bloß zu sagen, daß dieses schwärmerisch von ihnen gehegte Bild nichts sei als die eingekochteste Eigenliebe und Selbstsucht ...» (1337/38)

Eine derartige Gegenfigur entspricht uraltem menschlichen Bedürfnis: Leidenschaften, Wünsche, Spannungen, – sie erschaffen dieses Gegenüber mit so viel Inbrunst und Phantasie, daß die Vorstellung von ihm mit der Person, mit der sie sich verbindet, oft kaum mehr etwas gemein hat. Der Vorwurf läßt sich nicht abweisen, daß man eine «wirkliche Person nicht wirklich liebt und eine unwirkliche wirklich.» (1116) Die Mehrzahl aller Gefühlsregungen bleibt unbestimmt «wie ein letzter Herbsttag oder ein erster Frühlingstag.» (1096) Gefühlsspannungen werden von Begegnungen, Erwiderungen und Erwartungen ausgelöst, die sich nur unzulänglich benennen lassen, und selbst mit dem Namen einer Person sind sie nicht eindeutig und niemals ganz angesprochen. Nur im Zustand des Nicht-Besitzes erschließt sich Wesentliches. Der Nähe eignet etwas Abstoßendes, während die Ferne unwiderstehlich anzieht. In der Ferne kommt man dem Du am nächsten. Die Ferne vereinigt, was die Nähe trennt, – eine entsagungsvolle Erfahrung, die Goethe beispielhaft verdichtet. Auch der Mann ohne Eigenschaften träumt abwechselnd von «einer Frau, die sich in keiner Weise erreichen läßt. Sie schwebte ihm vor wie die späten Herbsttage im Gebirge, wo die Luft etwas zum Sterben Ausgeblutetes in sich hat, die Farben aber in höchster Leidenschaft brennen. Er sah die blauen Fernblicke vor Augen, ohne Ende in ihrer geheimnisvoll reichen Abstufung. Er vergaß ganz die Frau, die wirklich vor ihm ging, war fern jedem Begehren und vielleicht nah der Liebe.» (878) Das Wesen der Nähe erfüllt sich darin, das Nächste fern zu halten, seine schweigenden Möglichkeiten zu bewahren, unerschöpflich aufzusparen. Die Nähe einer unerreichbaren Ferne stellt sich vor, – eine endlose Gegenwart, ein Geschehen, ohne daß etwas geschieht. Daß sich nichts ereignet, alles sich in der Einbildung abspielt, – diese Möglichkeit

greift auch James Joyce auf. So erschließt sich der hervorgehobene
Hinweis Musils, der alles Gewesene im Kommenden erkennt, das
Entworfene anspricht und vorläufig auslegt: «Es ist die ewige
Geschichte von der fernen Geliebten» (1834), – eine Geschichte,
von der immer nur Bruchstücke aufgezeichnet werden; sie führen
in endlose Anfänge zurück und halten sich offen für das noch
Ungeschriebene, für das Nichtgeschehen.

«Der Traum, zwei Menschen zu sein und einer» (1060), – er
wirft Fragen nach der Wirklichkeit auf, – Fragen die Musil bis
zuletzt in verschiedenen Möglichkeiten auszugestalten sucht.
Wirkungen von Erdichtungen, einer «erdichteten Schwester»,
lassen sie sich ermessen in ihrer Wahrheit ohne Gewißheit? Gibt
es unmeßbare Wirkungen, welche diejenigen der meßbaren weit
hinter sich lassen? Die Grenzen zwischen dem Wirklichen und
dem Unwirklichen sind so wenig eindeutig auszumachen wie die
Grenzen eines Individuums. Gibt es nicht einen Blickwinkel, der
sich soweit öffnet, daß er die Getrennten vereinigt, die Einsamkeit
als eine Täuschung erscheinen läßt? – eine Sichtweise, welche
Goethe oder Hofmannsthal beispielhaft beziehen.[31] Den widersprüchlichen Lösungsmöglichkeiten, welche Musil verfolgt, wird
man erst gerecht, wenn man im Wirklichen das Unwirkliche und
die Wirklichkeit des Unwirklichen erkennt. Die verschwiegenen
Bereiche und Zustände zwischen dem Unwirklichen und dem
Wirklichen erfaßt die Dichtung in ihrer Vielwertigkeit und in
jenen Beziehungen, die sich weder als Bruder und Schwester, noch
als Mann und Frau ansprechen lassen, in denen Scham und Lust,
Lieben wie Leiden, Vertrautheit wie Fremdheit, sich als Entsprechungen offenbaren. Ein Schwindel erfaßte den Menschen, wenn
der «Himmel nicht einen Abschluß der Welt vortäuschen würde,
den es nicht gibt.» (1667) Geistige Vereinigungen zeitigen Wirkungen, die anhaltender sind als körperliche; Gesichte, Vorstellungen, Träume, – sie erreichen eine zwingende Dichte, welche
geläufigen Erfahrungen versagt bleibt. Die «geistige Utopie» der
«Zwillingsschwester» erweist sich als endlose Aufgabe auf dem
Wege über Täuschungen und Enttäuschungen, – Träume eines

Logikers, Abenteuer der Vernunft, Mysterien eines Mathematikers. Nicht zuletzt den «anderen Zustand» vergegenwärtigt Musil
mit beispielloser Eindringlichkeit. Den «Streif zwischen den zwei
Feuern des Nochnicht und Nichtmehr» (1667) zeichnet seine
Dichtung genau mit allen fließenden Übergängen und der erregenden Unbestimmtheit. Das bereits Mögliche, aber noch nicht
Wirkliche erzeugt eine Spannung, die sich bis zum Unerträglichen
steigern kann, zur Schmerzseligkeit führt. Musil entwirft Träume, die gleichermaßen beglückend wie furchtbar, den Menschen
in das Schöne wie Schreckliche des Unwirklichen hineinwerfen, –
Träume einer kommenden Wirklichkeit, die jedoch niemals ankommt, deren Ankunft fern bleibt, endlos aussteht. Nichts wirkt
so herausfordernd gegenwärtig wie das Abwesende, das man
erwartet, indem man sich und eigene Möglichkeiten vermutet.

Musil wird auch der notwendigen Doppelsicht gerecht; was von
einer Seite her sich als getrennt zu erkennen gibt, zeigt sich aus
einem anderen Blickwinkel als miteinander verbunden. Einstellungen wie Perspektiven wirken jeweils aufschließend, stets aber
bedarf es vielfacher, wechselseitig sich ergänzender Blickbahnen,
um zu einer verbindlichen Anschauung und Auslegung zu gelangen. Erst die Vereinigungen von vielfältigen Epochen und Räumen zeitigen schöpferische Erfahrungen und wegweisende Schöpfungen, bilden ein anspruchsvolles Welt- und Selbstverständnis.
Alles Bedeutende vollzieht sich in Begegnungen, – Begegnungen
zwischen Figuren und Lebensaltern, zwischen den Geschlechtern
und Geistesepochen, Begegnungen, die sich in Erinnerungen
ebenso ausleben wie in Erwartungen, in denen man den Beginn
ebenso zu erkunden sucht wie den vorläufigen Ausgang.

«… noch die erträumteste Vereinigung ist für mich das Wichtigste auf dieser Welt», – dieses Geständnis Franz Kafkas[32], –
hinter anderen Vorzeichen weist es die Richtung, welche die
Dichtung Musils einschlägt, in wechselseitigen Ausgestaltungen
unablässig verfolgt. Die unerhörten Spannungen zwischen Träumen und Gegebenheiten, zwischen Hinfälligem und Unangreifba-
rem, Persönlichem und Unpersönlichem, zwischen Vereinigun-

gen, welche zugleich Trennungen zeitigen, – nicht zuletzt jene Vereinigungen, die beständige Herausforderung bleiben und nie erreichbar sind, – das Uneinholbare, – alles wirkt unabsehbar gegenwärtig in unvergleichlichen Entwürfen, – Entwürfe, die selbst wieder zahlreiche Widersprüche und Widerstände in sich vereinigen.

Musil wagt das Unerhörte: in immer neuen Einsätzen verdichtet er den frühen «Gedanken», «daß der Mensch ein Tier ist, das zuweilen von einer Seele träumen darf ...» (B 35) Er vergegenwärtigt eindringlich, daß sich nichts in seinen Eigenschaften erschöpft; immer bleibt etwas, das keine Eigenschaften besitzt und sich aufspart. Er verfolgt Wege, auf denen sich sinnliche Abenteuer religiösen Ekstasen nähern, auf denen sich Inbrunst und Skepsis, Erleben und Konstruieren begegnen; er zeigt Bewegungen, die gleichermaßen voreilig wie zögernd erscheinen, etwas Unentschiedenes behalten, coexistierende Möglichkeiten vertreten.

VI

Coexistierende Möglichkeiten

ὁδὸς ἄνω κάτω μία καὶ ὡυτή.   Heraklit

Eine beständige Coexistenz des Entzweiten zeichnet das Dasein in allen Verhältnissen aus und zeitigt ein Spannungsfeld, das alles bewirkt und alles entläßt, – Spannungen, die stets gegenwärtig, mit keinem Begriff zu fassen sind, die mit der Gewißheit des Ungewissen wirken. Nie lebt der Mensch allein in einer Welt bloßer Gegebenheiten, immer bezieht er sich auf Hoffnungen und Befürchtungen, auf Erwartungen und Erinnerungen, auf eine Welt seiner Einbildungskraft. Seine Gegenwart ist besetzt mit Vor- und Rückgriffen; sein Hier bezieht er auf ein Dort, sein Jetzt auf ein Dann. Das Ausstehende, die Möglichkeiten beschäftigen manche Figuren ungleich eindringlicher als das unmittelbar Anstehende. Für sie bleibt das nachweisbare Geschehen weitgehend bedeutungslos, während Vorstellungen der Phantasie ihren Horizont besetzt halten. Jeden wachen Geist indessen befällt zuweilen jene Unruhe, «wie man sie vor einem Kinematographen empfindet, wenn man neben der Illusion des Ganzen doch eine vage Wahrnehmung nicht loswerden kann, daß hinter dem Bilde, das man empfängt, hunderte von – für sich betrachtet ganz anderen – Bildern vorbeihuschen.» (II, 91)

Das Zugleich von Greifbarem und Unbegreiflichem, das Fremde im Vertrauten, das Unheimliche im Gewohnten, die Wirklichkeit des Unwirklichen, – diese herausfordernden Spannungen, erregend und beklemmend zugleich, aufschlußreich wie rätselhaft, – sie verdichten sich seit den frühesten Einsätzen: Wegmarken bezeichnen die Blätter aus dem «Nachtbuche», «Variété», die Vorarbeiten zum «Mann ohne Eigenschaften», «Grauauges nebligster Herbst». Sie setzen sich fort über den «Vorstadtgasthof», den «Brief Susannes» zum «Nachlaß zu Lebzeiten», zu den späten

Kapiteln im großen Roman. Die produktiven Verwirrungen, welche das Miteinander verschiedener Möglichkeiten und einer vieldeutigen Wirklichkeit zeitigen, vergegenwärtigen sich schon im «Törleß». Die unendlichen Bedeutungen der Dinge entfalten sich ebenso wie das Unverständliche in jenen Vorgängen und Vermutungen, die sich nicht in Worten fassen lassen, vielmehr nur in der Sprache des Schweigens sich offenbaren. Das Zugleich von Nahem und Fernem, von Vorstellungen, die sich nicht übereinbringen lassen, – alles breitet sich in spannungsreicher Vielfalt aus. Das Alltägliche wie das Abenteuerliche, das Gefühlvolle und das Grausame stellt sich gleichzeitig vor. Sichtbares entrückt in das Zwielicht von Zweifeln, Unsichtbares kommt zum Vorschein; das Nächste wirkt befremdend, Fernes mutet bekannt an. Was Törleß erfährt, erfaßt er nur unzulänglich, was er versteht, deckt sich häufig nicht mit dem, was er erlebt. Die Verlockungen der Phantasie sprechen ihn an, während er sich dem Sog der Gegebenheiten zu entziehen trachtet. Einfallsreich stellt er sich die verschiedenartigsten Möglichkeiten vor, die «winkelzügigsten Kombinationen» denkt er sich aus, nie jedoch rafft er sich zu einem Entschluß, zu einer endgültigen Entscheidung auf. Eigentümlich parallel verlaufen eine bürgerliche und eine abenteuerliche Existenz, – ein Nebeneinander, das sich an den wegweisenden Figuren Musils eindrucksvoll verfolgen läßt. Zwischen dem Leben, das man führt und demjenigen der Vorstellungen, der Wünsche und Erwartungen, dehnt sich ein Feld beinahe unabsehbarer Möglichkeiten aus. Die Gegenwart zahlreicher Erinnerungen und die gegenwärtigen Gegebenheiten und Herausforderungen zeitigen ein mehr oder weniger spannungsreiches Miteinander. Vorstellungen erreichen die Schlagkraft einer bedrohlichen Wirklichkeit, während die Vorgänge zuweilen unwirklich anmuten. Die Wirklichkeiten des Imaginären, – die Möglichkeiten, mit ihnen rechnen zu können, zu müssen, – diese Notwendigkeit verdichtet Musil zu immer neuen Entwürfen. Nicht weniger erregend bleibt für ihn, daß in verschiedenen Einstellungen und Sichtweisen Dinge und Zusammenhänge Ansichten zeigen und Werte gewinnen, welche unvergleichbar erscheinen. Was sich von einer Seite als böse zu erkennen gibt, kann von einer anderen als gut gelten, in einem unbeachteten Gedankengang vermag man eine große Idee zu entdecken. Darum erweist sich jede «Ordnung», die man zu ernst nimmt, indem man andere Zuordnungen ausschließt, «absurd und wachsfigurenhaft», ist doch jedes Ding «ein erstarrter Einzelfall seiner Möglichkeiten» (1509), – jede Wirklichkeit nur eine unter einer Vielzahl von Lösungen. Wer sich mit einer Wirklichkeit begnügt, die sich unter zufälligen Bedingungen gebildet hat, die vielwertigen Möglichkeiten nicht wahrnimmt, verkürzt sich die Welt und verfehlt ihr Wesen, ob es sich um Menschen oder Dinge handelt, «denn sowohl die Natur wie das Ganze der menschlichen Beziehungen haben keinen Charakter oder jeden denkbaren, was auf das gleiche hinauskommt.» (II, 1156) An alles denken zu können, ohne sich unwiderruflich auf etwas festzulegen, ist eine unerläßliche Voraussetzung schöpferischen Verhaltens. Der «Möglichkeitssinn» ist nicht weniger wichtig als der Sinn für Wirklichkeit, – in vieler Hinsicht erschließt er erst die jeweiligen Wirklichkeiten, ihre Abhängigkeitsverhältnisse und Bedingungen. Jeder Aufgang birgt die Möglichkeit des Niedergangs, jedes Aufscheinen ist schon ein Verlöschen. Die zahllosen Übergänge von Möglichkeiten in eine Wirklichkeit vollziehen sich nicht immer sinnfällig, indessen vermag die Einbildungskraft sie zu verfolgen. Das Nicht- oder Noch-nicht-Wirkliche zeitigt die stärksten Herausforderungen an den schöpferischen Geist. Alle Versuche, Vermutungen, Entwürfe, Hoffnungen wie Befürchtungen gelten weitgehend ihm, und der «Möglichkeitssinn» bezeichnet die Fähigkeit, «alles, was ebensogut sein könnte, zu denken und das, was ist, nicht wichtiger zu nehmen als das, was nicht ist.» Ereignisse, Handlungen, Leidenschaften sind eingespannt in zahllose, niemals zu Ende geführte Überlegungen, – unzähligen möglichen Sichtweisen, Wertungen wie Wirkungen ausgesetzt. Die Mehrzahl aller Erfahrungen und Erinnerungen sind zugleich Erfindungen, wie Erfindungen aus noch unerfundenen Erfahrungen hervorgehen. Der Mensch lebt in dem offenen

Spielraum der Möglichkeiten; ein bewußter Utopismus zeichnet ihn aus, «der die Wirklichkeit nicht scheut, wohl aber als Aufgabe und Erfindung behandelt.» Stets sieht er sich zu Entscheidungen aufgerufen; die leitenden Figuren Musils betrachten indessen keine als unwiderruflich; sie messen jeder nur vorläufige Gültigkeit zu, halten sich für andere Möglichkeiten offen und sparen sich künftige aus, – Möglichkeiten, die sie entdecken, in denen sie bisher ihnen selbst unbekannte Fähigkeiten freisetzen.

Wer über den «Möglichkeitssinn» gebietet, sagt nicht: «Hier ist dies oder das geschehen, wird geschehen, muß geschehen; sondern er erfindet: Hier könnte, sollte oder müßte geschehen; und wenn man ihm von irgend etwas erklärt, daß es so sei, wie es sei, dann denkt er: Nun, es könnte wahrscheinlich auch anders sein.» (16) In dieser Grundhaltung begegnet Musil nicht nur dem späten Ludwig Wittgenstein, sondern auch Niels Bohr und Werner Heisenberg, – Beziehungen, die zu Vorstellungen der Atomphysik führen. Die Überlegung: «Könnte auch so anfangen» (2124; T 420) beherrscht alle Einsätze, nicht weniger werden alle Vorgänge von dem Gedanken begleitet: alles hätte einige Zeit später auch «in geänderter oder umgekehrter Reihenfolge» ablaufen können. (449) Keine noch so geläufige Ansicht und Auffassung schließt gegenläufige Möglichkeiten aus, vielmehr birgt jede die Herausforderung zu einem anderen Verhalten. Hat das Fühlen «seine besondere Gestalt dadurch angenommen, daß wir es in das Bild der Wirklichkeit einordnen, und nicht das Umgekehrte, das Ekstatische tun ... muß in uns ... auch die Möglichkeit liegen, unser Fühlen umzukehren und unsere Welt anders zu erleben!» (1201)

Daß man die Welt mehrfach erfährt, – dieses Miteinander mehrerer Möglichkeiten vergegenwärtigt Musil in unerhörter Eindringlichkeit. Jeder Text, der allein sich auf eine einzige Wirklichkeit einstellt, bleibt unzulänglich, da mehrere nebeneinander existieren, – nicht weniger verkürzt wirkt er, wenn er die zahlreichen Möglichkeiten, die jede Wirklichkeit begleiten, nicht berücksichtigt. Oft blendet sich zwar nur eine ein, während die anderen verschattet bleiben, – in einem mehr oder weniger bewußten Spiel mit dem Möglichen entfaltet sich indessen die menschliche Existenz. Teilnahmslos kann der Mensch den unmittelbaren Ereignissen begegnen, während er von einer Leidenschaft für etwas Fernes ergriffen wird; anwesende Personen muten ihn belanglos an, während abwesende entscheidende Bedeutung gewinnen. Gegebenheiten berühren ihn kaum, indessen fesseln ihn Vorstellungen seiner Einbildungskraft. Er geht nüchternen Geschäften nach und ist zugleich in ein Abenteuer verstrickt. Verfängliche Beziehungen äußern sich zugleich in befreienden Mysterien. Die unerschöpfliche Anziehungskraft der Liebe resultiert aus ihren Möglichkeiten, – Möglichkeiten, die mehr der Phantasie verdanken als bestimmten Wahrnehmungen oder Personen. Nicht zuletzt macht das Auswechselbare den Reiz aller Möglichkeiten aus.

Verführerischen Möglichkeiten folgt Törleß, – sie bilden für ihn zugleich Zuflucht wie Ausflucht: er verliert sich in ihnen und sucht sich in ihnen; er genießt ihre Ausschweifungen und erleidet ihre Demütigungen. Er entdeckt sie in sich und sich in ihnen. Ihn verwirrt das Grenzenlose in jenen widersprüchlichen Möglichkeiten, welche gleichzeitig sich ihm vorstellen. Die Gewalt, das Unwirkliche und dennoch Wirkungsmächtige, bleibt ihm ein unauflösbares Rätsel.

Wie wenige erfährt und verdichtet Musil den Vorwurf Friedrich Nietzsches: «... der *Gedanke einer Möglichkeit* kann uns erschüttern und umgestalten, nicht nur Empfindungen oder bestimmte Erwartungen! Wie hat die *Möglichkeit* der ewigen Verdammnis gewirkt!»[1] Die bedrohlichen Möglichkeiten sind es nicht zuletzt, welche die «Verwirrungen des Zöglings Törleß» auslösen.

Die Nähe der Möglichkeiten bedrängt die musilschen Figuren, selbst wenn sie um das Unerreichbare wissen. Es lockt sie manchmal, Geschehnisse zu erleben, «wenn man sie bloß als Handlungen tun könnte und mit niemandem und mit nichts.» Spannungen wie Spannweite coexistierender Möglichkeiten vergegenwärtigen die «Vereinigungen» in unüberbietbarer Dichte und Sinnfälligkeit. Bewußte Träume, geistige Leidenschaften, bestechliche Widerstände, leidendes Genießen, verlockende Vorwände, bedrohliche Vorhaltungen, – sie bestimmen dieVorstellungen der Figuren, während gegebene Daten dazwischen aufscheinen. Wände bilden einen Raum, «in dem alles wirklich geschehen kann und doch so ohne aus einem in den andern zu dringen, wie wenn es nur in Gedanken geschähe …» (II, 201) Die Dichtungen zeigen, daß eine verbindliche Wirklichkeit nicht nur von den verschiedenen Figuren unterschiedlich erfahren und ausgelegt wird, Möglichkeiten eröffnet, die etwas Persönliches, Unübertragbares behalten, daß selbst Gespräche über sie Selbstgespräche bleiben. Demselben Hier, an dem sich die Personen befinden, entspricht keineswegs dasselbe Dort, auf das sie sich einstellen. Gegebene Verhältnisse bieten häufig nur den Anlaß, Beziehungsmöglichkeiten auszuspinnen, der Vorstellung zu frönen, es müsse «noch eine andere, ferne Art des Lebens» (II, 164) für einen bestimmt sein, den Verlockungen eines «vielleicht» endlos zu folgen. Man legt sich im äußeren Verhalten Zurückhaltung auf und gibt sich zugleich ungehemmt verführerischen Möglichkeiten hin.

Im Spannungsfeld der Möglichkeiten verdichtet Musil seine Entwürfe, – er berücksichtigt selbst den Grenzwert, die Möglichkeit des Unmöglichen in seiner «Tonka», in der auf jene «Zweideutigkeiten» angespielt wird, «wo selbst die Natur nicht ganz klar Aufschluß gibt.» (II, 273) Es stellt sich jene Frage, die nie eine endgültige Antwort finden kann und dennoch zahllose Erwiderungen herausfordert: «Ist … etwas, das weder sprechen kann, noch ausgesprochen wird, das in der Menschheit stumm verschwindet, ein kleiner, eingekratzter Strich in den Tafeln ihrer Geschichte, ist solche Tat, solcher Mensch … Wirklichkeit oder Einbildung gut, wertlos oder bös?» (II, 280) Fast immer jedoch hängt die Einschätzung eines Menschen, einer Tat, von demjenigen ab, der sie beurteilt, wie dieser selbst zahllosen Beurteilungen ausgesetzt bleibt, die sich beträchtlich unterscheiden und bis in ihr Gegenteil verkehren können.

In seinem Bemühen, das Genaue wie das Vielwertige zu verdichten, weiß Musil um die Voraussetzung, daß alle Gegebenhei-

ten, Begegnungen, Entwürfe und Gedankengänge nicht als eine
ablösbare Wirklichkeit existieren, daß sie vielmehr stets im Aufriß
ihrer Auslegungen, ihrer Möglichkeiten wirken. Jede Figur offenbart im Ansprechen dieser Möglichkeiten ihre unveräußerliche
Eigenart, jede ordnet sich Zusammenhängen zu, die mehr oder
weniger Bedeutung für das eigene Dasein gewinnen wie für
dasjenige der anderen. Gemeinsame Begegnungen und Pläne,
Beziehungen wie Auseinandersetzungen zeitigen Auslegungen,
in denen jeder sich seine Möglichkeiten einräumt und verfolgt, –
Möglichkeiten, die sich verschieden weit auffächern und die selbst
bei einander nahestehenden Personen sich nie zur Deckung bringen lassen. Die dadurch bedingten Mißverständnisse, die ausge-
sprochenen, – freilich mehr noch die verschwiegenen und vermu-
teten, spart Musil niemals aus, vielmehr kreist er sie in Andeutungen behutsam ein oder kommt in einer späteren Aussprache auf
sie zurück. Dabei erschließt sich unaufdringlich, wie Hinweise
und Begriffe verschieden verstanden werden, wie Wesentliches
mit Vorbehalt aufgenommen wird, sich vielfach nicht in die
Sprache des Anderen übertragen läßt. Das noch nicht Verwirklichte mit seinen Möglichkeiten bildet beständig eine erregende
Herausforderung, nicht weniger sehen die Figuren sich genötigt,
über versäumte Möglichkeiten nachzusinnen. Keine Wirklichkeit
ist derart hundertgrädig, daß sie sich nicht anders vorstellen ließe.
«Es ist die Wirklichkeit, welche die Möglichkeiten weckt, und
nichts wäre so verkehrt, wie das zu leugnen. Trotzdem werden es
in der Summe oder im Durchschnitt immer die gleichen Möglichkeiten bleiben, die sich wiederholen, so lange bis ein Mensch
kommt, dem eine wirkliche Sache nicht mehr bedeutet als eine
gedachte. Er ist es, der den neuen Möglichkeiten erst ihren Sinn
und ihre Bestimmung gibt, und er erweckt sie.» (17)

Nicht zuletzt erblickt Musil die Bestimmung seiner Dichtung
darin, diesen kommenden Menschen vielseitig zu entwerfen, in
Erfahrungen wie Erfindungen das Erwecken neuer Möglichkeiten
vorzustellen, in denen zahllose alte aufgehoben erscheinen. Hinter «allen Verknüpfungen der wirklichen Erlebnisse» (II, 161)

laufen diese Möglichkeiten dahin, Möglichkeiten, die man in einem vielfältigen und sich wiederholenden «vielleicht» vergegenwärtigt, ein «vielleicht», welches gleichermaßen reizvoll wie bedrohlich anmutet, fortgesetzte Versuche, sich etwas vorzustellen, – den Menschen von gegenüber wie eine ferne Landschaft zu betrachten, das Unsagbare wie das Vielsagende auszulegen, während etwas von dem aufscheint, das geläufiger Wirklichkeit entspricht, obschon es zuweilen gar nicht zur Wirklichkeit zu gehören scheint. Die Zufalls-Wirklichkeiten und ihre unabsehbaren Wirkungen werden ebenso entdeckt wie die wirklichen Möglichkeiten. Vornehmlich der Spielraum der Worte, ihr unermeßliches Spannungsfeld, reißt Musil auf; niemals zudringlich, beinahe behutsam, mit dem Bewußtsein ihrer Vielbezüglichkeit, welches die Möglichkeit, nichts zu sagen, keineswegs ausläßt. Worte, die oft «etwas ganz anderes» sagen, «so als ob sie zwar von dem gleichen Gegenstande, aber von einer anderen, fremden, gleichgültigen Seite desselben redeten.» (II, 62/63)

Möglichkeiten gleichen dem Spiel: dieses läßt sich wiederholen; es hält sich für eine ungebundene Existenz offen, bietet Möglichkeiten einer Befreiung, – freilich einer unwirklichen und dennoch nicht unwirksamen. Das Spiel entscheidet nichts, fördert indessen Erfindungen wie Entdeckungen. Nicht zuletzt ist es möglich, mehrere Spiele zu verfolgen, sich in verschiedene Situationen zu versetzen, sich mit mehr oder weniger Phantasie zu beteiligen. Ungewisses vermag man wie Bestimmtes zu behandeln, Vollzogenes noch in der Vielfalt seiner Möglichkeiten sich vorzustellen, sich selbst noch in wahlloser Fülle zu wissen. Zuletzt kann man den Möglichkeiten ebenso verfallen wie dem Spiel, – Ekstasen des Daseins leidenschaftlich und besonnen erfahren. Man übersteigt die verbindlichen Verhältnisse, in denen man sich verwirklichen mußte, entflieht begrenzenden Verhältnissen, widerruft getroffene Entscheidungen, ergeht sich frei, – ein Aufbruch zu noch unerfundenen Möglichkeiten. Die Wirklichkeit des Unwirklichen ermöglicht dieses Spiel, diesen aufschlußreichen, schöpferischen Bezug zur Welt. Frei von Verantwortung läßt man sich auf verschiedene Möglichkeiten ein. Man überdenkt die Bedingungen des Handeln, ohne sich zu entscheiden, man nimmt an vielem teil, ohne sich mit etwas unwiderruflich zu verknüpfen. Das Lebensgefühl wird beherrscht von der Gegenwärtigkeit des Möglichen, von der Herausforderung: «Drehen wir ... soviel als möglich die Dinge um.» (T II, 813)

Diese vielseitigen Einstellungen entfaltet Musil minuziös, das gleichzeitige Hier und Dort, das beständige Bewußtsein, daß es ganz anders sein könnte. Überlegungen, Gespräche, Erörterungen, Vorstellungen, Fragen, Pläne, Versuche, – sie beanspruchen beträchtlichen Raum; unverkürzt werden sie vorgetragen und entsprechen damit der vielwertigen Welt, der vielspältigen Individualität. Demgegenüber müssen sich Geschäfte und Entscheidungen, die handgreiflichen Verrichtungen, mit knappen Angaben begnügen. Die Aufmerksamkeit Musils wendet sich jenen Personen zu, die «etwas Bewegliches bergen. ... Eine Ahnung von Andersseinkönnen. Ein richtungsloses Gefühl ohne Neigung und Abneigung ...» Sie bewahren sich den Geist einer alterslosen Jugendlichkeit in dem Wissen, «daß das, was wirklich geschieht, ganz unwichtig ist neben dem, was geschehen könnte. Daß der ganze Fortschritt der Menschheit in dem steckt, was nicht geschieht. Sondern gedacht wird ...» (II, 330) Die «Wirklichkeit» bleibt die «fable convenue der Philister».[2] Diese versagen sich den Leidenschaften der Einbildungskraft, den Entwürfen und Vermutungen, der erfinderischen Kraft des Unbestimmten und Unbestimmbaren.

Musil zeichnet den Conjunctivus potentialis aus, der unerschöpfliche Entdeckungs- und Erfindungslust verrät, Versuchsanordnungen eröffnet, Gedankengänge in das Unbetretene entwirft: «... was geschähe, wenn ...», «... wenn wir annehmen, es sei ...» «... Versuch, wirklich zu glauben, es wäre ...» Der «schöne Schatten des ‹Wie es wäre›» (1096) fällt auf die Zwillingsgeschwister; sie können die Täuschung weder völlig glauben, noch sich ihr ganz entziehen. Die Gleichzeitigkeit widersprüchlicher Möglichkeiten vergegenwärtigt sich wesensgemäß in paradoxen Wendun-

gen; diese vereinigen das Zugleich an- und abwesender, sichtbarer
und unsichtbarer Wirklichkeiten. Sie reißen jene Vereinigungen
des Unvereinbaren auf, die das Wesen des Menschen ausmachen,
die in jedem Augenblick sich vollziehen, als Spannungsmomente
und Bewußtseinsakte alle Verhältnisse durchdringen. Die Selbstwidersprüche legen frei, daß jeglicher Nähe eine Ferne entspricht,
daß in jeder Gegenwart Kommendes wie Gewesenes lebt. Die
unausdenkbaren Schwierigkeiten des Weder-Noch kreisen sie
ebenso zwingend ein wie den Zustand der Ungetrennten und
Nichtvereinten. Die Notwendigkeit der Sprache, auf das nicht
Aussprechbare zu verweisen, verdichtet sich in ihnen, – Selbstwidersprüche, die alles Widersprüchliche aufheben. Die Nähe zu
Pascal wie zu Novalis lichtet sich auf, das Unverständliche in allen
Vorgängen des Verstehens, eine unaufhörliche Herausforderung,
welche niemals zur Gewohnheit wird. Ernst Mach vermutet,
«durch das Paradoxe am besten die Natur eines Problems» aufzuspüren[3] – ein Weg, den Werner Heisenberg bestätigen sollte.

In der Kategorie der Denkbarkeit erblickt Sören Kierkegaard das
«Lebensgesetz» des Konjunktivs; er erachtet es für wünschens-
wert, einen «ganzen Roman» schreiben zu können, «worin der
präsentische Konjunktiv die unsichtbare Seele wäre; das wäre, was
die Beleuchtung für die Malerei ist.» (13. September 1837)[4] Kierkegaard spricht damit jene Sichtweisen der neueren Kunst an, in
denen das Licht Formen als Bewegungsfiguren vorstellt, Parallelen ovalisiert, Räume kreisen läßt, eine Vielfalt von Ansichtsmög-
lichkeiten gleichzeitig aufreißt. Analog zu solchen Impulsen vergegenwärtigt Musil eindrucksvoll die Ausdruckswerte von Licht
und Farben, die Spannungsfelder des Hell-Dunkel, die vielseitigen
Abhängigkeitsverhältnisse und wechselseitigen Ausgestaltungen,
die alles umfassen: Räume und Personen, Gegenstände und Gesichte, Stimmungslagen und Gefühlszustände. Das Spiel von
Licht und Schatten lockt Verschwiegenes hervor, fördert Vermutungen und Erfindungen, erweckt den Sinn für das Ungewisse und
dennoch Gegenwärtige. Es kommt der Aufgabe entgegen, die
Musil der Dichtung zuspricht: Nicht das «zu schildern, was ist,

sondern das was sein soll; oder das, was sein könnte, als eine
Teillösung dessen, was sein soll.» (II, 970) Wahrscheinlichkeiten
treten an die Stelle endgültiger Wahrheiten, allein sie führen nicht
eine Herrschaft der Willkür herauf. Die Möglichkeiten gehorchen
vielmehr Gesetzen, die nicht weniger streng, nur vielfältiger und
beweglicher sind als diejenigen, welche die Abreden der geläufigen
Wirklichkeit bestimmen. Analogien zu den Vorgängen im atoma-
ren Bereich zeichnen sich ab. Auch bei ihnen «können wir in der
Regel nur die Wahrscheinlichkeit voraussagen. Nicht mehr die
objektiven Ereignisse, sondern die Wahrscheinlichkeiten für das
Eintreten gewisser Ereignisse können in mathematischen Formeln
festgelegt werden. Nicht mehr das ... Geschehen, sondern die
Möglichkeit zum Geschehen ... ist strengen Naturgesetzen unterworfen.» «Die Wahrscheinlichkeitsfunktion beschreibt, anders als
das mathematische Schema der Newtonschen Mechanik, nicht
einen bestimmten Vorgang, sondern, wenigstens hinsichtlich des
Beobachtungsprozesses, eine Gesamtheit von möglichen Vorgängen.»[5]

Den Einwand des Utopischen fängt Musil auf und gewinnt ihm
überraschend konstruktive Möglichkeiten ab; dabei vertraut er
der Erfindungskraft des Conjunctivus potentialis: indem «eine
Möglichkeit nicht Wirklichkeit ist, drückt sich nichts anderes aus,
als daß die Umstände, mit denen sie gegenwärtig verflochten ist,
sie daran hindern, denn andernfalls wäre sie ja nur eine Unmöglichkeit; löst man sie nun aus der Bindung und gewährt ihr
Entwicklung, so entsteht die Utopie. Es ist ein ähnlicher Vorgang,
wie wenn ein Forscher die Veränderung eines Elements in einer
zusammengesetzten Erscheinung betrachtet und daraus seine Folgerungen zieht; Utopie bedeutet das Experiment, worin die mögliche Veränderung eines Elements und die Wirkungen beobachtet
werden, die sie in jener zusammengesetzen Erscheinung hervorrufen würde, die wir Leben nennen.» (246)

Nicht die «Gesamtheit» von «möglichen» Vorgängen trachtet
Musil zu verdichten – das Utopische bleibt für ihn eine endlose
Herausforderung, eine Richtung und kein Ziel; er weiß, daß man

diesem Anspruch nur teilweise nachzukommen vermag, – wohl
aber vergegenwärtigt er eine Vielzahl von möglichen Vorgängen,
widersprüchlichen Einstellungen, Erfahrungen, Vorstellungen
und Auslegungen. Er bedenkt Versäumtes wie Nichtverwirklich-
tes, entfaltet verschiedene Bewußtseinszustände und berücksichtigt jene Entscheidungen, die von Gefühlslagen ausgehen; er
schätzt die Gewohnheit, «mehreres zugleich zu denken, so wie
sich ein Fächer auf- und zuschiebt, und eines halb neben, halb
unter dem anderen ist ...» (443) Er beachtet die zwingenden
Schlüsse der Logik und gehorcht zugleich der gleitenden Logik der
Einbildungskraft. Vor allem indessen versteht er sich darauf,
verschiedene Möglichkeiten anzudeuten, ohne sie unmittelbar
auszusprechen, auf vieles anzuspielen, ohne daß sich die Beziehungen abschätzen lassen, Gedankengänge vielsagend abzubre-
chen. Er offenbart Doppelleben, Doppelsinn und Doppelsprachen,
– die persönlichen wie die öffentlichen Äußerungen, das Zugleich
phantastischer und genauer Einlassungen. Der gewöhnliche Zustand wird von einem ungewöhnlichen begleitet, von jenem «anderen Zustand», der zuweilen den Menschen völlig einnimmt.
Gegenüber dem Rechnen und Messen, einem mechanischen Denken, das Regeln verlangt und erläßt, gegenüber einem mißtraui-
schen Geist steht ein Zustand, der «nicht minder nachweisbar ist».
«Dieser andere Geisteszustand wird immer mit ebenso großer
Leidenschaft wie Ungenauigkeit beschrieben, und man könnte
versucht sein, in diesem schattenhaften Doppelgänger unsrer
Welt nur einen Tagtraum zu sehn, wenn er nicht seine Spuren in
unzähligen Einzelheiten unseres gewöhnlichen Lebens hinterlassen hätte. ... Dieser Zustand ist es, in dem das Bild jedes Gegenstandes nicht zum praktischen Ziel, sondern zu einem wortlosen
Erlebnis wird, und die Beschreibungen vom symbolischen Gesicht
der Dinge und ihrem Erwachen in der Stille des Bildes, ... gehören
zweifellos in seinen Umkreis.» (II, 1144/45)

Musil rechnet mit jenen Menschen, die gleichermaßen Mathematiker wie Mystiker sind, die sich praktischen Aufgaben unter-
ziehen und zugleich sich auf unbekannte Abenteuer einlassen.

Viele seiner Figuren versuchen, immer im Sinne zweier Ansichten zu handeln: «… nie ganz revolutionär und nie ganz gegenrevolutionär, nie völlig liebend, noch völlig hassend, nie einem Hang folgend, sondern alles entfaltend, was man in sich hat.» (470) Das Nichtssagende birgt die Möglichkeit des Vielsagenden, im Persönlichen wirkt beständig etwas Unpersönliches mit. Unpersönliche Äußerungen verraten den höchsten Grad persönlicher Betroffenheit. Selbstdarstellungen wie -auslegungen werden von Fragmenten einer Theorie begleitet, – Theorien, die wiederum selbstbiographische Versuche vertreten können. Fast immer lassen sich zwischen Wirklichkeiten und Möglichkeiten keine unwiderruflichen Grenzen ziehen, so wenig wie zwischen dem Persönlichen und Unpersönlichen, zwischen dem Individuellen und Generellen. Die Spannungen in allen Bezügen und Bereichen wirken zugleich entspannend, – Spannungen des Gefühls, in denen Bestimmtes und Unbestimmtes sich äußert. Jegliche Gewißheit birgt die Möglichkeit eines Zweifels, jeder Zweifel bewahrt die Möglichkeit zu glauben, erweist sich nicht selten als Ausdruck gläubiger Skepsis. Ein fragendes Denken, ein fortgesetztes «Wie, wenn …» ruft vielfältige Möglichkeiten hervor, Vorwürfe verschieden zu denken, gegenüber dem Vorgegebenen sich so oder anders zu verhalten. Jedes «menschliche Werk besteht aus Elementen, die auch in unzähligen andern Verbindungen vorkommen». (II, 1130)

Weniger ein Geschehen reißt Musil in seinen Dichtungen auf, vielmehr die Brechungen, in denen man Geschehnisse erfährt, in denen man sich zu ihnen einstellt und Nichtgeschehenes bedenkt, – nicht zuletzt stellt er verschiedene und mit Vorliebe gegensätzliche Auslegungsmöglichkeiten vor. Weniger die Begebenheiten selbst als ihre Erwartungen verdichten sich in vielwertigen Vorüberlegungen zu einem spannungsreichen Vorerleben, welches verschiedene Möglichkeiten in der Einbildungskraft erweckt, verschwiegene Leidenschaften und Zusammenhänge aufdeckt, die mit dem Reiz des Widerruflichen wirken. Nicht das äußere Verhalten, nicht Erlebnisse und ihren Verlauf sucht Musil zu gestalten, vielmehr die weitgehend unbemerkten Auseinandersetzungen mit ihnen. Die Gespräche über ein Ereignis, selbst wenn dieses gar nicht eintreten sollte, über Vorgänge, deren Verwirklichung wenig wahrscheinlich erscheint, sind nicht weniger wichtig als Begebenheiten selber, vielmehr übersteigen sie deren Bedeutung, verleihen ihnen erst vielwertige Wirkungen. Musil fächert auf, wie die Bedeutungen, welche man Dingen, Personen, Ereignissen, Zuständen zuschreibt, auf diejenigen zurückwirken, welche diese Auslegungen erdacht hatten. Diese Betroffenen besetzen gleichzeitig verschiedene Einstellungen und bewahren etwas Unwägbares in vielgesichtiger Skepsis, in aufschließender Satire und konstruktiver Ironie. Mit aller erdenklichen Genauigkeit versucht Musil, seine Figuren nicht nur aussprechen zu lassen, daß sie etwas bewegt, vielmehr, was sie bestürzt und bedrängt, was sie erwarten und zurückweisen, das Auftauchen und Verschwinden ihrer Einfälle. Die perspektivische Vielfalt und ihre Wirkungen, – sie bilden dann selbst ein eigenes Geschehen, – ein Geschehen, das sich noch weiter ausfaltet, indem allgemeine Erörterungen die persönlichen Entwürfe und Regungen begleiten, individuelle Erfahrungen auf überpersönliche Gesetze bezogen werden, und das einzelne Ereignis zu einem sich wiederholenden Vorgang sich erweitert. Indem Musil diese Brechungsmomente ebenso behutsam wie genau einzukreisen trachtet, weite Zwischenräume des Ungewissen offen hält, den Reiz grenzenloser Vermutungen erregt, das Wortlose anspricht, ohne es auszusprechen, – gewinnt seine Dichtung das Zögernde, und in ihrer Vielbezüglichkeit das Ziellose. Wie könnte sie sich noch an einem «Faden der Erzählung» fortspinnen, wo sie «sich in einer unendlich verwobenen Fläche ausbreitet.» (650)

Der Spielraum der Möglichkeiten, die vielspältigen Figuren wie die vielwertigen Zustände, – sie verdichten sich in Entsprechungen, wechselseitigen Ausgestaltungen und complementären Verhältnissen, – Zuordnungen, die Goethe in seinen «Wanderjahren» entworfen, Novalis skizzenhaft erkennen läßt, die sich in wegweisenden Dichtungen des 20. Jahrhunderts nachweisen lassen, nicht zuletzt im «Malte Laurids Brigge» von Rilke, der Musil gleichermaßen bestätigen wie anregen konnte. Wie Goethe liebt auch Musil «Parallelgeschichten»: eine «deutet auf die andere hin und erklärt ihren Sinn besser als viele ... Worte»[6] – darüber hinaus vermögen sie unaufdringlich die coexistierenden Möglichkeiten auszufalten.[7] Solche Dichtungen ersetzen die durchgängigen Beziehungen und Rückschlüsse von Folgen auf Ursachen, das einseitige Nacheinander, durch eine «Logik des Analogischen». Die Analogie besitzt den unschätzbaren Vorzug, den Goethe anspricht, der Musil entgegenkommt: sie schließt nicht ab und will «nichts Letztes».[8] Sie vermittelt unerschöpfliche Anregungen, ohne auf etwas zu beharren, sie erschließt Möglichkeiten ohne den Zwang zum Schlüssigen. Die «Kunst *analogisch zu construieren*»[9] beherrscht Musil in seltener Umsicht. Wie wenige wird Musil von jenen Voraussetzungen angesprochen, die wahlverwandt Paul Valéry aufwirft: «... wer nicht auf dem blanken Weiß der Seite ein Bild geschaut hat, an dem die Möglichkeit und der bedauernde Verzicht auf alle Zeichen, die von der getroffenen Wahl ausgeschlossen blieben, zehrte, und wer nicht im lichten Luftraum ein nichtvorhandenes Bauwerk erblickt hat, wen nicht Schwindel angesichts des Abstandes von einem Ziel ergriffen hat, die bange Sorge um die Mittel zu seiner Verwirklichung, das Gefaßtsein auf Verzögerungen und Versager, die Berechnung der fortschreitenden Phasen, die in die Zukunft entworfene Planung, die sogar damit rechnet, was *dann* nicht in die Überlegung einzutreten hat, – der kennt auch nicht, wie immer es sonst um sein Wissen bestellt sein mag, den Reichtum und die Ergiebigkeit und die geistige Spannweite, die der Tatbestand des *Konstruierens* erhellt.»[10]

Im Hinblick auf seinen «Leonardo» deutet Valéry zwei Möglichkeiten an, eine Biographie zu verfassen: man kann «versuchen, seinen Helden zu *erleben* oder aber ihn zu *konstruieren*. ... *Erleben* heißt: sich ins Unvollständige einverwandeln. Das Leben in diesem Sinne genommen, besteht ganz in Anekdoten, Einzelheiten, Augenblicken. Die *Konstruktion* hingegen impliziert *a priori* die Annahme eines Daseins, das auch GANZ ANDERS sein

könnte.»[11] Musil verpflichtet sich dem Geist der Konstruktion,
zugleich indessen besinnt er sich auf sein Vermögen, sich Unvoll-
ständiges und Ausstehendes derart zuzueignen, daß noch halb
bewußte Wünsche, flüchtige Regungen, die sich im Halblicht
verlieren, verschwiegene Vorgänge, eindringlich aufscheinen, alles noch Abwesende gegenwärtig wirkt, wie die «Vereinigungen»
– freilich nicht sie allein – unnachahmlich vergegenwärtigen.
Musil leugnet Konstruktionen keineswegs und begegnet einem
möglichen Vorwurf mit der entlarvenden Gegenfrage: «... wo
konstruiert man nicht? Man verdeckt es bloß wieder.» (B 84)

Absichtsvoll benennt Musil den Mann ohne Eigenschaften
zunächst «Anders» in dem Bewußtsein, daß sein Dasein ganz
anders sein könnte, daß er etwas Vielgesichtiges, Unbestimmbares
behält, daß man nichts ihm unwiderruflich zuschreiben kann,
weder Eigenschaften noch bestimmte Erlebnisse. Analogisch entwirft er den «Fremden», «Homo», «Achilles», «Grauauge», den
«Archivar», den «Spion», – eine Folge von Vorschlägen, Entdek-
kungen, Abwandlungen und zugleich Wiederholungen. Endlos
verfolgt er das Unbekannte und kaum Benennbare; er bleibt auf
der Suche nach Lösungsmöglichkeiten. Seine Aufgabe erblickt er
darin, immer neue Lösungen, «Zusammenhänge, Konstellatio-
nen, Variable zu entdecken, ... lockende Vorbilder, wie man
Mensch sein kann, den inneren Menschen *erfinden.*» (II, 1029)
Die Haltung, die er gegenüber dem Geschriebenen wie Entworfe-
nen einnimmt, entspricht derjenigen, die der Mann ohne Eigenschaften Gott selber einräumt: daß auch dieser wahrscheinlich
«von seiner Welt am liebsten im Conjunctivus potentialis spre-
che ..., denn Gott macht die Welt und denkt dabei, es könnte
ebensogut anders sein ...» – (19) eine verwegene Vorstellung, die
Georg Christoph Lichtenberg vielsagend vertreten hatte. Musil
versichert sich unablässig der widersprüchlichsten Möglichkeiten,
gewissenhaft wie planvoll auf dem Wege zu unerhörten Entdek-
kungen, zu Vorschlägen, Abenteuern und Vermutungen. Die
aufschlußreich sich wiederholenden «Sollte nicht ...» –, «Man
könnte weiterhin sagen ...» –, «Hier könnte es auch so weiter-

gehn ...» (1983) –, «Wie, wenn ...?» – Einsätze weisen seine
Verwandtschaft zu Geistern wie Lichtenberg, Hardenberg oder
Nietzsche aus.

Die endlosen Schaffensvorgänge Musils erhellen das unabsehbare wie hinreißende Drama der Möglichkeiten. Fortwährend
entstehen Entwürfe, die einander vertreten, überholen, ergänzen,
sich abwandeln – vielleicht die ausgedehntesten Versuchsreihen
im neueren deutschen Schrifttum. In seinen Arbeitsheften, Aufzeichnungen, Skizzen, Bemerkungen führt der Dichter unerbittlich ein kritisches Selbstgespräch mit sich, mit seinen Figuren: aus
veränderten Blickwinkeln überdenkt er ihre Einlassungen und
Erwiderungen, ihre Anlagen und ihre Verhältnisse. Er tauscht
fortgesetzt Figuren aus, entdeckt und erfindet andere Motive und
Themen. Dabei begnügt er sich mit wenigen Grundgedanken. In
Aufrissen, Zusammenstellungen, in vorläufig summierenden
Übersichten gibt er sich Rechenschaft über Geglücktes und Fragwürdiges, über Möglichkeiten abwandelnder Gestaltungen und
über Ansätze einer anderen Auslegung. Nichts ist für ihn jemals
endgültig abgetan, beständig vergegenwärtigt er Figuren, Namen,
Constellationen, Situationen, die wechselseitigen Ausgestaltungen, erprobt er andere Zuordnungen. Von nichts löst er sich
unwiderruflich ab, manches wird nur vorläufig aufgegeben. Die
vielseitigen Anlagen, Einstellungen, die Texte mit ihren zahlreichen Varianten, die vielfältigen Vorschläge für verschiedene, oft
gegensätzliche Lösungen, – sie entfalten ein unabsehbares dichte-
risches Feld. Nicht wenige Begebenheiten, Situationen, Beschreibungen, Gespräche und Vorgänge im «Mann ohne Eigenschaften»
kreist Musil in mehr als zwanzig Fassungen ein. In einem Brief
aus dem Herbst 1934 erklärt der Dichter: «Das einzige, worauf ich
mich verlasse ... ist die lange Dauer meiner Arbeit; da sie mit
ihren Anfängen bis in die Zeit vor 1914 reicht, sind meine
Probleme sooft überholt worden, daß sie eine gewisse Beständigkeit entwickelt haben.»[12] Diese Haltung gemahnt an den paradoxen Hinweis von Valéry: «L'homme n'a qu'un moyen de donner
de l'unité à un ouvrage: l'interrompre et y revenir.»[13] Solche

Zeugnisse erinnern an die Äußerung Schillers, der nach dem
Studium aller acht Bücher von «Wilhelm Meisters Lehrjahren» an
Goethe schreibt: «Ich gestehe, daß ich bis jetzt zwar die Stetigkeit,
aber noch nicht die Einheit recht gefaßt habe, obwohl ich keinen
Augenblick zweifle, daß ich auch über diese noch völlige Klarheit
erhalten werde, wenn bei Produkten dieser Art die Stetigkeit nicht
schon mehr als die halbe Einheit ist.»[14]

Häufig zeichnet Musil sich eine Reihe paralleler Entwürfe auf,
ohne sich für einen unwiderruflich zu entscheiden. Das «Traumhafte des wirklichen Lebens» (T 394) ist nicht eindeutig zu erfassen, so wenig wie jene Unsicherheiten und Verworrenheiten, die
weiteste Bereiche des Daseins einnehmen, jene Zufälligkeiten, in
denen sich dennoch nichts Willkürliches, vielmehr etwas Gesetz-
haftes äußert. Um sie mit erdenklicher Genauigkeit zu vergegenwärtigen, bedarf es vielseitiger und stets neu einsetzender Überlegungen, – Zuordnungen, in denen die Phantasie zunehmend
exakter sich zu verdichten sucht, – eine Aufgabe, die zu keinem
Ende führen kann, der indessen nie nachlassende Anstrengungen
gelten. Wenige leitende Vorstellungen und Grundgedanken fordern unablässig neue Abwandlungen heraus; dieselben Begebenheiten werden mit verschiedenen Besetzungsmöglichkeiten
durchgeprobt, nicht selten von grundsätzlichen Erörterungen des
Dichters begleitet. Aufschluß- und perspektivenreich heißt es von
einer Unterredung: «Im Grunde war es das gleiche Gespräch …;
nur das Äußere war verschieden, aber dahinter hätte man aus dem
einen in das andere fortfahren können. So offensichtlich gleichgültig war es auch, welche Frau da saß; ein Körper, der, in ein
schon vorhandenes geistiges Kraftfeld eingesetzt, bestimmte Vorgänge in Gang brachte!» (489)

Überblickt man die zahlreichen Fassungen, Studien, Anmerkungen und Aufzeichnungen, die Musil zum «Mann ohne Eigenschaften» entwirft, die vielfältigen Vorreden und Nachworte, die
er dieser Dichtung zudenkt, so erkennt man zunehmend, daß es
sich nicht um eine Sammlung von beliebigen Einfällen, Notizen
und Motiven handelt, daß das Ganze vielmehr eine zunächst

schwer überschaubare Fülle von Entwürfen, Bemerkungen und Kapiteln vorstellt, die sich indessen streng gruppieren und eine überlegene Anordnung von möglichen Beziehungen bilden; alles hängt mit allem zusammen. Die Vielfalt verdichtet sich zu einer spannungsvollen Einheit, – zur Einheit complementärer Spannungszustände. Die Beschäftigung mit dieser Dichtung, das unaufhörliche Wiedervornehmen der Texte, ihre Rückwirkungen auf ihren Schöpfer, – das alles zeichnet sich als durchgängiger Vorgang ab, – ein Vorgang, der sich mit Forschungsvorhaben vergleichen läßt.

Die aufgerissenen und abgebrochenen Kapitel, Charakteristiken, Aufzeichnungen und erläuternden Bemerkungen, die zahlreichen Fassungen, beziehungsvollen Hinweise, – so verschiedenartig sie sich auch abheben, – so zeichnen sie doch die beständigen Entsprechungen, das Zusammengehörige des Vielseitigen aus. «Der Mann ohne Eigenschaften» mit seinen endlosen Vorbereitungen und Erwartungen, Erklärungen und Gesprächen, in der Vielwertigkeit seiner Fassungen, Skizzen und Andeutungen, – er verdichtet sich zu einem Roman coexistierender Möglichkeiten. Man muß bis auf die «Wanderjahre» Goethes zurückgreifen, um ein analoges Werk in dieser Hinsicht nachweisen zu können. Eine Sammlung ausgreifender Pläne, zugleich ein Vermächtnis zu Lebzeiten, eine Fülle von Gruppierungen, Einschüben, Vorschlägen und Überlegungen, von wechselnden Perspektiven, – so vielseitig alles angelegt, so unentschieden manches bleibt, – so fügt es sich doch zu einem Ganzen in Entsprechungen und einander ergänzenden Gegensätzen. Vielfältige Ansätze und Lesarten, variable Zuordnungen zeitigen ein locker-dichtes Miteinander von Möglichkeiten, in dem die Unstimmigkeiten und Widersprüche aufgehoben sind; das Verschiedene erscheint keineswegs willkürlich, und das einstweilig Aufgegebene bewahrt seine Bedeutung. Unterbrechungen, Änderungen, Auswechslungen, die Vielheit der Varianten, der Versuche und Lösungsvorschläge, – sie bilden für Musil eine endlose Herausforderung. Sie bedingen Schwierigkeiten und Hemmnisse, rufen das Unzulängliche in das

Bewußtsein, zugleich jedoch erschließen sie ihm, wie vieles er noch erwarten kann, bestätigen ihn in der Zuversicht, dem Ausstehenden sich zu nähern, ohne es völlig einzuholen, durch nichts sich die Voraussicht einschränken zu lassen. Das Zusammenspiel zwischen Erinnerungen an schon Geschriebenes und Vorerinnerungen an noch nicht Aufgezeichnetes zeigt sich in erregender Durchsichtigkeit, – die Auseinandersetzungen mit den Figuren, die er entworfen hat, denen Musil unablässig begegnet. Schreiben bedeutet für ihn stets auch Selbstbeobachtung, – ein Miteinander, das zu erstaunlicher Genauigkeit führt, – nicht selten Hinweise und Aphorismen von unerhörter Dichte fördert. Zum Geschriebenen gesellt sich schließlich das Wissen: «... der Dichter weiß, was er meint, erst nachdem er geschrieben hat.» (II, 830) Wer zu schreiben beginnt, weiß noch nicht, was er entdeckt, und «wirkliche Dichter begegnen ihren Figuren erst, *nachdem* sie sie geschaffen haben.»[15]

Coexistierende Möglichkeiten zeichnen indessen den «Mann ohne Eigenschaften» in weiterer Hinsicht aus: Roman und Selbstentwurf, Essay und Versuche einer Auslegung, Selbstgespräche und Bruchstücke einer Theorie, – ein Mit- und Nebeneinander, in dem sich jegliches wie eine anspruchsvolle Farbe behauptet und zugleich zahllose Wechselwirkungen aufscheinen läßt, – Farbspannungen wie auf der Leinwand eines der großen Maler, – ein sich wechselseitig bedingendes vieldeutiges Ganzes.

Es liegt nahe, das Feld coexistierender Möglichkeiten auf alle Werke Musils auszudehnen: Wechselbeziehungen wie Analogien zwischen «Dem Mann ohne Eigenschaften» und den «Schwärmern» lassen sich ebenso eindringlich erkennen wie zwischen den «Schwärmern» und den «Vereinigungen». Manche Studien, welche der «Nachlaß zu Lebzeiten» sammelt, nicht weniger zahlreiche Essays, lassen sich unschwer dem Roman zuordnen. Viele kritische Abhandlungen lesen sich als Selbstauslegungen, bilden Parallelen zu jenen wegweisenden Erörterungen, welche die Dichtungen ansprechen. Jeder Musil-Text folgt und erschließt eine Ordnung möglicher Beziehungen, bewahrt sich die Möglichkeit zu anderen Formen; es sind Entwürfe, die unwillkürlich zu Abwandlungen und Widersprüchen herausfordern – diese als Möglichkeiten von vornherein vorsehen. Sie bewahren sich das Verschiedenartige, das sich dem Geist gleichzeitig wie gleichermaßen vorstellt und selbst die Auswahl, welche notgedrungen getroffen werden mußte, – sie läßt noch jene widersprüchlichen Möglichkeiten erkennen, die zur Wahl gestanden hatten, – die noch immer als Lesarten, als Parallelen in gegensätzlichen oder complementären Ergänzungen sich anbieten.

In seltenem Grade vermag Musil eine Dichtung mit dem Aufriß ihrer möglichen Auslegungen zu vereinigen, Dichtung und zugleich den Abriß einer Theorie vorzustellen, – Theorien, die selber wieder parallele dichterische Entwürfe bilden und anregen. Der Dichter läßt sich mit keiner seiner Figuren gleichsetzen; er spricht aus allen, keine jedoch spricht ihn ganz aus; er vertritt gleichzeitig die verschiedensten Einstellungen, erwidert teils so und teils anders, steht seinen Figuren näher oder ferner, stets aber bleibt er auf das Miteinander vieler Stimmen bedacht, – Configurationen, die Goethe so umspannend auszugestalten weiß im Bewußtsein wechselseitiger Ergänzungen und Erhellungen, – Zeugnis zugleich für das Offene, für die Notwendigkeit des Unentschiedenen in zahlreichen Beziehungen, nicht zuletzt in den fortgesetzten Versuchen einer vieldeutigen Selbstauslegung. Goethe beharrt indessen auf der Eigenständigkeit jeder Gestalt, jede ruft er zur Selbstbehauptung auf, jede besitzt ihre Welt in der Welt, – die musilschen Figuren jedoch vermögen sich nicht aus ihren Zusammenhängen zu lösen, «jede ist ein Reflex von allen andern.» (II, 1528)

Musil ist mit der Möglichkeit vertraut, daß er sich selbst derart «hineingestaltet hat in das Werk», daß er sich darin «fast nicht mehr wiedererkennt, es fast nicht mehr umspannen kann und das Werk mit der grausamen Abgeschlossenheit einer neuen zweiten Natur sich gegenüberstehen fühlt. Und in Wahrheit ist nichts natürlicher als diese scheinbare Paradoxie.» (II, 1479) Musil besitzt ein durchdringend kritisches Vermögen, gegenüber seinen

eigenen Dichtungen wie gegenüber fremden Werken. Er entdeckt
an anderen verborgene Möglichkeiten und sieht sich in seinen
eigenen bestätigt. Indem er sie vielseitig freilegt und eine Fülle
von Sichtweisen andeutet, vermittelt er aufschlußreiche Fragmente einer Poetik und Ästhetik, die seinen Werken ebenso
gerecht zu werden vermögen wie vielen anderen. Seine Äußerungen zu Goethe oder Georg Büchner, über Kafka und Robert
Walser, Shakespeare und Strindberg, Döblin, Georg Kaiser, Arthur Schnitzler, Gütersloh ziehen bisher kaum oder gar nicht
beachtete Perspektiven aus, Zeugnisse einer schöpferischen Kritik, die sich nicht selten zugleich als Entwürfe zu kritischen
Schöpfungen lesen lassen. Die Gespräche mit fremden Dichtungen offenbaren sich vielfach als Selbstgespräche: Goethe, Robert
Walser, Dostojewski, Jacobsen, Rilke, Franz Blei, Chesterton,
Robert Müller belegen es beispielhaft. Es kommt zu denkwürdi-
gen Begegnungen wechselseitigen Erkennens, wenn Musil vor
dem Hintergrund seiner «Schwärmer» sich mit dem «Unbestech-
lichen» von Hofmannsthal auseinandersetzt; er konnte nicht
wissen, daß Hofmannsthal während der Arbeit am «Unbestechli-
chen» die «Schwärmer» aufmerksam gelesen und Sätze aus ihnen
sich ausgezogen hatte.[16]

Musil bleibt ein zögernder Leser. «Daß ich langsam lese, hat in
vielem mein Schicksal bestimmt», zeichnet er sich im Tagebuch
auf. (T 919) Nicht planmäßig, wohl aber gründlich nimmt er die
Anregungen auf, ausgewählte Texte vermitteln ihm weite Zusammenhänge. Von Nietzsche hatte er nach eigenem Zeugnis in
seiner Jugend nur ein Drittel des Werkes aufgenommen und
dennoch «entscheidenden Einfluß» von ihm erfahren. (T 903) Mit
erstaunlichem Spürsinn entdeckt er das ihm Angemessene und
Förderliche. Vorder- wie Hintergründiges greift er gleichermaßen
auf; er gewinnt den Vorlagen – analog zu den zahlreichen Vorbildern – satirische wie vieldeutige, ichsüchtige wie welthafte Möglichkeiten ab; häufig läßt er es offen, welche Lesart er berücksichtigt und gefällt sich darin, Doppeldeutungen auszuspielen.

Den «Möglichkeitssinn» hat Musil nicht erfunden; von den

griechischen Denkern her hat er sich vererbt; beispielhaft haben
ihn Montaigne, Lichtenberg, Novalis, Kierkegaard, Nietzsche,
Valéry, Kassner, Scheler aufgegriffen, – Geister, die in manchen
Zügen eine gewisse Verwandtschaft zu Musil offenbaren oder mit
denen er sich auseinandergesetzt hat. Willkürlich, jedoch nicht
planlos eignet er sich manches zu, um es in das eigene Spannungsfeld einzusetzen; dabei erhält es fast immer einen anderen Stellen-
und Ausdruckswert, deutet Möglichkeiten an, die künftigen Überlegungen vorbehalten bleiben und dennoch beachtliche Wirkungen üben. Er läßt sich auf vieles ein, auf Abenteuer an den
Rändern des Möglichen, – ein Wagnis, das sich beispielhaft in den
Entwürfen zum «Südpol» erkennen läßt. Alle Einsätze, Abwandlungen und Skizzen legen frei, wie Grundsätze, Schlüsse, Lösungen immer nur einen Teil des Möglichen decken, daß sie dem
Weder-Noch nicht gerecht zu werden vermögen. Vom Beginn bis
zuletzt verfolgt Musil in Wiederholungen und Abwandlungen,
wie jeder Mensch mit den Möglichkeiten zu unerhörten Erfahrungen auf die Welt kommt, wie in jedem unabsehbare Möglichkeiten
angelegt sind. «Aber dann läßt ihn das Leben immer zwischen
zwei Möglichkeiten wählen, und immer fühlt er: eine ist nicht
darunter; immer eine, die unerfundene dritte Möglichkeit. Und
man tut alles, was man will, und hat nie getan, was man gewollt
hat» (II, 311), – man verwirklicht sich selbst nur zu einem
Bruchteil, und weitsichtigen Geistern entgeht das Unzulängliche
nicht, so verschieden sie auch dieser Erkenntnis begegnen. Ein
Spannungsfeld coexistierender Möglichkeiten breitet sich vor ihnen aus. Sie verfolgen es bis an die Grenzen ihres Vorstellungs-
vermögens. Es wird ihnen zur Gewohnheit, mit möglichen Ergebnissen einer geplanten Handlung, mit Beziehungsmöglichkeiten,
mit erdachten Begegnungen, erfundenen Personen sich auseinan-
derzusetzen, – und diese Auseinandersetzungen machen einen
wesentlichen Teil ihres Daseins aus. Mit Leidenschaft suchen sie
dasjenige zu verstehen, was sie erfinden und vielleicht bewährt
sich darin überhaupt jedes eindringende und umfassende Verständnis. Man ergreift von sich stets nur soweit Besitz, soweit

man die gleichzeitigen Möglichkeiten zu überblicken vermag, je weniger man sich dem Entweder-Oder unterwirft. Die gespannte Aufmerksamkeit Musils gilt dem Menschen, «der in Gefühls-Verstandfragen immer um eine Möglichkeit mehr kennt», (1818) – seinen Schwierigkeiten und jenen Widerständen, welche ihn auszeichnen.

Die coexistierenden Möglichkeiten, welche Musil sichtbar macht, zeigen eine bemerkenswerte Analogie zu Vorstellungen der neueren Physik. Sie setzen sich mit Erscheinungen auseinander, die mit dem Gesetz der aristotelischen Logik, dem «tertium non datur» nicht zu erfassen sind. Zwischensituationen scheinen auf, bei denen sich nicht entscheiden läßt, ob eine Aussage richtig oder falsch ist; aber dieses Unentschiedene bedeutet keineswegs eine Unwissenheit. Die Aussagen ergänzen einander, indem sie sich widersprechen; sie sind complementär.[17]

Nicht Wahrheit, vielmehr Wahrscheinlichkeiten sucht Musil einzukreisen; seine Erfindungen resultieren aus seiner Leidenschaft, die für ihn seit seiner Jugend wegweisend geblieben: Verhältnisse, Dinge, Begebenheiten anders zu denken, «widersprechende Gründe für das gleiche u. den gleichen Grund für Widersprechendes» anzuführen. (T II, 92) Er löst jene Bindungen auf, die ursächliche Beziehungen vortäuschen, er tauscht die historischen Daten aus, welche zu historischen Ableitungen nötigen. Erinnerungen an die alte Zeit werden ihm zu Erfindungen einer neuen, die Gegenwart spricht er in der Vergangenheit an. Kakanien wird zur «Experimentierlandschaft», zum «Weltexperiment»: nichts geschieht in ihm gegen sein Ende zu, aber dieses Nichts wirkt plötzlich beunruhigend. (1893) In allem was geschieht, nimmt man nur einen von unzähligen Versuchen wahr, – Versuche, die austauschbar bleiben. Die «Lettres Persanes» von Montesquieu führen «französ. Zustände unter persischen Namen» vor, wie Musil in seinem Tagebuch vermerkt. (T 584) Wesentliches, auf das dieser Hinweis anspielt, summiert Valéry in seiner «Préface aux Lettres Persanes». Musil hätte gleichermaßen den späten Essay von Diderot über «Claudius und Nero» anführen können, in dem römische Ferne und die zeitgenössische Nähe ebenso austauschbar sind wie Gesicht und Maske: Seneca ist die Maske Diderots, Diderot diejenige für Seneca; das antike Rom und das gegenwärtige Paris, – sie bilden eine vielbezügliche Coexistenz.

Die vielwertigen Zwischenzustände eines Noch-Nicht und Nicht-Mehr sucht Musil in Annäherungswerten zu ermitteln, das Geschehen im Nicht-Geschehenden, Äußerungsweisen, die nicht bekenntnishaft sind, indem sie satirisch wirken, nicht satirisch, indem sie Bekenntnisse freilegen, Figuren, die auf Vorbilder verweisen und hinter solchen Verweisen ganz anders sich gebärden, so daß zwischen Wissen und Verhalten, zwischen Erwartungen und dem Unberechenbaren vielsagende Möglichkeiten sich andeuten. Nicht weniger eindringlich beutet Musil jenen Reiz aus, welcher dem «Malte» Rilkes wie der hofmannsthalschen Comödie des «Schwierigen» etwas Mysterioses verleiht; er resultiert daraus, daß eine Möglichkeit sich vergegenwärtigt, die niemals Wirklichkeit war und nie wirklich wird. «Der Mann ohne Eigenschaften» verdichtet weder «die Wirklichkeit von morgen» (T 862) noch die Welt von gestern.

Wer wie Musil beständig die gegenwärtigen Möglichkeiten bedenkt, das Abwesende aufscheinen läßt, Abwandlungen und Lösungsformen sich vorbehält, der kann so wenig wie Valéry der Eingebung vertrauen. Er warnt davor, «das Affektiv-Spielende im künstlerischen Schaffen auf Kosten des intellektuellen Anteils zu überschätzen» (II, 1214), sich mit dem «Taschenspielerwort ‹Intuition›» (II, 1209) zu begnügen. Jede Beschreibung verändert unwillkürlich ihren Gegenstand, indem die Sichtweisen des Verfassers, seine Auslegungen durchschlagen; ebenso gibt es keinen Tatsachenbericht, «der nicht ein geistiges System voraussetzt, mit dessen Hilfe der Bericht aus den Tatsachen ‹geschöpft› wird.» (II, 1210) Musil hält sich von allem Einseitigen fern. Wirklichkeit ohne Geist achtet er so wenig wie Geist ohne Wirklichkeit; er wehrt sich dagegen, «jedem öden Schwärmer» zu gestatten, «das Wollen eines d'Alembert oder Diderot eitlen Rationalismus zu schelten. Wir plärren für das Gefühl gegen den Intellekt und vergessen, daß Gefühle ohne diesen – abgesehen von Ausnahmefällen – eine Sache so dick wie ein Mops ist. Wir haben damit unsre Dichtkunst schon so weit ruiniert, daß man nach je zwei hintereinander gelesenen deutschen Romanen ein Integral auflösen muß, um abzumagern.» (II, 1007) Mit satirischer Schärfe geißelt Musil jene weit verbreitete «unvergeistigte Gedanklichkeit»[18], die in aufwendigen Büchern und Programmen sich spreizt.

Nicht eine eindeutige Wirklichkeit sucht Musil vorzutäuschen, vielmehr etwas von den gleichzeitigen Möglichkeiten zu verdichten; beständig leitet ihn das Bewußtsein, daß eine Theorie des Daseins sich nur vor dem Hintergrund des Möglichen entwerfen läßt. Er stellt das Verschiedenseitige vor, wie es sich im Geist, in Figuren, in Situationen spiegelt, ohne schon vorgängig eine bestimmte Wahl zu treffen oder entschiedene Wertungen vorzunehmen, vielmehr hält er sich die Möglichkeiten offen; zeigt doch «jedes ethische Geschehen, wenn es wirklich erlebt wird, ‹Seiten›; nach der einen ist es gut, nach der anderen bös, nach einer dritten irgend etwas, von dem erst recht nicht feststeht, ob es gut oder bös ist. Gut erscheint nicht als Konstante, sondern als variable Funktion.» Diese Vieldeutigkeit zerbricht indessen keineswegs die Maßstäbe, sowenig die «Mathematik daran gestorben ist, daß die gleiche Zahl das Quadrat zweier verschiedener Zahlen sein kann» (II, 1073)

Diese Auslegungen, welche ein Verstehen erlauben, das der Vieldeutigkeit der Erscheinungen entspricht, – sie gemahnen wiederum an Annahmen der Atomphysik: «Es gibt nur eine einheitliche Materie, aber die kann in verschiedenen diskreten stationären Zuständen existieren.»[19]

Sinnfällig fächert Musil auf, wie vieldeutig alle Vorgänge erscheinen, wie ihre Wahrnehmung von den Einstellungen dessen abhängt, der sie erfährt und beobachtet. Eine Episode aus dem «Mann ohne Eigenschaften» läßt diese Möglichkeiten ironisch vernehmbar werden. In einem Nebenzimmer belauscht Ulrich eine Unterredung, welche Agathe mit einem Tischler führt: «Es fällt ihm der Ausdruck der beiden Stimmen auf. Die des Mannes erklärt etwas: beredt, mit Ruhe u. einer gewissen Überlegenheit. U. versteht nicht, was, errät aber aus seinem Vorwissen u. Holzgeräusch, daß es sich um einen Rollsekretär Ags. handelt ... Und plötzlich löst sich das von der Wirklichkeit los. Denn genau so verliefe das Gespräch, wenn es eine Liebesunterhaltung wäre. Das Überreden, die leichte Überlegenheit, das Als-Nötig-Hinstellen oder Es-ist-nichts-dabei in der Mannesstimme. Als ob es sich um eine sexuelle Improvisation handelte. Und dann die geliebte Stimme! Widerstrebend, eingeschüchtert, unsicher. Sie möchte und will nicht. Sie giebt nach und hält sich noch da und dort fest. ... Sie weiß schon längst, daß sie nachgeben wird ...» (1487)

Seit seinem «Törleß» vergegenwärtigt Musil eine Gegenwart des Vielfältigen, widersprüchliche Auslegungen und Vermutungen, von Erinnerungen und Vorstellungen, die bis zum Visionären sich verklären und bis zum Unvereinbaren auseinandertreten. Begegnungen wie Trennungen zeitigen überraschende Ansichten; mehrere Möglichkeiten verdichten sich gleichzeitig und bilden Analogien zur Bildenden Kunst dieses Zeitalters. Die Figuren schaffen die Beziehungen zwischen den Dingen und gewahren sich zugleich in ihnen. Sie entdecken neue Zuordnungen und Verhältnisse, Verkürzungen und Veränderungen, – Erfahrungen, die denjenigen gleichen, wenn man «durch ein Fernrohr etwas betrachtet, das man sonst nicht durch ein Fernrohr ansieht.» (II, 519) Die gewohnten Zusammenhänge aufzulösen, andere zu entdecken, wache Träume und hellsichtige Ekstasen zu erfahren, unwahrscheinliche Abwandlungen wahrzunehmen, – darin äußern sich schöpferische Auseinandersetzungen mit der Welt. Man bemerkt dann, wie Dinge handeln, Räume sich bewegen, Formen sich aufrichten. Man vergißt zuweilen ganz das Nahe und Gegenständliche und versichert sich der unermeßlichen Nähe des Fernen. Die verschwimmenden, vervielfältigenden Sichtweisen des Wahnsinns fängt Musil ebenso auf wie die durchschnittlich vereinfachenden und einengenden Blickbahnen. Von früh auf trachtet er darnach, die Ausdrucksmöglichkeiten so zu erweitern, «daß

gewisse unendliche Perspektiven die heute noch an der Schwelle
des Unbewußten liegen, dann deutlich und verständlich werden.»
(T 53) Ähnlich wie Paul Klee geht es ihm darum, die wechselseitigen Ausgestaltungen der Dinge zu offenbaren, Formen, Bewegungen und Rückwirkungen aufzuweisen, Vorschläge, Möglichkeiten zu entwerfen, sich dem Unsichtbaren im Sichtbaren zu
nähern.[20] Er sucht der «Gestaltlosigkeit» gerecht zu werden,
welche «ewig die Gestalten wechselt». (207)

Seinem Mann ohne Eigenschaften vermittelt Musil die aufschließende Einsicht: «Das Ich erfaßt ... seine Eindrücke und
Hervorbringungen niemals einzeln, sondern immer in Zusammenhängen, in wirklicher oder gedachter, ähnlicher oder unähnlicher Übereinstimmung mit anderem; so lehnt alles ... aneinander
in Hinsichten, in Fluchten, als Glied von großen und unüberblick-
baren Gesamtheiten, eins auf das andere gestützt und von gemeinsamen Spannungen durchzogen. Aber darum steht man auch, ...
wenn aus irgendeinem Anlaß diese Zusammenhänge versagen
und keine der inneren Ordnungsreihen anspricht, allsogleich
wieder vor der unbeschreiblichen und unmenschlichen, ja vor der
widerrufenen und formlosen Schöpfung!» (1090) Auf Grund von
Ideengruppen, Vorstellungsbündeln, Annahmen, Vorerinnerungen wird die Welt zur gleichen Zeit denkbar verschieden erfahren
und verschiedenartig ausgelegt. Der Mensch selber hegt über sich
unterschiedliche Ansichten und vertritt nicht selten mehrere
zugleich. Gefühlsregungen oder gar -ausbrüche verändern die
Welt, der Mensch fühlt sich erhoben oder erniedrigt, «und alle
Dinge verändern sich in Übereinstimmung damit, man könnte
sagen, sie bleiben dieselben, aber sie befinden sich jetzt in einem
andern Raum oder es ist alles mit einem andern Sinn gefärbt.»
(1750) Nicht eine feste Welt, in der Gefühle als «das Bewegliche
und Veränderliche» wirken, vielmehr sind beide, «die Gefühle
und die Welt unfest, wenn auch innerhalb sehr verschiedener
Grenzen.» Ist bei dem einzelnen Menschen die «Fähigkeit zu
allem» Hemmungen unterworfen, so lassen die verschiedenen
Stile, Zeitgefühle und Moden, die gleichzeitig aufkommen, die

Menschheit wie eine «gallertartige Masse» ansehen, «welche jede Form annimmt, die aus den Umständen entsteht.» (II, 1239)

Der 81jährige Goethe wiederholt in einem Brief an den Altersfreund Zelter sein Glaubensbekenntnis gegenüber den «absurden Endursachen»: «Natur und Kunst sind zu groß um auf Zwecke auszugehen, und haben's auch nicht nötig, denn Bezüge gibt's überall und Bezüge sind das Leben.» (29. Januar 1830) Die lebendigen Wechselwirkungen, zweiseitigen Ausgestaltungen und Beziehungen, ihr vielwertiges Vermögen, ihre Spannweite, – Musil versammelt sie zu kaum überbietbarer Dichte. Alles, was im Rückschluß auf Ursachen nur unzulänglich nachzuweisen ist, vergegenwärtigt sich im Kraftfeld der Bezüge abschattiert und umspannend, und die Einsicht des «mathematischen Menschen» gilt auch für die Dichtung: «Längst hat man die Ursachenforschung in der Wissenschaft aufgegeben oder wenigstens stark zurückgedrängt und durch eine funktionale Betrachtungsweise der Zusammenhänge ersetzt.» (1438) Musil vertritt und erweitert die Einlassung von Marcel Proust: «Wirklichkeit, das Feld der Bezüge zwischen Erinnerungen, Wahrnehmungen, Vorstellungen», – Fäden, die sich zu einem Gewebe verflechten; bei «einer einfachen kinematographischen Wiedergabe» gingen sie verloren, «da diese sich um so mehr von der Wahrheit entfernt, je mehr sie sich auf sie zu beschränken vorgibt …»[21] Dieses Beziehungsnetz ist derart engmaschig geknüpft, daß man es nirgendwo aufdröseln kann, ohne alles zu zerreißen.

Die musilsche Dichtung wird jenen Zwischen-Zuständen gerecht, die ungleich weiter ausgreifen, als man vielfach annimmt, inständiger das Leben ausmachen, als man eingesteht: ein Zugleich von Halten und Lassen, Handeln und Nicht-handeln-Können, Erfahrung und Unwissenheit, von Wirklichem und Unwirklichem, von Erwartungen und Zögern, Flüchtigem und Verharrendem, Vorgefühlen und Widerständen, Sprechen und Schweigen. Es sind jene Zustände, in denen das Kraftvolle zugleich das Hinfällige ist, – Zustände, die sich weder als Anwesenheit noch Abwesenheit ansprechen lassen, vielmehr als gestaltloses Leben, das zu Gestaltungen drängt, das an vieles erinnert, aber an nichts bestimmt; Zustände, die sich weder der Jugend noch dem Alter zuordnen lassen, die alterslos viele Epochen vereinigen, in denen die aufsteigenden und absteigenden Linien nicht zu unterscheiden sind.

Musil erneuert die Erfahrung, welche Pascal und nach ihm beispielhaft Goethe, Mallarmé und Hofmannsthal ausgesprochen: «Les mots diversement rangés font un divers sens, et les sens diversement rangés font différents effets».[22] Die Möglichkeiten des «Simultaneffekts sich gegenseitig bestrahlender Worte» (II, 1147) setzt Musil bewußt ein, nicht weniger diejenigen sich wechselseitig belichtender Figuren und Motive, complementärer Anordnungen und Themen. Die vielwertigen Beziehungen und Ausdruckswerte von Licht und Raum verdichtet er zu aufschließender Bedeutung. «Getastete und gehörte Räume in allen Abstufungen» vom unmittelbaren Eindruck bis zur bewußten Wahrnehmung (II, 1046) erfahren die musilschen Figuren. Verschwiegene Vorgänge zwischen den Figuren schlagen sich in Raumfluchten nieder, und auch ein leerer Raum vermag vielsagend Figuren zu vertreten. In Augenblicken der Ekstase scheinen «Blicke und Bewegungen weiter zu reichen als sonst, und die Umrisse, Farben und Flächen ein unaufhaltsames Gewicht zu haben.» Zwischen dem Haus und der Straße liegt dann «plötzlich ein Nichts», das niemand hindurchläßt, aber im Zimmer ist «der Raum zu einem höchsten Glanz geschliffen, der geschärft und gebrechlich ..., wenn ihn das Auge auch nicht unmittelbar» wahrnimmt. (1434) In einem anderen Augenblick ist das Zimmer «voll seltsamen Wasserlichts oder wie aus einem Würfel dunkeln Silbers ausgehöhlt.» (1672) Das Vermögen Rilkes, «alles in den Raum hineinzustellen und in Raumhaftes umzuwandeln»[23], hat wohl wesentlich die enge Beziehung zwischen Musil und dem Schöpfer des «Malte Laurids Brigge» gefördert, – Rilke, der umsichtig offenbar werden läßt, wie der Raum an allem teilnimmt, was «an uns rührt und uns bestimmt», der ebensoviel Anteil an uns nimmt wie die Worte.[24] Zuweilen folgen die musilschen Raumwahrnehmungen den Bestimmungen, daß «*Teile* der gesehenen Gruppierung so unabhängig variabel sind wie Teile des geometrischen Raumes und seiner speziellen Formen.»[25] Musil vergegenwärtigt auch die möglichen Unsicherheiten des Raum- und Horizontlosen, das dem Menschen das Vermögen entzieht, sich zu orientieren, ihm das Bewußtsein einer Körperlosigkeit erregt, das Gefühl, heillos auszufließen. Die «Schwärmer» spielen in einem Raum, dessen Wände in Grenzen beweglich sind, – ein Raum, der oben in den Sommerhimmel übergeht.

Schweigendes Geschehen äußert sich in der Sprache der Räume und des Lichts, in Zeugnissen der Witterung, der Jahreszeiten und naturhafter Erscheinungen. Gleichnisse vereinigen das Unaussprechliche, wenn die Geschwister den Garten durchstreifen, «von dessen nacktem Gesträuch der Winter die Blätter geschält hatte, so daß überall darunter die von der Nässe aufgedunsene Erde zutage trat. Dieser Anblick war quälend. Die Luft war blaß wie etwas, das lange in Wasser gelegen hat. ... Die Wege liefen nach kurzem in sich selbst zurück. Der Zustand, in den die beiden auf diesen Wegen gerieten, trieb im Kreis, wie es eine Strömung vor einer Sperre tut, an der sie hochsteigt. Wenn sie ins Haus zurückkehrten, waren die Wohnzimmer dunkel und geschützt, und die Fenster glichen tiefen Lichtschächten, durch die der Tag so zart und starr hereinkam, als bestünde er aus dünnem Elfenbein.» (749) Alles ist hier Gleichnis « – und nichts mehr nur Gleichnis.» (II, 1237) Das Beziehungsgespannte zwischen den Geschwistern verdichtet sich gleichermaßen erschöpfend wie unerschöpflich; genau und voller Andeutungen, – jenes ebenso vieldeutige wie einfache Verhältnis, das «zwischen Schwester und Frau, Fremder und Freundin schwebte, und mit keiner von allen gleichzusetzen war.» (750) Was in angebbaren Bedeutungen nicht aufgehen kann, endlos gehegte Erwartungen sich selber nie völlig gewisser Figuren, – sie deuten sich gleichermaßen genau wie unbestimmt an. Der Magie des Ungewissen wird Musil ebenso gerecht wie dem Zauber der Nüchternheit. Nicht weniger eindringlich und vielsagend vergegenwärtigt er visionäre Augenblicke im Geist einer

«mystischen Geometrie».[26] Er zeichnet eine «Schwerlinie» aus,
die an den «Pfeil im Garten» von Paul Klee denken läßt.

Die zahllosen Wechselbeziehungen in ihren Übergängen und
Zwischenwerten, das schwebend Unbenennbare, – alles gewinnt
im Spannungsfeld von Raum, Licht und Farbe sinnfällige wie
unerschöpfliche Ausdruckswerte. Aller Ausdruck hängt am Licht,
erkennt der sensible Beobachter. (T 213) Mit «abgebrochenen
Spitzen» dringt Halblicht durch ein sackgraues Hindernis; «gna-
denloses Licht» umzingelt alle Gegenstände. (310; 352) Licht- wie
Schattenwirkungen zeitigen unbestimmte Erregungszustände.
Licht vereinigt und verfremdet, löst auf und zeigt zuweilen etwas
blendend Maskenstarres. Im Zwielicht mengen sich zahllose
gleichzeitige Regungen und Widerstände; vieles Mögliche erscheint schon wirklich, manches Wirkliche noch möglich; vieles
mutet faßlich an und bleibt dennoch unerreichbar. Lichtwerte
offenbaren coexistierende Möglichkeiten ebenso wie Gegensatzspannungen. Was Hofmannsthal dem griechischen Licht nachrühmt, läßt sich auch bei Musil erkennen: es ist «unsäglich scharf
und unsäglich mild zugleich. Es bringt die feinste Einzelheit mit
einer Deutlichkeit heran …, und es umgibt das Nächste … mit
einer verklärenden Verschleierung. Es ist mit nichts zu vergleichen als mit Geist.»[27] Es vereinigt Helligkeit und Mystik, läßt
Epochen lesbar werden, anwesende wie abwesende, ruft halb
vergessene Erinnerungen auf und spricht verschwiegene Erwartungen an. Augenblicke der Selbstverlorenheit wie solche ange-
spannter Selbstbesinnungen erscheinen in durchdringendem
Licht.

Nicht zuletzt ist es die Vielwertigkeit der Farben, die es Musil
ermöglicht, Zwischenwerte, Übergänge, Abschattierungen sinnfällig aufscheinen zu lassen; Farbtöne vereinigen und entlassen
Gegensätze wie Widersprüche; schon Goethe schreibt dem Blau
«Reiz und Ruhe» zu.[28] Erbsgrün kann zugleich «frisch und strah-
lend und zähschmutzig» erscheinen.[29] Der Möglichkeitsspielraum
der Farben, ihre Ausdruckswerte, summieren sich zu der Erkenntnis: «Keine Farbe ist schön, keine ist häßlich, sondern jede kann

alles sein, wenn sie im rechten Augenblick und an der rechten Stelle in die Dynamik des ästhetischen Geschehens eintritt»[30], – Überlegungen, welche auf eine Ethik der Farben vorausdeuten, – Sichtweisen, zu denen sich Musil nachdrücklich bekennt. Nicht weniger entsprechen dem Dichter der «Zwillingsschwester» jene «Zweifarbigkeiten als Zweiheit miteinander und ineinander . . . die das ganze Feld erfüllen und dauernd und gleichzeitig da sind.»[31] Die wechselseitigen Abschattierungen der Farbwerte, das endlose Spiel ihrer Wirkungen und Rückwirkungen lichtet auf, daß jedes Drängen nach einer Seite eine Umgestaltung des Ganzen zur Folge hat. «Impulse gewinnen plötzlich Kraft, die gar nicht in der Rechnung standen, und überraschende Beleuchtungen zaubern oft das Ganze in andere Zonen des Erlebens. Die Totalität der Persönlichkeit mit allen geheimen Quellen, und allen ihren Perspektiven nach rückwärts und vorwärts, ist in den Gang dieses Geschehens einbezogen» – Äußerungen, die sich wie ein Paralleltext zum «Mann ohne Eigenschaften» lesen lassen.[32]

Die Vielwertigkeit aller Erscheinungen und Regungen, das Spannungsfeld gegensätzlicher Kräfte, die verschiedenen Einstellungsmöglichkeiten, – alles gewinnt in der Sprache der Farben Ausdruck – auch das Unaussprechliche. Eindrucksvoll erkennt man das complementäre Gesetz, das Goethe in seiner Farbenlehre nachweist, welches auch für Musil wegweisend bleibt, wenn er ausführt: «Das Schmerzlichste und Düsterste wirkt nicht als Gegensatz, sondern als bedingt, als herausgefordert, als eine *notwendige* Farbe innerhalb eines ... Lichtüberflusses.» (1749) In Sinn- und Gefühlsfarben wird das Unausdrückbare am Menschen wie in der Welt sichtbar. Die stumme Sprache von Licht und Farbe erweist sich als die vielwertigste. Jene Zustände, die sich am schwierigsten vergegenwärtigen, obschon sie zu den wesentlichsten zählen, – die Spannungszustände des Unentschiedenen, ungewisser Erwartungen, das Zugleich unausgetragener Gegensätze, – sie werden im Widerschein farbiger Räume und gespannter Flächen ablesbar, wortlos und vielsagend wie eine Aufzeichnung des Mannes ohne Eigenschaften aufreißt: «Wir befinden uns

unterwegs durch die veilchenblauen Gassen der Stadt, die oben,
wo sie sich dem Licht öffnen, wie Feuer brennen. Oder wir treten
aus dem plastischen Blau auf einen von der Sonne frei übergosse-
nen Platz hinaus; dann stehen seine Häuser zwar zurückgenom-
men und gleichsam an die Wand gestellt da, aber nicht weniger
ausdrücklich, und so, als hätte sie jemand mit den feinen Linien
eines Grabstichels, die alles überdeutlich machen, in eine farbige
Helligkeit geritzt. Und wir wissen in einem solchen Augenblick
nicht, ob uns alle diese von sich selbst erfüllte Schönheit aufs
tiefste erregt oder überhaupt nichts angeht. Beides ist der Fall. Sie
steht auf einer messerscharfen Schneide zwischen Lust und Trauer.» (1126)

Helligkeitswerte wie Farbschattierungen zeigen Zuordnungen,
die sich jeder eindeutigen wie endgültigen Bestimmung entziehen. Eine Mystik der sinnlichen Erfahrungen leuchtet auf, die alle
Gegensätze aufhebt und zugleich zum Vorschein bringt, Wirkungen und Gegenwirkungen auffängt, nichts für sich selbst bestehen
läßt, nichts eindeutig auszeichnet. Sie bildet eine unerhörte und
anhaltende Herausforderung; sie läßt sich mit keinem Begriff
bezeichnen und ihr Ursprung bleibt unergründlich, – die Herausforderung vielsagender Möglichkeiten, die keine abschließende
Entscheidung erlauben, zu keiner eindeutigen Wirklichkeit sich
vereinfachen, vielmehr sich für alles Erdenkliche offen halten. Sie
entsprechen jenen in «Unbestimmtheit und Unbegrenztheit» ver-
harrenden Gefühlen, die verhältnismäßig unveränderlich bleiben.
Entwickelt sich ein Gefühl zur Bestimmtheit, «spitzt es sich
gewissermaßen zu, ... verengt seine Bestimmung und endet
schließlich außen und innen wie in einer Sackgasse; es führt zu
einer Handlung oder zu einem Beschluß, und wenn es darin auch
nicht aufhört zu sein, so geht es doch später so verändert weiter
wie Wasser hinter der Mühle. Entwickelt es sich hingegen zur
Unbestimmtheit, so hat es anscheinend gar keine Tatkraft. Aber
während das bestimmt entwickelte Gefühl an ein Wesen mit
greifenden Armen erinnert, verändert das unbestimmte die Welt
auf die gleiche wunschlose und selbstlose Weise, wie der Himmel

seine Farben, und es verändern sich in ihm die Dinge und Geschehnisse wie die Wolken am Himmel.» (1198)

Möglichkeiten wirken mächtiger, wenn auch verborgener als irgendeine Wirklichkeit. Es eignet ihnen etwas Ungreifbares, aber auch Unwiderlegbares. Unwillkürlich ruft das Mögliche andere Möglichkeiten auf; es läßt sich so oder anders denken und auslegen, entläßt zugleich zahlreiche Ansichten, nötigt fortwährend zu verschiedenen Entwürfen.

Mit der Leidenschaft eines unentschiedenen Geistes entfaltet Musil das spannungsvolle Miteinander von Möglichkeiten. Jede Entscheidung zwänge zum Rückzug aus ihnen, zu einem Ausschließen. Nichts, keine Begebenheit, keine Bewegung, kein Ereignis ist völlig vergangen, keines ersetzt unwiderruflich das andere, vielmehr vergegenwärtigt sich alles in gewissen Abstufungen nebeneinander; das Nichtverwirklichte bewahrt sich seine Bedeutungsmöglichkeiten ebenso wie die kommenden Wirklichkeiten. Der Dichter hält Welt wie Figuren offen für alles, was ihnen noch begegnen kann. Die Dichtung Robert Musils führt zu nichts Endgültigem, indessen bereitet sie vieles vor; sie zeitigt und erschafft eine Gegenwärtigkeit des jederzeit Möglichen unter dem Vorwand, vergangene Wirklichkeiten vorzustellen; sie verdichtet in ihrem Zeitfeld die fortwährende Ankunft des Kommenden, bricht in ihrer Gegenwart künftige Wirklichkeiten auf.

VII

Geist und Entwurf

Écrire – pour se connaître. et voilà tout.

Les actes fondamentaux – ... Conservation du Possible – –

Tout dispositif poétique repose sur un fait mathématique enveloppé.   Valéry

Die Struktur einer Dichtung, welche in ihrem Spannungsfeld zahllose Zusammenhänge und Widerstände vergegenwärtigt, das Widerspiel von zahllosen Gegensätzen und Widersprüchen aufreißt, – sie vereinigt allezeit Nahes und Fernes, Flüchtiges mit Verharrendem. Sie verdichtet Vorgänge, Figuren, Ereignisse, die sich aufeinander beziehen und fortwährend sich voneinander ablösen, faßbar und unbegreiflich zugleich. Sie hält sich für das unabsehbar Vorläufige offen und wird dem unablässig planenden Geist ebenso gerecht wie allem, was unberechenbar bleibt. Sie begnügt sich nie mit dem Handgreiflichen, mit dem bloßen Nachweis von Bedingungen und Motiven, mit Ursachen und Folgen, vielmehr umgreift sie das Zugleich der Widersprüche, das vielseitige Zusammenwirken von Vorstellungen, – Wechselwirkungen, welche unwägbare Gefühlszustände, halb bewußte Erwartungen und verschwiegene Entdeckungen auflichten; sie führen freilich zu keinen bündigen Ergebnissen und entziehen sich eindeutigen Bestimmungen. Musil bleibt beständig bestrebt, das gespannte wie lückenlose Feld vielwertiger Wirklichkeiten und vieldeutiger Möglichkeiten zu verdichten: Erwartungen, Erinnerungen, Hoffnungen, Befürchtungen spricht er gleichzeitig an: eine Welt der Gegebenheiten und der Einbildungskraft, der Gewohnheiten und des Ungewöhnlichen, – eine Welt, die unablässig Auslegungen verlangt und zu immer anderen herausfordert.

Gewißheiten, die jedoch keine Wahrheit verbürgen und Ungewißheiten, denen man sich anvertraut, verknüpfen sich miteinander. Eine widerspruchsvolle Vielzahl von Vorstellungen breitet sich aus, ohne daß man sich für eine entscheiden kann und will, und anstelle endgültiger, allgemein anerkannter Lösungen treten vielfältige Vorschläge.

Gegenüber der Fülle und Anziehungskraft der Annahmen bleibt das Unzweifelhafte weit zurück. Die Abhängigkeit von den jeweiligen Perspektiven und unstetigen Gruppierungen zeichnet sich unverkennbar ab und zeigt die Fragwürdigkeit von festen Bezugspunkten ebenso deutlich wie den geringen Beweiswert verbindlich erachteter Einsichten.

Musil versucht anzudeuten, was jeder Augenblick an Möglichkeiten birgt; er reißt verschiedene Sichtweisen und Hintergründe auf, wechselt die Belichtung, gewinnt Gewohnheiten und Verhältnissen unvermutete Ansichten und Auslegungen ab. Ironisch vergegenwärtigt er das Miteinander auseinanderstrebender Anlagen und unvereinbarer Pläne, die Wirkungen namenloser Mächte; man benennt sie in dem beständig anfechtbaren Glauben, sich damit ihrer versichert zu wissen, sie der Berechenbarkeit zu unterwerfen, – Berechnungen, die häufig genug widerlegt werden, – Einschläge des Unberechenbaren, die immer wieder die gewohnten Zusammenhänge in ihrer Zweifelhaftigkeit frei legen, vertraute Vorgänge unterbrechen. Die schwierigen Fragen, wie die verschiedenen Ordnungen und Gewohnheiten sich dem Ungewöhnlichen zuordnen, sucht Musil in wiederholten Einsätzen aufzugreifen, vor dem Horizont vielseitiger Möglichkeiten einzukreisen. Er erfaßt die wechselnden Ansichten über dasjenige, was als notwendig oder als willkürlich erachtet wird und weiß um den unablässigen Austausch der Wertungen.

Es zählt zum Aufschlußreichsten, wie Musil die Welt der Gegenstände wie diejenige der Vorstellungen, der geistig-sinnlichen Abenteuer, weitgehend in der Sprache der Abreden verdichtet. Indem er jedoch mit jedem Wort das Feld der Beziehungen und vieldeutiger Anspielungen vergegenwärtigt, wirkt alles umfassend und vielwertig, verheißungsvoll und reizvoll. Die Satzfelder entlassen eine Vielzahl von Möglichkeiten von vorder- und hintergründigen Auslegungen. Sie entbinden das schöpferische Vermögen der Analogie, die Fähigkeit, Vorstellungen und Bilder abzuwandeln, ungewöhnliche Verbindungen einzugehen, welche die eingeschliffenen Bahnen aufbrechen, vielwertige Zusammenhänge vermuten lassen und frei legen. Bedeutungen zeichnen sich ab, von denen die eine nicht mehr Gültigkeit beanspruchen darf als die andere; jede indessen entläßt eine eigene Perspektive. Überlieferte Wendungen und Formeln bergen Ausdrucksmöglichkeiten, von denen diejenigen, die sie gewohnheitsmäßig verwenden, keine hinlängliche Vorstellung besitzen; bei einem nachdenklichen Geist jedoch sprechen sie zahllose Beziehungen und Bedeutungen an, erregen Unruhe, Zweifel, Fragen, führen über Verstehen und Mißverstehen zu bestürzenden Entdeckungen und Einsichten. Abgegriffene Formen der Überlieferung zeitigen Aufbrüche in das Unerhörte.

Musil gewahrt, daß sich vieles unmittelbar nicht aussprechen läßt, – weit mehr als man gemeinhin vermutet. Er erkennt, daß man eher durch Umschreibungen als durch Beschreibungen den Verhältnissen gerecht zu werden vermag; ohnehin bilden die meisten Beschreibungen Auslegungen vor einem Horizont, von dem man wenig oder nichts weiß. Unbeirrbar strebt Musil darnach, sinnfällig zwischen dem zu vermitteln, was man ausspricht, ohne es zu verstehen, wie zwischen vielem, was man erkennt, ohne es aussprechen zu können. Seine wegweisenden Zuordnungen, Entsprechungen, Analogien und Gleichnisse lichten Bereiche auf, die dem Unsagbaren vorbehalten bleiben, jenem Schweigen, in dem sich so oft die Entscheidungen zwischen Menschen vollziehen, – ein Schweigen, das keineswegs sprachlos wirkt. Im Aufriß unerschöpflicher Andeutungen versucht Musil Bedingungen und Möglichkeiten zu vergegenwärtigen, die etwas Unbegreifliches wahren und zugleich unabsehbare Wirkungen zeitigen, zu endlosen Auseinandersetzungen einladen.

Seine Dichtungen vergegenwärtigen mit beispielloser Genauigkeit die Vorstellungs- und Denkwelt verschiedener Figuren. Gewohnheitsmäßige Vorgänge, vertraute Gegenstände verlieren Namen und Umrisse: Licht und Schatten zeitigen Spannungsräume, die sich nicht der Zuständigkeit überkommener Gefüge unterwerfen, in denen sich vielmehr einzigartige Begegnungen und Erregungszustände äußern, die in keiner geläufigen Zuordnung nachzuweisen sind. Diese Entwürfe offenbaren eine Mystik sinnenhafter Erfahrungen von seltener Eindringlichkeit, – Ausdrucksmöglichkeiten, welche Wesentliches von dem, was noch nicht oder nicht mehr aussprechbar, aufscheinen lassen. Dabei erschließt sich das Vermögen Musils, die Geschehnisse in ihrer Verschwiegenheit aufzufangen, dasjenige spürbar zu machen, was die Figuren voreinander verbergen, – die wortlosen Gespräche zu vergegenwärtigen.

Musil begnügt sich nicht mit dem Aufweis des geschäftsfähigen Menschen; diesem wird nur ein bescheidener Teil menschlicher Existenz und begrenzte Möglichkeiten zugesprochen. Handlungen und Entscheidungen bilden nur die Folge zahlreicher Vorgänge, – abhängig von widersprüchlichen Bedingungen, Wechselwirkungen und Spannungsgegensätzen, die sich nie restlos und niemals eindeutig bezeichnen lassen, etwas gleichermaßen Unwägbares wie Unauflösbares bergen. Entschlüsse sind von Gefühlsregungen keineswegs weniger abhängig als von Vernunftgründen. Die Einbildungskraft entwirft mitreißende Vorstellungen; sie fördern am mächtigsten nicht allein die Bewegungen von Glauben und Wissen, die Entdeckungen und Erfindungen, vielmehr gehen aus ihnen zugleich jene Ereignisse hervor, welche die Weltsicht verändern und neue Erkenntnisse einleiten. Wesentliche Wirkungen entziehen sich einer Überprüfung. Es bleibt völlig unerheblich, ob eine Begebenheit sich tatsächlich zugetragen oder ob sie sich als eine Ausgeburt der Phantasie vorstellt; Vermutungen entbinden ungleich vielseitigere Kräfte als Gegebenheiten, Annahmen führen den Menschen weiter als Tatsachen. Erdachte Geschichten entfalten ein anregendes Vermögen, welches dasjenige verbürgter Begebenheiten weit hinter sich läßt; dabei bleibt die

Frage offen, wie viel jegliches Ereignis unwillkürlich der Einbildungskraft verdankt – wie vieles, oft Wesentliches, erraten werden muß.

In Räumen und Vorgängen, Entwürfen und Gegenständen,
Benennungen und Erfindungen erschließt Musil das Gleichnis-
hafte wie Offene: im «Vorstadtgasthof», im «Verzauberten
Haus», am «Südpol», in «imaginären Zahlen» und in einer «Parallelaktion», im «Fliegenpapier» und auf dem «Sarkophagdeckel»;
Namen wie Doppelnamen falten das Zweideutige aus: Claudine,
Veronika, Thomas und Josef, Bonadea und Diotima, der Tugut wie
General von Stumm. In seinen Überschriften vereinigt Musil mit
Vorliebe das Genaue mit dem Unbestimmten, das Vertraute mit
seinem Selbstwiderspruch. Durchdringend erkennt er, wie sich in
jedem Wort Verständliches und Unverständliches versammelt,
wie jedes vieldeutige Bestimmungsmöglichkeiten entläßt. Man
muß alles wörtlich nehmen, um verstehen zu können, und man
darf nichts nur wörtlich verstehen, sonst entzieht sich der Zusammenhang des Ganzen, jenes vielsagende und zugleich verschwiegene Feld, das alle Möglichkeiten verwahrt, – diese unauflöslichen
wie schöpferischen Widersprüche bilden eine beständige Herausforderung, der Musil mit nie nachlassenden Anstrengungen begegnet. Jede Einstellung wie der jeweilige Zusammenhang, sie
verändern die wörtlichen Bedeutungen, – jene Ausdruckswerte,
die zwischen den Zeilen abzulesen sind, – Erfahrungen, die zu der
summierenden Überlegung führen: «Mit keinem Wort, und mit
jedem Satz etwas gesagt haben.» (T 749)

Mit gespannter Aufmerksamkeit versucht Musil, jene vernach-
lässigten Erwägungen, Bedingungen und Begebenheiten zu vergegenwärtigen, die plötzlich Einfluß gewinnen, alles Bisherige in
Frage stellen, verdeckte Zusammenhänge freilegen und veränderte Einstellungen zeitigen. Er offenbart das Zögern vor den Worten, – jene verschwiegenen, jedoch nicht sprachlosen Beziehungen, die sich in vieldeutigen Regungen ausdrücken, ohne Worten
zu vertrauen, die unwillkürlich etwas allzu Bestimmtes ansprechen oder etwas anderes bezeichnen, – vielleicht eine Seite der

Wirklichkeit, die gar nicht aufgerufen werden sollte. Unerhört eindringlich vermag Musil jenes «bilderdurchzuckte Schweigen» (II, 63) zu verdichten, in dem sich Möglichkeiten und Widersprüche begegnen, in dem sich nichts unwiderruflich entscheidet, wohl aber noch alles erwartet wird. Es sind Augenblicke des Schweigens, welche die innerlichsten Beziehungen zwischen Menschen ausmachen. Was in ihnen vorgeht, läßt sich niemals endgültig benennen. Alles erhält sich offen und wirkt zugleich gespannt, – eine Spannung, die vom Künftigen her unablässig aufgeladen wird. Sie entläßt eine Vielzahl von Vorstellungen und Erwartungen, – vorausgeworfene Schatten von Leidenschaften, Erregungen und Stimmungslagen, die sich vielfach überkreuzen, widersprechen, wechselseitig sich auslöschen oder ergänzen, sich jedoch weder abgrenzen noch bezeichnen lassen. Es sind jene Zwischenzustände, in denen der Mensch sich länger aufhält als man vordergründig annimmt. Es ist jenes Unbestimmte, in dem man sich sucht, ohne sich endgültig zu finden, in welchem man etwas von sich erfährt, indem man vieles von sich erfindet. Nicht weniger einläßlich berücksichtigt Musil alle in der Stille geführten Selbstgespräche, in welchen die Widersprüche ausgetragen werden, in denen zugleich vieles von dem aufgegriffen wird, was wortlos zwischen den Menschen geschieht. Vornehmlich in ihnen schlagen sich «Gefühlserkenntnisse», «Denkerschütterungen», Traumgedanken (II, 1324) nieder, deren weitreichende Folgen man wahrnimmt, ohne ihre Bestimmung zu kennen. Nicht wenige Gespräche dienen als Vorwand, Wesentliches auszusparen, wenn nicht gar zu verschweigen; zuweilen vollzieht sich dies mit jenem aufrichtigen Zögern, welches gewisse Hemmungen nicht überwinden kann, manchmal aus ironischem Abstand, der eine unwiderstehliche Nähe zu verleugnen trachtet, nicht selten wiederum in einem anzüglichen Spiel, in dem die Worte nichts bedeuten «wie das kindlich vergnügte Selbstgespräch eines Brunnens, der lallend vom Ewigen schwätzt.» (1315)

Von früh an legen viele Gespräche in den musilschen Dichtungen frei, wie ein vielstimmiges Ich sich in geistigen Abenteuern zu seinen Möglichkeiten vorzutasten sucht, wie es in Vermutungen, offenen Fragen, wagemutigen Vorstellungen, Annäherungswerte von sich gewinnt, zugleich jedoch auch aus beachtlichem Abstand heraus verschiedene Einstellungen gegenüber sich selbst bezieht, – Einstellungen, die über das Persönliche hinausweisen. Überraschende Vorschläge und unerwartete Verknüpfungen verwirren das Gegenüber, nicht zuletzt dadurch, daß seine Erwartungen nur selten eingelöst werden, daß es vielmehr sich in Zusammenhänge versetzt sieht, mit denen es nicht gerechnet hatte. Bleibt schon der Ursprung, auf den das Gespräch hinweist, mehr oder weniger unbegreiflich, – was sich im Verlauf der Unterredung zunehmend eindringlicher vorstellt, – so zeichnet sich dementsprechend kein entschiedenes Ende ab, vielmehr ein Aufgeben von Gedankengängen, die sich von ihren Einsätzen oft weit entfernt haben. Sie führen weder zu handgreiflichen Ergebnissen, noch handeln sie ein Thema vollständig ab, indessen sprechen sie verschiedene Möglichkeiten und Zusammenhänge an. In planvollen Anregungen und planlosen Abschweifungen entfalten sie einen herausfordernden Einfallsreichtum und auf Herausforderungen hin sind sie vielfach angelegt. Vom Zweifel an den bisherigen Ableitungen begleitet, wissen sie sich nicht selten auf dem Wege zu unvorhersehbaren Erkenntnissen wie Ereignissen, – Zeugnisse unablässiger Weltauseinandersetzungen zugleich endloser Selbstentwürfe.

Das Offene und zugleich Gespannte, welches die Dichtungen Musils auszeichnet, erreichen sie in Vergegenwärtigungen von Möglichkeiten, welche sich an den Personen und diese in sich selber ausfalten. Jene wegweisenden Figuren, die nicht zugunsten eines Ihresgleichen ihre Eigenständigkeit aufgegeben haben, – sie gewahren, wie sie fortwährend Verschiedenes zu jener Übereinstimmung bringen, die ihnen das Bewußtsein ihrer Identität lebensvoll wie spannungsreich vermittelt. Vertraut, aber auch befremdet erkennen sie sich in beständigen Übergängen. In zuweilen bestürzendem Erinnern gewahren sie ihr zeitbezogenes Wesen, das Zusammengehörige vor einem in den Ekstasen aufgerissenen Horizont, – Ekstasen, die sie mit wachem Sinn erleben.

Sie erfahren ihre Gegenwart bewußt in Erinnerung, in Vor- und Wiedererinnerungen, die kein Ende erreichen. Sie gewöhnen sich auch nicht an ihre Erinnerungen; sie werden ihnen nichts fraglos Vertrautes, vielmehr entdecken sie in ihnen Überraschendes und zuweilen sehen sie sich von ihnen überholt. Alles bleibt Entwurf, zeitigt fortwährend unabsehbare Möglichkeiten, – Erwartungen, welche Erinnerungen hervorrufen, Erinnerungen, die von Erwartungen ausgestaltet werden, – ein Miteinander, welches sich ebenso eindringlich am Ausgang des «Törleß», der «Vereinigungen», der «Schwärmer» ablesen läßt wie an zahlreichen Begegnungen im «Mann ohne Eigenschaften». Das Unerreichbare wird den musilschen Figuren wiederholt zum Ereignis. Sie erkennen – nicht selten schmerzlich –, daß sie einen Anfang sowenig erreichen wie die Gewißheit eines Endes, dennoch können sie sich nicht versagen, in wiederholten Vor- und Rückgriffen Skizzen ihres Beginnens und ihres Weges sich vorzustellen. Musil wie seine Figuren befinden sich unablässig auf einer abenteuerlichen Reise, auf endlosen Reisen durch ihre Erinnerungen. Auf diesem Wege vergegenwärtigen sie sich ihre Selbstdarstellung, ihre geistigen Situationen, ihre Selbstwidersprüche. Die dabei beschriebenen Erlebnisse bilden nur Vorwände, «Ideenzusammenhänge» auszufalten (B 327).

Musil deckt auf, wie wenig das Erleben des Menschen im Unmittelbaren, im Augenblicklichen sich erschöpft. In hohem Maße beschäftigen ihn Entwürfe des Künftigen, ein Vorerleben von Begegnungen und Begebenheiten, ohne daß er auch nur annähernd die Gewißheit besitzt, daß diese sich verwirklichen. In jeder Beziehung, mit jeder Einstellung, Erfahrung wie Vorstellung greift der Mensch unwillkürlich über die Gegebenheiten hinaus. Je weiter der Spielraum seiner Möglichkeiten, um so durchgreifender vermag er sie abzuwandeln, um so eindrucksvoller vereinigt er die widersprüchlichsten Lesarten zum Text seiner Person.

Eindringlich wie nur wenige vergegenwärtigen die Dichtungen Musils, wie der Mensch beständig auf die Ferne und auf die Nähe

sich einstellt; diese Doppelsicht erst vermittelt ihm das Bewußtsein seiner Existenz; allein aus ihr empfängt er Welt- und Selbst-
erfahrung. Nur aus der Ferne kommt er in die wahre Nähe zu
allem, zu Personen wie zu den Dingen. Aus grenzenloser Ferne
her erfährt er wesensgemäße wie aufschlußreiche Antworten auf
alle Anrufe, vornehmlich auf diejenigen der ihm nächsten Menschen. Begegnungen, Gespräche – nicht allein diejenigen, die in
der Einsamkeit sich vollziehen, – sie vereinigen zahlreiche Erinnerungsfluchten, – Erinnerungen, in denen Fernes derart bezwingend aufscheint, daß das Nächste unerreichbar anmutet. Unablä-
sig wie unabsehbar wirkt Fernes, Abwesendes, auf das Anwesende; alles ist in dieses Doppellicht getaucht, in dem verschiedene
Wirklichkeiten aufscheinen, weit Auseinanderliegendes sich begegnet.

Die Dichtung Musils läßt sich in unüberbietbarem Grade auf
jene zahllosen Annahmen und Vorstellungen ein, die nie zu
Gewißheiten werden und diesen Anspruch auch nicht erheben;
dennoch übertrifft ihre Bedeutung und Wirkung das meiste, was
sich als entschieden ausgibt, so wie das Abwesende die Einbildungskraft anhaltender beschäftigt als das Handgreifliche, und
entscheidende Entdeckungen wie Erfindungen resultieren aus
diesen Anschauungen. Es sind müßige Auseinandersetzungen,
die das nachweisbare Ereignis gegen eine bloße Vorstellung abzu-
setzen suchen, Entwürfen den Wirklichkeitscharakter absprechen,
– Auseinandersetzungen, die nicht zufällig bei Auslegungen musilscher Dichtung einsetzen. Die Anziehungskraft des Nichtver-
wirklichten wirkt unerschöpflich, ihre Anregungen zeitigen wegweisende Einsichten, entbinden die schöpferischen Möglichkeiten
der Existenz. Erfahrungen, die man erfindet, stehen denjenigen
nicht nach, die man nachweislich erlebt.

Je ausgreifender die Einbildungskraft eines Menschen, je ange-
spannter sein Geist, um so weiter dehnen sich die Zustände aus,
die er in Vorerinnerungen von Begebenheiten verbringt, in denen
er Wiedererinnerungen umgestaltet; er denkt sich Lösungsmöglichkeiten aus, die sich unaufhaltsam überholen. Er gewinnt

verschiedene Vorstellungen von sich wie von der Welt, – Vorstellungen, die bis zum kaum mehr Vergleichbaren sich auffächern; keine indessen vermittelt eine endgültige Erkenntnis. Alles erscheint genau und unbestimmt; alles erhält sich in der Spannung auf das Kommende, – gleichermaßen erregend, ob diese sich vom Künftigen, vom Vergangenen her auflädt. Sie erzeugt jene Schlüsselzustände, in welche Musil seine Figuren vornehmlich versetzt, – Spannungszustände, welche etwas Unnachahmliches in seiner Dichtung offenbaren, – eine Dichtung kommender Geschichten, der Selbsterwartungen, die ebenso ein Vor- wie ein Zurückdenken zeitigen.

Dieses Denken vermag Musil in unerhörter Weise zu verdichten, – ein Denken, das sich nicht allein in verstandesmäßigen Berechnungen auswirkt, vielmehr vielbezüglich in Gefühlsregungen und Traumgesichten sich umsetzt. Was Musil Georg Büchner zuspricht, bezeichnet zugleich eine Selbstauslegung: die Fähigkeit, Gedanken «in Leben umzuwandeln, so daß nicht nur seine Menschen sie haben, sondern auch sie die Menschen und so daß diese Gedanken zu dem persönlichen Schicksal dieser Menschen gehören, aber jeder zugleich ein Schritt vorwärts ist im Geiste.» (II, 1486)

Die Entfaltung des Geistes, die Selbstentfaltung des Denkens, – sie entspricht dem Wesen des Essays, wie ihn Montaigne als Ausdrucksform und Erkenntnismöglichkeit vorstellt. Skeptisch, ohne Urteile zu fällen, Wertungen auszusprechen, versteht er sich in endlosen Vorgängen auf der Suche nach einer unerreichbaren Wahrheit. Seine Offenheit zeugt für das Bewußtsein des nicht Abschließbaren, für fortwährend sich ergänzende und sich überholende Erfahrungen und Ansichten. Im Ablauf verschiedener Einstellungen sucht er alles von vielen Seiten aufzunehmen, ohne etwas ganz erfassen zu wollen; dieses erhöbe unwillkürlich den Anspruch des Schlüssigen, des Endgültigen – und nichts liegt diesem darstellenden Denken ferner, das sich aus Gewohnheiten befreit und keinem Ziel, keiner Bestimmung sich verpflichtet. Widersprüche verleugnet es sowenig wie Selbstwidersprüche; sie zeugen für das Lebensvolle, für die schöpferischen Spannungsgegensätze. Das essayistische Schreiben fordert dazu heraus, die Sichtweisen und -weiten unablässig zu wechseln, die Belichtung zu ändern. Alles Einseitige wie Eindeutige meidet es; es vervielfältigt Gesinnungen und Vermutungen, vergegenwärtigt sein ironisches Vermögen im Doppelspiel gegensätzlicher Ansichten, in fortdauernden Wirkungen und Gegenwirkungen.

Der Essay fördert Selbstbegegnungen, entbindet den vielstimmigen Geist, das vielspältige Wesen; er fordert dazu heraus, jene Stimmen zu vernehmen, welche das Gespräch des Individuums mit sich und mit anderen bestreiten; er vermag Selbstliebe mit Selbstkritik zu vereinigen, dem Fernen wie dem Nahen, dem Fremden wie dem Vertrauten gleichermaßen gerecht zu werden, wobei das Vertraute am schwierigsten einzukreisen ist, – Möglichkeiten, welche Diderot überlegen auszuspielen weiß, – Gespräche entlang jener Grenzen, an denen das Ich mit anderen sich begegnet, wo man das eine im anderen vernimmt, – ein geistvoll strenger Aufriß, den Goethe an Diderot bewundert und in der Überzeugung bestätigt: «Der Mensch ist kein lehrendes, er ist ein lebendes, handelndes und wirkendes Wesen»[1] – ein Satz, den wiederum Musil beifällig anführt. Als unschätzbar erachtet Goethe das Vermögen, gleichzeitig zwei einander entgegengesetzte Auffassungen zu verteten «und vielleicht bei keiner zu verharren. Dadurch verdoppeln wir unsere Persönlichkeit»[2] – Ausgestaltungen, die für Musil wegweisend wirken. Der Essay setzt einen vielstimmigen Geist voraus, – darin zeigt er sich dem Gespräch verwandt. Gleich einem Gespräch setzt er mit Vorliebe unvermittelt ein und bricht nicht selten unvermutet ab. Er gewährt dem Ich die Möglichkeit, verschiedene Stellungen zu beziehen, gegensätzliche Auslegungen zu vertreten, – Selbsterfahrungen zugleich eines proteischen Geistes, der das Wagnis seiner Möglichkeiten mit unbeirrbarer Selbstgewißheit unternimmt, – noch in der Preisgabe sich zu bewahren weiß.

Der Essay ist weder formlos, noch verliert er sich im belanglos Zufälligen; er meidet jegliche Rechthaberei, zeichnet sich jedoch durch Wahrheitsliebe aus, die sich darin äußert, daß er Widersprüche nicht verleugnet und sich anstelle einer fragwürdigen allgemeinen Wahrheit mit einer unverwechselbar individuellen begnügt, dieser jedoch gewissenhaft nachforscht. Indem sich der Essay für vieles, für das Unvorhersehbare wie für das Unerwartete offen hält, erweisen sich seine Äußerungen keineswegs als unverbindlich, vielmehr spricht sich in ihnen eine Gewissenhaftigkeit und ein Selbstbewußtsein aus, das denen anderer Ausdrucksweisen nicht nachsteht. Unmißverständlich hebt denn auch Musil darauf ab: «... ein Essay ist nicht der vor- oder nebenläufige Ausdruck einer Überzeugung, die bei besserer Gelegenheit zur Wahrheit erhoben, ebensogut aber auch als Irrtum erkannt werden könnte ... ein Essay ist die ... Gestalt, die das innere Leben eines Menschen in einem entscheidenden Gedanken annimmt. Nichts ist dem fremder als die Unverantwortlichkeit und Halbfertigkeit der Einfälle, die man Subjektivität nennt, aber auch wahr und falsch, klug und unklug sind keine Begriffe, die sich auf solche Gedanken anwenden lassen, die dennoch Gesetzen unterstehn, die nicht weniger streng sind, als sie zart und unaussprechlich erscheinen.» (253)

Musil entwickelt eine Ethik des Essays, die unlösbar mit seinen Ansätzen dichterischer Gestaltung sich verknüpft. «Die Situationen, die Äußerungen der Personen durchdenken wie einen Essay», macht er sich zur Aufgabe. (T 256) Diese Aufgabe birgt gleichermaßen Möglichkeiten zu einem Roman wie zu einer Theorie, – Musil versucht sie zu verbinden, – Versuche, die an Diderot gemahnen können. Er erhebt die strengsten Ansprüche an eine Dichtung, die sich weder mit dem Genauen noch mit dem Unbestimmten begnügt, vielmehr beides im höchst erreichbaren Grade zu vereinigen trachtet. Entsprechend ist Dichten für Musil gestaltendes Erkennen, – Erkennen ein unwillkürliches Dichten. Seine «Vereinigungen» verdichten mit fast mathematischer Strenge «engstes Gedankenmosaik». (II, 1314) Jede Dichtung setzt «nicht nur Erkenntnis voraus, sondern setzt die Erkenntnis über sich hinaus fort, in das Grenzgebiet der Ahnung, Mehrdeu-

tigkeit …, das bloß mit den Mitteln des Verstandes nicht mehr zu
fassen ist.» (II, 1327) Im Aufriß des nicht mehr Erfaßbaren und
doch beständig Gegenwärtigen begegnen sich der Dichter und der
Denker. Der dichterische Geist begegnet sich selbst und erfährt
das Ungewisse in der Welt wie in sich selber; alles, was er schreibt,
kreist um das immer noch Unbekannte im Vertrauten, alle Entwürfe bilden zugleich Fragmente einer Selbstdarstellung. Er führt
ein unablässiges Gespräch zwischen Gestalten und dem Bewußtsein zu gestalten, zwischen dem Vermögen zu entwerfen und
Versuchen, sich zu begreifen. Es liegt nahe, auf diesem Wege eine
Selbstbiographie zu schreiben, freilich weniger eine Folge der
verbürgten und nachweisbaren Umstände, der Ereignisse und
Daten, vielmehr eine Skizze der Möglichkeiten, – jener Möglichkeiten, die freilich nicht als ein Ausarten in das Willkürliche zu
verstehen sind, vielmehr genau sich den Wesensgesetzen der
Person zuordnen – angemessener und umfassender als jene Tatbe-
stände, die etwas Austauschbares und Zufälliges behalten. Nicht
die Reihe der Begebenheiten und Erfahrungen wird aufgezeichnet, vielmehr was sie bedeuten, welche Auslegungen, Vereinigungen und Lösungen sie hervorrufen, – Vereinigungen, die wesentlicher sind als kalendarische Ordnungen und Übersichten. Unerschöpfliche Anregungen empfängt man von Erinnerungen an eine
Vergangenheit, die sich buchstäblich so niemals zugetragen hatte,
von Erwartungen, welchen die Freiheit des noch nicht Vollzogenen eignet. Der Entwurf einer Selbstdarstellung mit dem Vorbehalt, daß alles auch andere Zuordnungen und Auslegungen erlau-
be, vergegenwärtigt Geist und Wesen einer Person ungleich
wesensgemäßer als die Aufzählung von Einzelheiten, Anmerkungen und psychologischen Aufweisen. Ununterbrochen lebt man in
Spannungen der Einbildungskraft, in Hoffnungen und Befürchtungen, mit Vorhaben und in Zuständen, die sich jedem unwiderruflichen Zugriff und endgültigen Bestimmungen verweigern, so
daß Valéry summieren kann: «… la fiction c'est notre vie.»[3]
  Auf diesem Wege entwirft Musil seine Selbstdarstellung wiederholt als Roman, und seine Romane erschließen ihm fortwäh-

rend Möglichkeiten einer Selbstbiographie. Eindrucksvoll hatte
schon Jean Paul das Doppelgesichtige versucht: seinen späten
Roman, den «Kometen», versteht er als Parallele zu einer «Selber-
lebensbeschreibung». Während der Arbeit am «Mann ohne Eigenschaften» äußert Musil die Absicht, künftig sich nur noch an
die Stelle einer Nebenperson, eines Zuschauers zu setzen, denn im
Roman «stehe ich in der Mitte, auch wenn ich mich nicht selbst
schildere ...» (III, 1930, T 817; 10.) Sein Vorgehen zeigt eine
gewisse Ähnlichkeit mit den Absichten, welche Valéry nach einem
Selbstzeugnis mit «Monsieur Teste» verfolgt hatte: eine hinlängliche Zahl von unmittelbaren Beobachtungen über sich selbst
zusammenzutragen, «um einer ganz und gar nicht möglichen
Persönlichkeit einigen Anschein von möglicher Existenz zu geben.»[4] Musil hält sich indessen vor, daß auch eine nur sinnfällige
seelische Oberfläche manches erschließen läßt, ein «leichter Rest
von Abenteurergeschichte» nicht zu entbehren ist (II, 1326f.), –
eine Anlage, die in der Breite eines Romans wenig Schwierigkeiten bereitet, in der schmalen Novelle jedoch fast zu einem Entweder-Oder nötigt.

Seinen Vorsatz, aus der Mitte seiner Dichtung sich zurückzu-
ziehen, vermag Musil nicht einzulösen. Alle «Ideen», Vorstellungen und Themen, die er verdichtet, – sie umreißen Fragmente
einer Selbstdarstellung,[5] – endlose Versuche einer Selbstauslegung, in denen Wahrheit und Dichtung, Annahmen und Vermutungen, Bedrängnisse und Bedürfnisse sich begegnen wie in «Le
neveu de Rameau» von Diderot oder in «Monsieur Teste» von
Valéry. Sie bezeichnen Um-Wege auf der Suche nach den Ich-
Möglichkeiten und -Bedingungen; es sind vielfältige Einsätze, ein
anderes Ich zu entdecken, möchte man doch mit keinem sich
endgültig verknüpfen, – Um-Wege, auf denen man sich näher
kommt, indem man fernsichtig wird. Zahllose Skizzen, Geständnisse, kritische Erörterungen, – sie vermitteln Bruchstücke eines
Selbstgesprächs. Vor dem offenen Horizont seiner Erfahrungen
und Erfindungen, der Vor- und Rückerinnerungen vergegenwärtigen sich jene Vorlagen, die Musil auszugestalten trachtet, ein

Zugleich von leitenden Themen, die er zögernd entfaltet, meistens sind es mehrere, denen er sich zuwendet, – Themen, die er oft aufgibt, auf die er jedoch immer wieder zurückkommt. In wiederholtem Austausch wandern manche durch zahlreiche Entwürfe hindurch und «kommen in keinem Buch zum Ausdruck». (II, 955) Bei vielen behält er sich eine Ausgestaltung vor und wahrt ihnen das Vieldeutige des Vorläufigen, das Offene eines Versuchs. Im essayistischen Geist erhält er sich die Möglichkeiten zu neuen Einsätzen, zu anderen Zuordnungen, unbeirrt auf dem Wege, schaffend, erfindend, fortwährend sich wieder zu begegnen. Zugleich leitet ihn bei jedem Aufbruch das Bewußtsein, daß man nie weiter kommt, als wenn man nicht weiß, wohin man geht (1649 u. a.) – ein Leitsatz, der Musil über Emerson zugekommen war, – eine Erkenntnis, die von Heraklit sich über Goethe bis zur Gegenwart vererbt.

Wenn Musil darauf abhebt, daß Dichtung Fragmente des Lebenswissens vereinigt, dann offenbart sich darin ein essayistischer Geist, – jener Geist, der zugleich den Moralisten auszeichnet, – ein Moralist, der wie Montaigne und seine geistigen Nachfahren, wie Lichtenberg oder Chesterton, an keine bestimmte Moral glaubt, denn er ist alles andere als ein Lehrer der Moral. Die Moral, die sich in seinen Dichtungen ausspricht, deckt das Widersprüchliche und Offene der menschlichen Existenz auf. Vor allem aber sieht sie von jeder verbindlichen Wertung ab und verleugnet nie ihre Herkunft aus dem Geist der Satire. Sie bedeutet für den Dichter wie für seinen Mann ohne Eigenschaften «weder Botmäßigkeit, noch Gedankenweisheit, sondern das unendliche Ganze der Möglichkeiten zu leben.» (1028) In Wiederholungen, Abwandlungen, in einem vielseitigen Für und Wider umkreisen die Erörterungen jene Fragen, die nie endgültig zu beantworten sind, Ansichten, die nicht auf ein allgemeines Einvernehmen zielen, dennoch keineswegs bloßem Gutdünken und gewissenloser Willkür entsprechen. Der Moralist vermag Herausforderungen mit Vorbehalten zu verknüpfen, Leidenschaft mit Vernunft zu verbinden, – Leidenschaft nicht zuletzt für dasjenige, was sich nicht entscheiden, nicht

erreichen läßt. Er spricht oft nur in Vordersätzen, die Spannkraft
des Verschwiegenen wirkt indessen derart zwingend, daß sie zu
den verschiedensten Fortführungen und Lesarten anregt, anhal-
tendes Nachdenken zeitigt. Was er bei Kafka aufspürt, versteht
der Moralist Musil gleichermaßen als Anliegen seiner eigenen
Dichtung: «Die Forderungen an das, was man tun soll, werden ...
von einem Gewissen gestellt, das nicht von ethischen Grundsätzen
getrieben wird, sondern von einer ... eindringlichen Reizbarkeit,
welche fortwährend kleine Fragen von großer Bedeutung entdeckt
und an Fragen, die für andre nur ein glatter, gleichgültiger Block
sind, merkwürdige Faltungen sichtbar macht.» (II, 1469) Musil
achtet mit peinlicher Genauigkeit auf die feinsten Bewegungen
und Abweichungen, die sich im Menschen vollziehen; er errät
Vorgänge, die den meisten entgehen; je länger er die verborgenen
Verhältnisse verfolgt, desto unübersichtlicher erscheint ihm die
«wundervolle Anarchie» der Seele. (T II, 916) Er erkennt, wie
geistige Verwirrungen in sinnlichen, sinnliche in geistigen Ver-
strickungen sich äußern. Was man vorschnell der Psychologie
zuschreibt, ist freieres ethisches Denken – ... eine unmoralische
Kunst und doch nur sie ist eine moralische. ... Das Bedürfnis nach
einem être suprême und Masochismus sind nicht ohne Sachzu-
sammenhang ...» (II, 1318) Der Moralist erkennt, daß der
Mensch sich selten damit begnügt zu bleiben, was er ist, das meiste
unternimmt er vielmehr in der Absicht, sich zu beweisen, wer er
ist, – Beweise, die in Grenzsituationen und mit Grenzwerten am
eindringlichsten zu erbringen sind.

Der Moralist entbindet in Musil unwillkürlich den Aphoristi-
ker, zumal er seine eigene Forderung einlöst: «*Aphorismen
schreiben sollte nur einer, der große Zusammenhänge vor sich
sieht.*» (T 902) Das Spannungsfeld des Aphorismus vereinigt
Allgemeines mit Besonderem, Widersprüche und Gegensätze,
entfaltet ein Spiel unabsehbarer wie unausgesprochener Möglichkeiten. Meistens verknappt er sich zu einem Satz, zur vieldeutigen
Skizze, zuweilen jedoch zeichnet er den Entwurf zu einem Essay.
Er läßt den Abstand des Ironikers erkennen, der vielfältige Wen-

dungen mit einem Satz umkreist, verdeckt und dennoch vernehmbar. Er vertritt widersprüchliche Meinungen und läßt es offen,
welcher er zuneigt, und seine Schlüsse bezeichnen endlose Herausforderungen. Manche Aphorismen gewinnen ihre Färbung
von ihrer Umgebung, von einem ausgreifenden Zusammenhang,
auf den sie vielsagend verweisen, andere behaupten eine vielwertige Unabhängigkeit. Diese aphoristischen Sätze sind zugleich
Zeugnisse jenes Gesprächs, das ihr vielspältiger Schöpfer mit sich,
mit seinen Figuren, seinen Gedanken und Vorstellungen führt,
der Aufriß eines lebendigen Denkens und Entwerfens, – Zeugnisse, die das Ganze vertreten können, so unabsehbar es sich auch
ausweitet, so daß Musil immer wieder die Absicht verfolgt,
Aphorismen «Aus einem Rapial» zu veröffentlichen. Aphorismen
vermögen sich zugleich einer Selbstdarstellung zuzuordnen, –
Zuordnungen, die unablässig neu entworfen werden können, alle
erdenklichen Anordnungen erlauben, – eine Möglichkeit, die
Lichtenberg aufgegriffen und die auch Musil anhaltend beschäftigt hatte.

Im Aphorismus wie im Essay begegnet sich der Dichter mit dem
Denker; aus der Ferne kommen sie sich nahe, und in der Nähe
werden sie sich ihrer Ferne bewußt, – eine schöpferische Spannung, die Lichtenberg ebenso auszeichnet wie Friedrich Schlegel
oder Nietzsche; Ungesagtes wird gedacht, das Unaussprechliche in
Aufzeichnungen verborgen. Das Unausgesprochene und der Text,
– sie gestalten sich fortwährend wechselseitig aus, ohne sich
jemals festzuschreiben.

In einem aufschlußreichen Brief vermittelt Valéry die Anregung: «Ich habe den Discours de la Méthode wiedergelesen, das ist
genau der moderne Roman wie er geschrieben werden könnte (in
seiner «Introduction à la méthode de Léonard de Vinci» hat er
selber diese Möglichkeit aufgegriffen, und die Beziehung auf
Descartes erscheint durchsichtig) ... man sollte ... das Leben einer
Theorie schreiben, wie man allzuoft das einer Leidenschaft geschrieben hat.»[6] Was Descartes als «Discours» bezeichnet, kommt
dem «Essai» Montaignes nah und versteht sich als Entwurf[7], – ein

Entwurf, der dem Einfallsreichtum einer Dichtung entspricht, welche den Geist aufweckt. Der «Discours» von Descartes entfaltet eine bemerkenswerte Skizze einer Selbstdarstellung, nicht des Individuums, wohl aber des denkenden Geistes, – eine beständige Rechtfertigung, welche einen hohen Anspruch mit Bescheidenheit verbindet.

Eine unbeirrbare Selbstgewißheit des schaffenden Geistes leitet Musil über alle Ungewißheiten, über Selbstkritik und Skepsis, über zahlreiche Einschränkungen hinweg. Sein Roman einer Theorie wird von der Theorie eines Romanes begleitet. Mit der Leidenschaft des Geistes entwirft er eine Dichtung, die in theoretische Erörterungen ausgreift, in das Lebensvolle einer Theorie, in Vorüberlegungen eines Theoretikers, – Gedankengänge, die selber wieder eine Dichtung hervorrufen, – nie ganz persönlich und doch niemals völlig unpersönlich, – Gefühlserfahrungen, Fern- und Nahwirkungen, Ansichten und Gegenansichten, Handlungen, die von Abhandlungen begleitet werden, – Erfahrungen ohne diejenigen, die sie erleben, Wahrnehmungen eines allgemeinen Bewußtseins, Möglichkeiten gegensätzlicher Auslegungen, Gesichte einer intellektuellen Phantasie. Diese Ausführungen legen eindringlich nahe, wie weit das Leben sich in Meinungsäußerungen erschöpft, – Meinungen, die unablässig wechseln und «weit mehr als Wissen und Können» trennen und verbinden (1916), – aus denen die Mehrzahl der Handlungen resultiert. Zugleich läßt sich ablesen, wie schwierig es ist, gegen Annahmen und Vorurteile aufzukommen, gegen die zähe Beständigkeit des Alltäglichen.

Parallel zu diesen Einlassungen vermitteln solche Eintragungen, Gespräche und Versuche, Begleittexte zur Dichtung, – Erörterungen, die sich in den Selbstgesprächen Musils, in seinen unzähligen Notizen, Anmerkungen und Überlegungen fortsetzen. Diese Texte zeichnen sich dadurch aus, daß sie nichts Belehrendes vermitteln, daß sie das Unerklärliche, die unaussprechlichen Spannungen nicht in das Geläufige herabmindern, vielmehr das Unerklärliche in seiner Offenheit bewahren, ein Einverständnis mit allem andeuten, was sich vorläufig unverständlich verhält, fragwürdig bleiben muß. Damit jedoch erreichen diese Erklärungen selbst dichterischen Rang; je höher eine Dichtung, desto umfassender ihre Rätsel, desto eindringlicher offenbart sie sich als «Vermittlerin des Unaussprechlichen.»[8] Als eine zweite Stimme begleiten die ausgedehnten Erörterungen die Dichtung, nicht selten vermögen sie diese sogar zu vertreten in ihrem Miteinander von Genauigkeit und Vieldeutigkeit, – Selbstbesinnungen des Dichters auf seinem Wege vorauseilenden Sagens.

Was Valéry sich zuspricht, zeigt bestechende Ähnlichkeiten mit der Einbildungskraft des Schöpfers des «Mannes ohne Eigenschaften»: «Quand mon esprit n'est pas gêné dans la liberté, et qu'il s'arrête de soi-même sur quelque objet qui le fascine, il croit le voir dans une sorte *d' espace* où, de présent et d'entièrement défini cet objet retourne au possible …»[9] In diesem Zustand der Möglichkeiten gewahrt Musil immer wieder seine Niederschriften, – darin liegen die Schwierigkeiten, denen er sich unablässig ausgesetzt sieht, aber auch der unerschöpfliche Reiz eines endlosen Schöpfungsvorgangs. Ähnlich wie Valéry versucht Musil die Hemmnisse zu erklären, «daß etwas schon fertig Gewesenes noch einmal unfertig sein soll.» (B 930) Alles Endgültige leistet dem schöpferischen Geist härtesten Widerstand, schließt ihn zuletzt aus, alles noch Unverwirklichte, nicht Vollendete, fordert ihn heraus. Mit nie nachlassender Leidenschaft vergegenwärtigt sich Musil fortwährend seine Entwürfe; alles noch Ungeschriebene wirkt auf das Aufgezeichnete ein, zeitigt Abwandlungen und neue Gruppierungen. Aus verschiedenen Einstellungen verfolgt er Beziehungen und Wirkungen in einem dichterischen Feld, in dem sich gegensätzliche Figuren und widersprüchliche Ansichten begegnen. Musil wagt es, die Ausdrucksmöglichkeiten des Unbestimmten, Unentschiedenen und Gleichförmigen zu vergegenwärtigen, Vorhaben zu verfolgen, die zu nichts führen; sie können jedoch nicht eingestellt werden, da von ihnen das Selbstbewußtsein wie die allgemeine Geltung vieler abhängt. Die wegweisenden Figuren verbringen beträchtliche Zeit im Vorfeld von Entscheidungen, die nie vollzogen werden, zugleich indessen zeigt sich eindringlich, «wie weit und bewegt bei manchen Menschen der Weg von einem ereignislosen Tag zum nächsten ist.» (II, 1469) Das Ereignislose wie das Nichtgeschehen, die indifferenten Spannungen, – sie lösen anhaltende Unruhe aus und zeitigen unheimliche Erwartungen. Das Entscheidende bleibt in der Mehrzahl unentschieden, die vorgeschlagenen Lösungen bestätigen das Unlösbare. Das «einstweilen» und «inzwischen» verdichtet sich gleichermaßen ereignisreich wie geschehnisarm.

Die erfundenen Begebenheiten sind nicht weniger aufschlußreich wie nachweisbare Erfahrungen, – Erfahrungen, die Musil vornehmlich in Grenzsituationen aufscheinen läßt, zuweilen im Ausbruch von Gewaltsamkeit und ihrer gegensätzlichen Auslegungen, – Auslegungen, welche meistens den Ereignissen vorausgehen. Den verschwiegenen Entscheidungen des Gefühls folgen Begründungen mit beträchtlicher Verzögerung nach, zuweilen werden sie sogar völlig zurückgehalten. Ähnliches gilt von «seelischen Erlebnissen, von denen man ... behaupten kann, daß die Gestalt, welche sie in verschiedenen Menschen annehmen, die der Vorstellung ist, die sich diese vorher von ihnen gemacht haben.» (II, 1146) Musil vergegenwärtigt diese Spannungsfelder eindringlich; er fängt wenig beachtete Abhängigkeitsverhältnisse auf, weit vorausgeeilte Vorstellungen und ihre Rückwirkungen; eine kaum merkliche Veränderung im Feld genügt, um alle Sinngebungen zu verändern, andere Zuordnungen einzuleiten. Keine Bedeutung erweist sich unwiderruflich, nichts verfolgt eine einzige Richtung, vielmehr entwerfen Geist und Einbildungskraft in jedem Augenblick verschiedene Einsätze und Erwiderungen, einander entgegengesetzte oder complementäre Ansichten, das Widerspiel von Sinnlichkeit und Besonnenheit, von Anspannung und Ermatten, die Spannweite zwischen Lust und Grausamkeit. Unablässig versucht sich Musil am Schwierigsten, die Gegenwart des Noch-Nicht und Nicht-Mehr anzudeuten.

Begebenheiten bilden bloß die Anlässe, leidenschaftlich sich auf dasjenige einzulassen, was hätte geschehen können; unter «dem Vorwand, das letzte Lebensjahr Österreichs zu beschreiben» (II,

950), werden Vorfragen zur Existenz des modernen Menschen, des Existenzbewußtseins aufgeworfen, – Vorsätze, Auslegungen, Pläne in ironischem Licht und skeptischen Brechungsmomenten verdichtet. Liebesbeziehungen ermöglichen Begegnungen zwischen Theorie und Erleben. In sinnlichen Situationen äußern sich Leidenschaften des Geistes; einläßlich legt Musil frei, daß die innigsten menschlichen Begegnungen von Akten des Bewußtseins abhängig sind, daß dabei wechselseitige Ausgestaltungen sich vollziehen. Nicht zufällig bilden Vereinigungen in allen Graden der Sinnlichkeit und des Bewußtseins, in Einbildungskraft und gespannten Erwartungen, vollzogen wie unvollzogen, den durchgängigen Vorwurf seiner Dichtung. Verbrechen erschließen das Zwiespältige in Verhalten und Selbstverständnis, Grenzsituationen heben sich vom gleichförmig eingeschliffenen Alltag ab, begünstigen das Verlangen auszubrechen, eine zweite Existenz zu führen. Vorbereitungen wie Vorgeschichten beanspruchen einen weiten Zeitraum, die Ereignisse selbst laufen rasch ab oder verkürzen sich zu Andeutungen. Wenn Musil seine Darstellungsart mit «Gobelins» vergleicht (1938), so weist er darauf hin, daß alles mit allem unauflösbar verknüpft ist, daß Gedanken und Geschehnisse, Dinge wie Vorstellungen, Greifbares wie Unbegreifliches endlos sich ineinander verweben, daß alles wechselseitig sich bedingt, daß man im einen das andere erkennt, daß Formen, Figuren wie Farben sich vielfach vertreten lassen, Hintergründiges sich an der Oberfläche entfaltet. Weniger Gegebenheiten werden sichtbar, vielmehr Beziehungen, Verflechtungen, die zahlreiche Verbindungen ermöglichen und einleiten.

Wer wie Musil in allem das Vorläufige erblickt, den Anspruch einer einzigen, endgültigen Wirklichkeit zurückweist, das Unzulängliche unbewußter Übereinkünfte frei legt, – für einen Geist, der sich offen hält für die Möglichkeiten, – für ihn wird es zunehmend unumgänglich, Begebenheiten und Geschehnisse verschieden vorzustellen, Situationen in zahlreichen Fassungen zu erproben, eine Vielheit von Abweichungen und Lösungsmöglichkeiten vorzuschlagen. «Der Mann ohne Eigenschaften» ist als

Dichtung mit Varianten zu lesen, – Varianten, in denen sich zahlreiche Widersprüche entfalten. Alle Fassungen behalten eine unveräußerliche Bedeutung, selbst wenn sie in die Dichtung nicht aufgenommen werden; sie erschließen Zusammenhänge, die sonst verborgen bleiben oder kaum erkennbar werden, – Erfahrungen, die sich bei Goethe und Hölderlin, bei Büchner oder Georg Trakl bestätigen.

Musil verwirft keinen seiner Versuche; im Vorgang fortwährenden Überholungen bewahren sie sich; immer ist alles in einem vorläufigen Ganzen aufgehoben, – beispielhaft jener frühe, wiederholte Versuch, «die Geschichte dreier Personen zu schreiben, in denen Walter, Clarisse und Ulrich deutlich vorgebildet sind», – einer von den vielen Versuch, die «in nichts» enden, – in einem Nichts, das alle Möglichkeiten aufbewahrt. Über Unterbrechungen und Verzögerungen hinweg sind die «Akten» über seine Dichtung niemals «abgeschlossen, sondern verlegt», – eine ironische Wendung, die Musil vielsagend anführt. Immer wieder vergegenwärtig er sich Fassungen, Entwürfe, Skizzen; unablässig versucht er das Beziehungsnetz zwischen kaum mehr übersehbaren Ansätzen und Constellationen enger zu knüpfen, Figuren und Begebenheiten, Verhältnisse und Zusammenhänge Grenzwerten anzunähern, – Forschungen eines Dichters, die gleichermaßen dem Werk wie seinem Wesen gelten. Die Dichtung gewinnt für ihn nie gegenständlichen Charakter, vielmehr geht er leidenschaftlich in ihr auf, – mit einer Besessenheit, der Satire und Ironie in einer Art Notwehr begegnen. Ein Hinweis auf den Mann ohne Eigenschaften läßt sich unschwer zu einer Selbstauslegung abwandeln: Er schreibt sein Buch nicht, sondern «*kommt in alle die Geschichten*». (1818) Musil lebt in seinen Dichtungen und aus ihnen, – mit den aufgezeichneten, – eindringlicher vielleicht noch mit allen ausstehenden. Die Dichtung wird für ihn zu einer Beschäftigung von unbestimmter Dauer. Die anhaltenden Versuche, das beständige Ungenügen am Geschriebenen, alles verdichtet sich ihm zur «Romanessenz», um ein Wort Rilkes über «Monsieur Teste» anzuführen; mehr als ein Werk geht hervor:

«... ein Phänomen des Geistes».[10] Zahlreiche Entwürfe zeitigen
parallele Vorgänge, – verschieden weit ausgezogen, Parallelfiguren, – einander ähnlich-unähnlich, auf einem gemeinsamen Weg,
der früher oder später sich in das Unabsehbare verliert, so wie die
Herkunft etwas Unbestimmtes behält.

Musil zeichnet sich dadurch aus, daß er in seinem Schaffensvor-
gang alle Studien, Skizzen und Fassungen sich ebenso gegenwärtig vorhält, wie vieles, was er noch nicht aufgezeichnet, in Entwürfen jedoch bereits bedenkt, daß er zwischen lange Zurückliegen-
dem und allem Vorliegenden beständige Beziehungen unterhält
und ein kritisches Verhältnis pflegt. Unablässig führt er ein
Gespräch mit den Möglichkeiten; Einfälle werden eingebracht,
Einwände erörtert, Ergänzungen vorgeschlagen, Beziehungen
verdichtet. Diese Fülle läßt sich freilich niemals in eine abschließ-
bare Form bringen; Musil vergleicht sich mit «einem Mann der
einen Ballen verschnüren will, der größer ist als er.» (T 716) In
vieler Hinsicht entsteht kein Text mit Varianten, vielmehr ergeben Varianten – selbst widersprüchliche – einen Text. Es bildete
sich «eine Folge von Stufen, die von verschiedenen Treppen
herrührten.»[11] Selbst wenn manche Anlagen aufgelassen oder
ausgetauscht werden, so sind sie aus dem Ganzen nicht wegzuden-
ken; was einmal in die Gestaltungsvorgänge einbezogen war,
wirkt vielfältig, wenn auch verdeckt auf die kommenden Entwürfe
ein. Selbst alles Aufgegebene und Ausgesparte bildet Figuren zu
einem Text, – Musil entfaltet in dieser Ausbildung ein seltenes
Vermögen, das sich in seinen ausgeführten Schriften bestätigt. Er
rechnet mit dem Reiz wie mit der Wirkung des Andeutenden, mit
dem Gewiß-Ungewissen, und mit der Genauigkeit und Einbildungskraft mathematischen Denkens setzt er diese Ausdrucksmöglichkeiten ein. In jedem Text erhalten sich die Vorlagen,
Streichungen lesbar, wie in alles Geschriebene Nichtgeschriebe-
nes einfließt, so daß «eine Art Urbrei» (B 1266) entstanden ist.
Den Leser spricht immer auch Ungeschriebenes an, so wie der
Mensch zuweilen vom Unausgesprochenen zutiefst betroffen
wird.

Man wird Musil nur gerecht, wenn man seine Textmöglichkeiten ausbreitet, wenn man die verschiedenen und unterschiedlich weit ausgezogenen Folgen parallel vergegenwärtigt; das Nebeneinander ist ebenso aufschlußreich wie das Nacheinander. Die wechselseitigen Ausgestaltungen der Entwürfe lassen sich dann erst hinlänglich ablesen. Jede Wahl eines Textes vollzieht Musil mit dem Bewußtsein, daß dieser nur einer von zahlreichen Versuchen ist, und dieses Zögern legt die Vermutung nahe, daß er viele Entscheidungen nur vorläufig getroffen hatte, daß er fast stets mit einem Widerruf rechnet. Er verdichtet ein Textfeld, die verzweifelte Möglichkeit offener Niederschriften, – Aufzeichnungen mit beständigen Vorbehalten. Vielsagend erfaßt sein Hinweis das Bedingte jeglicher Wahl: «Es gibt in der Mathematik Aufgaben, welche keine allgemeinen, sondern nur fallweise Lösungen zulassen.» In Abwandlung einer eigenen Einsicht sieht Musil sich dazu verurteilt, Teillösungen vorzulegen, ein vorläufiges Ganzes zu bilden. (1649) Wie sehr ihm jede endgültige Lösung widerstrebt, offenbart sein Geständnis: «Am liebsten wäre mir ich würde am Ende einer Seite mitten in einem Satz mit einem Komma aufhören»[12] – eine Äußerung, die keineswegs nur im Hinblick auf eine Vollendung des «Mannes ohne Eigenschaften» sich versteht. Ein beziehungsgespanntes Ganzes vergegenwärtigt sich Musil unablässig; unermüdlich entwickelt und erwägt er neue Lösungsmöglichkeiten. Es widerspricht dem schöpferischen Vorgehen wie dem Selbstverständnis dieses Dichters, wenn man seine Entwürfe, Skizzen und Fassungen bedenkenlos nur als Lesarten behandelt; unwillkürlich grenzt man damit die Möglichkeiten eines angemessenen Verständnisses ein, – ein zweifelhaftes Verfahren, das Musil ebensowenig entspricht wie Hölderlin oder Büchner. Daß in verschiedenen Entwürfen Widersprüche aufbrechen, kann nicht als Rechtfertigung für Entscheidungen angesehen werden, denen stets etwas Einseitiges, Befangenes eignen muß. Die Logik der Einbildungskraft hebt derartige Widersprüche auf. Erst wenn man sich die Herkunft einer Dichtung vergegenwärtigt, ihre verschiedenen Einsätze, Unterbrechungen, Abwandlungen, – vermag man sich eine angemessene Vorstellung von ihrem Wesen zu bilden, von allem, was noch aussteht, welche Möglichkeiten sie sich auf unabsehbaren Wegen noch offenhält. [13]

Die Ethik der Gestaltung, der Musil unnachsichtig sich verschreibt, – sie fordert endlose Ausgestaltungen zwischen dem, was er ausführt und allem, was er als Entwurf noch vor sich sieht, – fortwährende Auseinandersetzungen zwischen dem Text und dem schöpferischen Bewußtsein. Seine kargen, sich selbst überholenden Hinweise zu einem möglichen Ausgang zeitigen den notwendigen Erwartungshorizont, ohne den kein Werk entstehen kann; darin liegen ihre wegweisenden Aufgaben, – weniger in ihrem thematischen Aufriß, in auswechselbaren Vorschlägen oder in den Stichworten, die eine «letzte Zuflucht» andeuten. Was Musil durchgängig sich vergegenwärtigt, ist das dichterische Kraftfeld, die analogischen Beziehungen, die complementären Verhältnisse und Constellationen, die wechselseitigen Abhängigkeiten, die Notwendigkeiten eines Ausgleichs. Diesen vielseitigen Bedingungen und ihren möglichen Ausgestaltungen gilt bis zum letzten Atemzug seine Aufmerksamkeit. Die unzähligen Überlegungen, Studien, Fassungen, Gruppierungen, Charakteristiken, Übersichten, Auslegungen, – sie offenbaren endlose Versuche in einer versuchten Welt.

Musil bemächtigt sich der Vergangenheit, um gegenwärtige Möglichkeiten zu entwerfen, er setzt gegenwärtige Vorstellungen ein, die sich als Vorzeichnungen zum Künftigen ausweisen, er versucht ein Geschehen zu verdichten, das als Geschichte schwerlich sich erzählen läßt, zahlreiche Einsätze zu Geschichten unaufhörlich entläßt, – Geschichten, die zum Weiterdenken anregen, an vieles vorerinnern.

Musil, der keine Geschichte erzählen will, entfaltet indessen auf einem Um-Weg die Schöpfungsgeschichte seiner Dichtung, – eine erregende parallele Dichtung. Die vielzähligen Studien, eine ruhelose Reihe von Überlegungen, das Einsetzen von Grenzwerten, – alles zeitigt ein Werk im Vorgang. Dieses macht das Wagnis ablesbar, welches Musil unternimmt, das weniger von vorausgegangenen Dichtern herausgefordert wird, vielmehr sich in Entsprechungen zu Mach, Lorentz, Einstein, Minkowski, zu Couturat, Russell, Peano versteht (II, 1318), – in Entsprechungen, die zugleich äußerste Widerstände zeitigen, – Widerstände, die spürbar machen, wie die menschlichen Bedingungen sich mathematischen Vorlagen entziehen, wie das Folgerichtige und das Unberechenbare auseinanderstrebt. Eine noch so vielseitig angelegte physikalische Theorie, – sie zeugt für den entwerfenden Geist des Menschen, ohne indessen den Geist selbst vorzustellen.

In einem Vermächtnis zu Lebzeiten, in einer Flaschenpost, versucht Musil aufzureißen, wie der Lebensroman aussehen soll, der in Überlieferungen Vorerinnerungen aufscheinen läßt: «aus einer Unzahl von Ideen, die uns beherrschen, weil wir keine von ihnen beherrschen», leitet sich die «Geschichte einer ungewöhnlichen Leidenschaft» ab, «deren schließlicher Zusammenbruch mit dem der Kultur übereinfällt, der anno 1914 bescheiden begonnen hat und sich jetzt wohl vollenden wird ...» (B 1418) – eine Vollendung, die freilich ungewiß erscheint, ihrer Herkunft stets etwas schuldig bleibt und nur mit Vorbehalten anzusprechen ist.

In eine Selbstdarstellung, welche Valéry entwirft, fügt sich erstaunlich genau der Umriß Robert Musils: «... ein unterschiedliches Wesen, außerordentlich sensibel, einer, der sich niemals an den Gedanken gewöhnen wird, das zu sein, was er in einem gegebenen Augenblick ist, und der sich in einem unaufhörlichen Vorwurf dauernd selbst bezichtigt, sein ‹letztes› Wort nicht gesagt zu haben.»[14] Zugleich weiß Musil, daß er seine Dichtung beständig aus dem Kommenden entwirft, daß er eine kommende Dichtung schreibt, – eine Dichtung, die sich als Schöpfung niemals vollendet, im Schöpfungszustand indessen sich lebendig fortwirkend erhält.

NACHWEISE

I. ENDLOSE ANFÄNGE

1 H. Poincaré, Wissenschaft und Methode, ed. F. et L. Lindemann, (1941), S. 26ff.

2 Angeführt bei Dorothea Kuhn, Empirische und ideelle Wirklichkeit, (1967), S. 282.

3 Paul Valéry, Leonardo, Drei Essays, dt. von K. A. Horst, (1960), S. 129.

4 Paul Valéry, Oeuvres II, 1305; nach der Übertragung durch R. M. Rilke, Übertragungen ed. Zinn et Wais, (1975), S. 299f.

5 Goethe, Dichtung und Wahrheit, Artemis-Gedenkausgabe, ed. Beutler (1949ff.), Bd. 10, S. 733.

6 Paul Valéry, Cahiers, (1957/61), VIII, 761; vgl. Musil I, 112.

7 Heraklit, Fragmente B 124; B 54.

II. DAS FELD

1 Hugo von Hofmannsthal, Ges. Werke, ed. Steiner, Prosa I (1950), S. 350f.

2 Rudolf Kassner, Sämtl. Werke, ed. Zinn, Bd. I (1969), S. 522; Robert Musil, T 1, S. 481.

3 Novalis, Schriften, ed. Kluckhohn et Samuel, 2. Aufl. Bd. III (1968), S. 372.

4 Paul Valéry, Leonardo, dt. von Horst (1960), S. 38ff.

5 Novalis, Schriften, a.a.O., Bd. III, S. 65.

6 Goethe, Artemis-Gedenkausgabe, ed. Beutler 1949ff. Bd. 9, S. 656, 567. Wie eine Vorwegnahme jener ironischen Sichtweise, die Musil bezieht, lesen sich die Auslassungen Goethes: «Das Zurückführen der Wirkung auf die Ursache ist bloß ein historisches; zum Beispiel die Wirkung, daß ein Mensch getötet worden auf die Ursache der losgefeuerten Büchse.» (Ged.-A-Bd. 22 S. 621)

7 ibid. Bd. 9, S. 571.

8 Paul Valéry, Oeuvres, a.a.O. I, 1387/88.

9 Goethe, Sämtl. Werke, Artemis-Gedenkausgabe, ed. Beutler, Bd. 8, 1949, S. 174. Aufschlußreiche Analogien zu diesem Feldcharakter finden sich in der neueren Musik. Die von Arnold Schönberg in den frühen zwanziger Jahren inaugurierte Zwölftontechnik zeigt eine Ordnung nach seriellen Gesichtspunkten. «Damit ist zugleich die temporal gewissermaßen vorstrukturierte Tonalität des 18. und 19. Jahrhunderts überwunden. An ihre Stelle treten harmonisch an sich zunächst nicht mehr zielstrebige Strukturen ... Es werden vielmehr für jedes Werk bestimmte Tonkonstellationen und Intervallbezie-

hungen geschaffen, die für dessen Ordnung verantwortlich sind. Damit treten
an die Stelle eines einzigen, einheitlich-harmonischen Bezugssystems verschiedene Bezugsmöglichkeiten. Zudem fehlt dieser Musik, wenigstens
grundsätzlich, das für die funktionstonale Musik charakteristische Baßgerüst.
Es gibt daher, wie Schönberg einmal schreibt, ‹in diesem Raum, wie in
Swedenborgs Himmel, kein absolutes Unten, kein Rechts oder Links, kein
Vorn oder Hinten. Jede musikalische Gestaltung, jede Bewegung von Tönen
muß in erster Linie als wechselseitiges Verhältnis von Klängen, oszillierenden
Schwingungen aufgefaßt werden.› Diese Musik ist daher unstabil und trägt
vielfach auch den Charakter des Fragmentarischen an sich. Sie hat deshalb auch
nicht mehr Form im traditionellen Sinn, sondern ist Struktur im Sinne einer
reinen Gegenwartsstruktur, in der es, zunächst jedenfalls, keinen dynamisch
finalen Verlauf mehr, wohl aber ein Auseinanderfallen von Gegenwärtigem
und Erinnertem gibt. Nicht zu Unrecht hat daher der italienische Komponist
Luigi Dallapiccola die Werke Weberns zu James Joyce's «Finnegans Wake» in
Parallele gesetzt. Nochmals sei ... an das ... Beispiel aus Weberns Bagatellen
erinnert ..., das vor allem nicht mehr als zielstrebiger Verlauf, sondern als eine
Art auskomponiertes Klangfeld zu verstehen ist.» So hat Kurt von Fischer in
seiner eindringlichen Analyse «Das Zeitproblem in der Musik» dargestellt.
«Das Zeitproblem im 20. Jahrhundert», ed. R. W. Meyer (1964) (S. 296–317),
S. 310. Bei den George-Liedern op. 3,4 (1907–1909) und den Trakl-Liedern
op. 14 (1917–1921) von Webern läßt sich schon beispielhaft die Umsetzung des
Ablaufs in das Klangfeld beobachten.

10 darüber Wolfgang Köhler, Die physischen Gestalten in Ruhe und im stationären Zustand. Eine naturphilosophische Untersuchung, 1924, S. 5. Vgl. Musil
II, 631 f. Ferner aus anderer Sicht: Niels Bohr, «Atomtheorie und Mechanik»,
in Die Naturwissenschaften, 14. Jg., 1926, S. 1–10, S. 3.

11 Goethe, Artemis-Gedenkausgabe, ed. Beutler 1949 ff. Bd. 22, zu Riemer
8. April 1809, S. 546.

12 Hofmannsthal, Ges. Werke, ed. Steiner, Aufzeichnungen, 1959, S. 46.

III. DAS ZEITBEWUSSTSEIN

1 Goethe, Artemis-Gedenkausgabe, ed. Beutler, 1949 f., Bd. 17, S. 432 f.

2 Werner Heisenberg, Physik und Philosophie, 1959, S. 92–93.

3 Friedrich Nietzsche, Werke. Krit. Gesamtausgabe ed. Colli et Montinari,
Bd. VII,1 (1977), S. 332.

4 Hofmannsthal, Briefe 1890–1901 (1935), S. 148.

5 Hofmannsthal, Ges. Werke ed. Steiner, Prosa II (1959), S. 33.

6 Rudolf Kassner, Zahl und Gesicht, Sämtl. Werke ed. Zinn et Bohnenkamp,
Bd. III (1976), S. 251 f.

7 Klappentext zu «Die Verwirrungen des Zöglings Törleß» 1911.

8 Rudolf Kassner, Das 19. Jahrhundert. Ausdruck und Größe, 1947, S. 291.

9 Ernst Mach, Die Analyse der Empfindungen und das Verhältnis des Physischen zum Psychischen, ⁵1906, S. 75.

10 Edmund Husserl, «Notizen zur Raumkonstitution», in Philosophy and Phenomenological Research, Vol. I, 1940/41.

11 Novalis, Briefe und Werke, ed. Wasmuth, Bd. III, S. 404.

12 ibid. S. 581.

13 Rudolf Kassner, Der Goldene Drachen. Gleichnis und Essay, 1957, S. 130.

14 Novalis, a.a.O. Bd. III, S. 560.

15 Hofmannsthal. Lustspiele II, Ges. Werke ed. Steiner, 1948, S. 396.

16 Hermann Broch, Dichten und Erkennen, Ges. Werke, Essays 1, 1955, S. 243.

17 Novalis, Briefe und Werke ed. Wasmuth, 1953, Bd. III, S. 355.

18 Hofmannsthal, Aufzeichnungen a.a.O. S. 14.

19 Novalis, a.a.O. S. 368.

20 Arthur Schnitzler, Bemerkungen. Aus dem Nachlaß, in: Die Neue Rundschau, 73. Jg. 1962, S. 347–357, S. 351.

21 Marcel Proust, Auf der Suche nach der Verlorenen Zeit VI, Die Entflohene dt. von E. Rechel-Mertens (1957), S. 115.

22 M. Maeterlinck, Der Schatz der Armen, 1898, S. 22. Für die Diotima-Wendungen, III, 680–82, zitiert und variiert Musil diesen Modeautor der Zeit ausgiebig.

23 Paul Valéry, Oeuvres, a.a.O. I, S. 1219. Parallel zu Leibniz geht es Musil nicht um «observation», sondern um «observabilité».

24 Georges Poulet, L'Espace Proustien (1963).

25 Denis Diderot, Oeuvres complètes ed. Assézat et Tourneux, Paris 1875 ff. II, 373.

26 Marcel Proust, a.a.O. S. 395.

27 Rudolf Kassner, Die Nacht des ungeborenen Lebens. 1950, S. 94. Dazu auch die Bemerkungen von Henri Bergson, die Musil freilich nach eigenem Zeugnis nicht gekannt hat: «Wahrnehmen besteht ... darin, enorme Epochen einer unendlich verdünnten Existenz in wenige Augenblicke differenzierteren und intensiveren Lebens zu verdichten und somit eine sehr lange Geschichtsperiode zusammenzufassen. Wahrnehmen heißt unbeweglich machen.» Materie und Gedächtnis, 1908, S. 218.

28 Joseph Bernhart, a.a.O. Thomas v. Aquin, «Summa theologiae», 1868, 2, 2 qu. 180.

29 Gottfried Benn, Ges. Werke, ed. Wellershoff 1959 ff, 1961, Bd. IV, S. 37.

30 Zitiert bei Theodor Wieser, «Der Malteser in Hofmannsthals ‹Andreas›-Roman» in Euphorion, Bd. 51, 1957, S. 397–421, S. 406.

31 Denis Diderot, Oeuvres a.a.O. XI, S. 73.

32 Diese Sichtweise erschließt die ausgreifende Darlegung von Eugen Fink, Nietzsches Philosophie (1960), S. 89 ff.

IV. DAS ICH

1 Paul Valéry, Oeuvres a.a.O. II, 620.

2 Novalis, Werke a.a.O. III, 131.

3 Ernst Mach, Analyse, a.a.O. S. 10.

4 Georg Christoph Lichtenberg, Schriften und Briefe ed. W. Promies, Band 2 (1971), S. 412, Aph. K 76.

5 Elias Canetti, Die Gerettete Zunge. Geschichte einer Jugend (1977), S. 211.

6 Georg Christoph Lichtenberg, a.a.O., Bd. 2 (1971), S. 146.

7 Nietzsche, Werke (1919) XII, S. 2507.

8 Hugo von Hofmannsthal, Ges. Werke ed. Steiner, Prosa IV (1955), S. 357.

9 Paul Valéry, Oeuvres a.a.O. I, S. 1226.

10 Paul Valéry, «Die fixe Idee» ed. F. Wurm (1965), S. 107.

11 Novalis, Werke, a.a.O. Bd. III, S. 725.

12 Blaise Pascal, Gedanken, dt. von W. Rüttenauer, 1937, S. 364–65.

13 Martin Heidegger, Sein und Zeit, Ges. A I. Abt. Band 2 ed. v. Herrmann (1977), S. 396/97.

14 Robert Musil, Beitrag zur Beurteilung der Lehren Machs, Diss. phil. Berlin 1908, S. 77–78.

15 Novalis, Schriften ed. Kluckhohn et Samuel, Band II (1965), S. 268.

16 Rudolf Kassner, Zahl und Gesicht, a.a.O. S. 56.

17 Paul Valéry, a.a.O. Bd. I, S. 1203.

18 Montaigne, Essais, ed. Thibaudet, Bibliothéque de la Pléiade (1939), S. 325.

19 «Rameaus Neffe, ein Dialog von Diderot. Geboten in der Übertragung durch Goethe. J. W. Goethe, Artemis-Gedenkausgabe, 15. Bd. Übertragungen (1953), S. 930.

20 Arthur Rimbaud, Oeuvres Complètes, Bibliothéque de la Pléiade (1954), S. 271–72.

21 Marcel Proust, Auf der Suche nach der verlorenen Zeit, Bd. VI, Die Entflohene, dt. von E. Rechel-Mertens (1957), S. 179; 117.

22 Montaigne, Essais, a.a.O. S. 323, zitiert nach Hugo Friedrich, a.a.O. S. 191.

23 Montaigne, Essais, a.a.O. S. 319, in der Übersetzung von Hugo Friedrich, S. 191.

24 Für diesen Zusammenhang sind die Besprechungs-Entwürfe wichtig, die Musil zu Theodor Reik «Arthur Schnitzler als Psychologe» (1913) skizziert; veröffentlicht von Karl Corino «Ödipus oder Orest? Robert Musil und die Psychoanalyse» in: Vom «Törless» zum «Mann ohne Eigenschaften» ed. Baur et Goltschnigg (1973), S. 124 ff. Hellsichtig spricht Elias Canetti die Vermutung

aus: «... mit Hilfe der Gestaltpsychologie» ist es Musil wohl auch gelungen, «sich vor der Psychoanalyse zu schützen, die sein Werk getötet hätte.» (E. Canetti, «Das Gewissen der Worte» (o. J.) S. 68

25 Paul Valéry, Schlimme Gedanken und Andere, dt. von W. Riemerschmid (1965), S. 167.

26 Hofmannsthal, Ges. Werke, ed. Steiner, Prosa II (1959), S. 37.

27 Hofmannsthal, a.a.O., Gedichte und Lyrische Dramen (1952), S. 17.

28 Ernst Mach, Analyse, a.a.O. S. 3–4. Aus der Studie von Karl Ludwig Schleich «Die Physiologie des Ichs» zeichnet sich Musil in freier Umdeutung auf: «Das Ich ist nun nichts kontinuierlich Verharrendes, sondern etwas in jedem Augenblick neu Aufzuckendes. Die stetige Folge der Phasen täuscht uns ein Wachen vor». Die Neue Rundschau, XXXI. Bd., 1920, S. 591–624.

29 Rilke an Elisabeth Freiin Schenk zu Schweinsberg. Briefe 1907–14 (1933), S. 80–81.

30 Hofmannsthal, a.a.O., Aufzeichnungen (1959), S. 93.

31 Rilke, Sämtl. Werke, ed. Zinn Bd. VI, S. 938.

32 Paul Valéry, a.a.O. II, 572.
Diese Vorstellung war schon dem Morphologen Goethe vertraut: «Jedes Lebendige ist kein Einzelnes, sondern eine Mehrheit; selbst insofern es uns als Individuum erscheint, bleibt es doch eine Versammlung von lebendigen selbständigen Wesen . . .» «Schriften zur Naturwissenschaft», Morphologische Hefte (Leopoldina-Ausgabe) (1954), Abt. I, Bd. 9, S. 8.

33 Gerd Brand, Welt, Ich und Zeit. Nach unveröffentlichten Manuskripten Edmund Husserls (1955), S. 81

34 Paul Valéry, Cahiers II, 319.

35 Ernst Mach, a.a.O. S. 3.

36 Friedrich Nietzsche, Jenseits von Gut und Böse, Nr. 34.

37 Arthur Schnitzler, Buch der Sprüche und Bedenken. Aphorismen und Fragmente (1927), S. 95–96.

38 Darüber die wichtigen Ergebnisse von Wilhelm Bausinger, Studien zu einer hist. krit. Ausgabe von Musils Roman «Der Mann ohne Eigenschaften», 1964, S. 177 ff.

39 Hofmannsthal a.a.O., Aufzeichnungen, S. 27; vgl. ibid. S. 24.

40 Novalis a.a.O. S. 281.

41 Hofmannsthal a.a.O. Prosa II, S. 356.

V. VEREINIGUNGEN

1 Hermann Weyl, Philosophie der Mathematik und Naturwissenschaft ⁴1976, S. 85 ff. Umfassend legt Goethe in seiner Farbenlehre im Hinblick auf das

«Verhältnis zur allgemeinen Physik» dar: «Treue Beobachter der Natur, wenn sie auch sonst noch so verschieden denken, werden doch darin miteinander übereinkommen, daß alles, was erscheinen, was uns als ein Phänomen begegnen solle, müsse entweder eine ursprüngliche Entzweiung, die einer Vereinigung fähig ist, oder eine ursprüngliche Einheit, die zur Entzweiung gelangen könne, andeuten und sich auf eine solche Weise darstellen. Das Geeinte zu entzweien, das Entzweite zu einigen, ist das Leben der Natur; dies ist die ewige Systole und Diastole, die ewige Synkrisis und Diakrisis, das Ein- und Ausatmen der Welt, in der wir leben, weben und sind» – ein Grundsatz, der zugleich der Poetik Goethes vollkommen entspricht. (Art.-Ged.-A. Bd. 16 S. 199)

2 Heraklit, Fragment B 51.

3 Novalis, Schriften, Bd. III (1968), S. 570.

4 Paul Valéry, Oeuvres, Bd. II, S. 233; 332.

5 Friedrich Nietzsche, Menschliches, Allzumenschliches I, Nr. 638.

6 Heraklit, Fragment Nr. 60, ed. Diels.

7 Goethe, Die Faustdichtungen, Artemis-Gedenkausgabe a.a.O. Bd. 5, S. 340.

8 Goethe, Maximen und Reflexionen, a.a.O., Nr. 623.

9 Novalis, ed. Wasmuth, Bd. III, S. 380.

10 Goethe, Artemis-Gedenkausgabe a.a.O. Bd. 16, 1949, S. 35.

11 Adam Müller, in: Deutsche Literatur in Entwicklungsreihen, Reihe Romantik, Bd. II, 1936, S. 39; 41. Für diesen Zusammenhang auch Max Scheler, Die Stellung des Menschen im Kosmos, 1947, S. 35 ff.

12 Marcel Proust, Auf der Suche nach der verlorenen Zeit VI, «Die Entflohene», dt. von E. Rechel-Mertens (1957), S. 292.

13 Hugo von Hofmannsthal, Erzählungen, Ges. Werke ed. Steiner (1968), S. 238.

14 Goethe, Italienische Reise, Artemis-Gedenkausgabe. Bd. 11 (1950), S. 520.

15 Friedrich Nietzsche, Der Wille zur Macht Nr. 800, dazu T 35.

16 Pascal, Pensées Nr. 565, Oeuvres complètes ed. Chevalier (1954), Bibliothèque de la Pléiade S. 1266.

17 Hugo von Hofmannsthal, Ges. W. ed. Steiner, Aufzeichnungen (1959), S. 36.

18 Hugo von Hofmannsthal, Erzählungen a.a.O., S. 185/86.

19 Nietzsche, Krit. Ges.-A. a.a.O. VII. Abt. 1. Bd., S. 86.

20 Novalis, Schriften, a.a.O. 3. Band, S. 293.

21 Goethe an L. Fr. Schultz, 9. August 1823; 8. Sept. 1823.

22 Friedrich Nietzsche, Hist.-Krit. Ges.-A. a.a.O. VII, 2. Bd., S. 104.

23 Johannes G. v. Allesch, Die ästhetischen Erscheinungsweisen der Farben, in: Psychische Forschung, Zeitschrift für Psychologie und Grenzwissenschaften. Jg. VI 1924/25, S. 1–92; 215–82, S. 277.

24 Goethe, West-östlicher Divan, Buch Suleika, Artemis-Gedenkausgabe Bd. 3, 1948, S. 348.

25 Goethe, Zur Farbenlehre. Didaktischer Teil. Schriften zur Naturwissenschaft (Leopoldina-Ausgabe), Abt. I, Bd. 4, 1955; S. 216–17.

26 Blaise Pascal, Gedanken, a.a.O. S. 291; diese Beziehung wird hervorgehoben von W. Rasch: Musil: «Der Mann ohne Eigenschaften», in: Der deutsche Roman, ed. B. v. Wiese, 1963, Bd. II, S. 361–418, S. 410.

27 Arthur Schnitzler, Bemerkungen, a.a.O. S. 351.

28 Arthur Schnitzler, Ges. Werke, Erzählende Schriften, 1961, Bd. II, S. 221–22.

29 Hofmannsthal, Aufzeichnungen, a.a.O., S. 48.

30 Goethe, Artemis-Gedenkausgabe, Bd. 9 (1949), S. 15.

31 Hofmannsthal, Ges. Werke, a.a.O. Erzählungen, S. 162. Wichtige Aufschlüsse für diese Fragen erbringen die kritischen Auseinandersetzungen Musils mit Ellen Key «Die Entfaltung der Seele durch Lebenskunst». in: Die Neue Rundschau, XVI. Jg. 1905, S. 641–86.
Bei E. Key finden sich folgende Betrachtungen: nur zwei jedes für sich selbst entwickelte Menschenwesen können zusammen eine höhere Einheit bilden; S. 645. «… so haben jetzt die neuen Seelen Geheimnisse der Innigkeit des Zusammenschlusses, der Feinheit der Fernempfindung, von denen frühere Zeiten sich ebensowenig träumen ließen …», S. 667. «Was war und was ist, das Ferne wie das Nahe wird alles für seine Feinfühligkeit gegenwärtig …», S. 671. Dieser Abhandlung ist auch die geläufige Formel der Diotima entnommen: «Weltereignisse …» «un peu de bruit autour de notre âme».

32 Franz Kafka an Max Brod, 10. Juli 1912.

VI. COEXISTIERENDE MÖGLICHKEITEN

1 Friedrich Nietzsche, Werke, II. Abt., Band XII, (1919), S. 65.

2 Hofmannsthal, Aufzeichnungen a.a.O. S. 23.

3 Ernst Mach, Erkenntnis und Irrtum, ⁵1926, S. 196; W. Heisenberg, Physik und Philosophie, 1959, S. 21.

4 S. Kierkegaard, Tagebücher, ed. Gerdes, Bd. I (1962), S. 143. Diese Grundhaltung Musils wird ebenso genau wie anregend umrissen von A. Schöne «Zum Gebrauch des Konjunktivs bei R. Musil», in: Euphorion, Bd. 55, 1961, S. 196–220.

5 W. Heisenberg, Physik und Philosophie, a.a.O. S. 37.

6 Goethe, Unterhaltungen Deutscher Ausgewanderten. Artemis-Gedenkausgabe ed. Beutler (1949 ff.), Bd. 9, S. 345.

7 Beispielhaft T 303 ff., 586 u. a.

8 Goethe a.a.O. Bd. 9, S. 567.

9 Novalis, Schriften ed. Kluckhohn et Samuel a.a.O. Bd. III, S. 561.

10 Paul Valéry, Leonardo, dt. v. K. A. Horst (1960), S. 58 f.

11 Paul Valéry, Leonardo, a.a.o. S. 12.

In diesem Zusammenhang aufschlußreich Arthur Schnitzler: «Jedes Wenn,
jeder Konjunktiv hebt die Welt gewissermaßen auf; und doch, in jedem
philosophischen Gespräch bleibt uns eben nichts übrig, als die Welt ein
Dutzend Mal aufzuheben und sie wieder von neuem aufzubauen. Alle unsere
Kritik, ja all unser Denken ist immer wieder eine Auflehnung gegen die
Kausalität als oberstes Gesetz. Der freie Wille aber wirkt immer nur den
Bruchteil einer Sekunde lang. Hat er seine Funktion erfüllt, so ist das, was er
gewirkt hat, unwiderruflich im nicht mehr zu Ändernden, nicht mehr Wegzu-
denkenden, im Geschehenen, daher Notwendigen, untergetaucht.» In: Ge-
sammelte Werke ed. Robert O. Weiss, Aphorismen und Betrachtungen
(1967), S. 33.

12 Martin Flinker, Der Österreicher Robert Musil, in: R. Musil, Leben, Werk,
Wirkung, 1960, S. 382–85, S. 382–83.

13 Paul Valéry, Oeuvres a.a.O. II, S. 627.

14 Schiller an Goethe 2. Juli 1796.

15 Elias Canetti, Die Provinz des Menschen. Aufzeichnungen 1942–1972 (1973),
S. 100.

16 Wegweisende Mitteilung von Dr. Rudolf Hirsch, Frankfurt.

17 W. Heisenberg, Sprache und Wirklichkeit in der modernen Physik, in: Wort
und Wirklichkeit, 1960, S. 32–62; S. 58 ff.; für diese Zusammenhänge:
W. Heisenberg, Physik und Philosophie (1959), S. 179 ff.; Niels Bohr, Atomphysik und menschliche Erkenntnis (1958):
«Die verschiedenen Aspekte der Quantenphänomene, die unter sich gegenseitig ausschließenden Versuchsbedingungen auftreten, dürfen ... nicht als
widersprechend aufgefaßt, sondern müssen als ‹komplementär› in einem
bisher unbekannten Sinne betrachtet werden.» (19) «Die Unentbehrlichkeit
solcher anscheinend kontrastierender Ausdrucksmittel bei der Beschreibung
des Reichtums unseres bewußten Lebens erinnert schlagend an die Art, wie
elementare physikalische Begriffe in der Atomphysik angewandt werden.»
(94) «Bezüglich der wechselseitigen Beziehung zwischen bewußten Erlebnissen begegnen wir auch Zügen, die an die Bedingungen für die Zusammenfas-
sung atomphysikalischer Erfahrungen erinnern. Der reiche Wortschatz, der
bei Mitteilungen unserer Gemütszustände zur Anwendung kommt, weist
direkt auf eine typisch komplementäre Beschreibung hin, die einem ständigen
Wechsel des von unserer Aufmerksamkeit erfaßten Inhaltes entspricht.» (103/
4) Arthur March, «Moderne Atomphysik» (1933). Wegweisend erkennt
Friedrich Nietzsche: «Ein und dasselbe zu bejahen und zu verneinen mißlingt
uns: das ist ein subjektiver Erfahrungssatz, darin drückt sich keine «Notwendigkeit» aus *sondern nur ein Nichtvermögen.*» («Der Wille zur Macht»
Nr. 516)

18 Hofmannsthal, Aufzeichnungen, a.a.O. S. 42.

19 W. Heisenberg, Das Naturbild der heutigen Physik (1955), S. 32.

20 Paul Klee, Das bildnerische Denken, ed. J. Spiller (6956), S. 78ff. Das dort entwickelte konstruktive Verfahren, das Zurücktreten des Kausalen zugunsten phänomenologischer Zusammenhänge, die Auffassungen von Zeit, Raum, Licht eröffnen eine Reihe analoger Sichtweisen zu Musil.

21 Marcel Proust, Auf der Suche nach der verlorenen Zeit, Bd. VII, a.a.O. S. 318–19.

22 Pascal, Pensées Nr. 66 (225), Oeuvres complètes ed. Chevalier (1964), S. 1101.

23 R. Kassner, Buch der Erinnerung, (1938), S. 306 u. a.

24 Rainer Maria Rilke, Sämtl. Werke ed. Zinn, Band V (1965), S. 441/42.

25 W. Köhler, Die physischen Gestalten in Ruhe und im stationären Zustand, a.a.O. S. 181.

26 Novalis, Ges. Werke (ed. Wasmuth), a.a.O. III, S. 377.

27 Hofmannsthal, Ges. Werke, Prosa IV (1955), S. 153.

28 Goethe, Schriften zur Naturwissenschaft (Leopoldina), Abt. I, Bd. 4 (1955), S. 228.

29 Johannes von Allesch, Die ästhetische Erscheinungsweise der Farben: «Psychologische Forschungen», Zeitschrift für Psychologie und ihre Grenzwissenschaften, VI. Bd. (1925), S. 1–92, S. 227. Diese Darstellung vermittelt nichts weniger als einen poetologischen Aufriß zur Dichtung Musils – ähnlich wie die Farbenlehre Goethes Fragmente einer Sprachlehre und einer Poetik des goetheschen Dramas vergegenwärtigt. Den Beziehungen Musils zu Allesch und seinen Forschungen kommt nachhaltige Bedeutung zu. Für diesen Zusammenhang aufschlußreich die Farbstudie «Clarissens Gedankenwelt im Wahnsinn» (1784f.)

30 J. v. Allesch, a.a.O. S. 281.

31 ibid. S. 52.

32 ibid. S. 281.

VII. GEIST UND ENTWURF

1 Goethe, Artemis-Gedenkausgabe ed. Beutler (1949ff.), Bd. 13, S. 202.

2 Goethe, Schriften zur Naturwissenschaft (Leopoldina) Abt. I, Bd. 2, 1949, S. 295.

3 Paul Valéry, Oeuvres I, 1387.

4 Paul Valéry an Mr. Gould, 10. Mai 1936, Briefe a.a.O. S. 205.

5 Dazu wegweisend T 678 u. a.

6 An André Gide, 25. August 1894.

7 Diese Zusammenhänge werden einsichtig bei Hugo Friedrich: «Descartes und der französische Geist» (1937), S. 7ff.

8 Goethe a.a.O. Bd. 9, S. 541.

9 Paul Valéry, a.a.O. I, 1469.

10 Rilke an Katharina Kippenberg, 9. Februar 1926, R. M. Rilke – K. Kippenberg,
    Briefwechsel ed. Bomhard 1954, S. 571.
11 Aus einem Brief von Robert Musil, Die Literatur. Monatsschrift für Literatur-
    freunde, 33. Jg. 1930/31, S. 377.
12 Oskar Maurus Fontane, «Erinnerungen an Robert Musil», in: R. Musil,
    Leben, Werk, Wirkung a.a.O. S. 325–344; S. 336f.
13 In einer derartigen Darbietung der Texte werden die coexistierenden Möglich-
    keiten der musilschen Dichtung zugänglich, erst dann gewinnt man einen
    angemessenen Einblick in schöpferische Vorgänge und Bewußtseinslagen des
    Dichters, in die Vielbezüglichkeit seiner Skizzen und Studien, in die unablässi-
    gen Selbstauseinandersetzungen und Vorschläge. Man ermißt dann auch die
    widerwilligen Entscheidungen, die zögernde Wahl, die durch äußere Bedin-
    gungen und Notwendigkeiten geboten war und in einer Vielzahl etwas Vorläu-
    figes behalten mußte. Anstelle jener Festlegungen, die Musil sich nur mühsam
    abgerungen und möglicherweise zugunsten anderer Zuordnungen widerrufen
    hätte, erschlösse sich jene Vielwertigkeit, wie sie Musil sich vorgestellt hatte,
    wie sie dem Wesen seiner Dichtung entspricht. Diese Möglichkeiten sind von
    einer Ausgabe der Werke, die sich dem Geist des Dichters verpflichtet weiß,
    unverkürzt und ohne Vorentscheidungen offen zu halten.
14 Paul Valéry an André Gide, 7. Nov. 1899, a.a.O. S. 461.

SCHRIFTTUM

Die Texte folgen den Gesammelten Werken in Einzelausgaben, ed. Adolf Frisé: Der Mann ohne Eigenschaften, 1978. (Seitenzahl ohne Bandangabe)
Prosa und Stücke, Kleine Prosa, Aphorismen, Autobiographisches, Essays und Reden, Kritik, 1978, (II).
Tagebücher, 1976, (T I).
Tagebücher. Anmerkungen, Anhang, Register, 1976, (T II).
Briefe 1901–1942 ed Ad. Frisé unter Mitarbeit von Murray G. Hall. Mit Briefen von Martha Musil, Alfred Döblin, Efraim Frisch, Hugo von Hofmannsthal, Robert Lejeune, Thomas Mann, Dorothy Norman, Viktor Zuckerkandl und anderen. (1981) (B)

Beitrag zur Beurteilung der Lehren Machs und Studien zur Technik und Psychotechnik. Nachdruck 1980.
Briefe nach Prag. ed. B. Köpplová et K. Krolop, 1971.

Zum Allgemeinen:

Johann Wolfgang von Goethe, Werke, Briefe und Gespräche, ed. E. Beutler, 1948 ff.
Georg Christoph Lichtenberg, Schriften und Briefe, ed. Promies, 1968 ff.
Novalis, Schriften, ed. Kluckhohn, Samuel, Mähl et Schulz, ³1977.
Paul Valéry, Oeuvres, ed. Hytier, 1957.
Georg Lukács, Die Theorie des Romans, ²1963.
Nathalie Sarraute, L'Ere de Soupçon, 1956.
Maurice Blanchot, Le livre à venir, 1959.
Erich Auerbach, Mimesis. Dargestellte Wirklichkeit in der abendländischen Literatur, ⁶1977.
Erich Kahler, Untergang und Übergang der epischen Kunstform, Die Neue Rundschau, 64. Jg. 1953, S. 1–44.
Erich Kahler, Die Verinnerung des Erzählens, Die Neue Rundschau. 68. Jg. 1957, S. 501–546; 70. Jg. 1959, S. 1–54; 177–220.

Zu Robert Musil:

Robert Musil. Leben, Werk, Wirkung, ed. K. Dinklage, 1960.
Robert Musil in Selbstzeugnissen und Dokumenten, dargestellt von W. Berghahn. Rowohlts Monographien Bd. 81, 1963, mit ausführlicher Bibliographie.

Helmut Arntzen, Musil-Kommentar sämtlicher zu Lebzeiten erschienener Schriften außer dem Roman «Der Mann ohne Eigenschaften», 1980.

Wilfried Berghahn, Die essayistische Erzähltechnik Robert Musils. Eine morphologische Untersuchung zur Organisation und Integration des Romans «Der Mann ohne Eigenschaften». (Diss. phil. Bonn, 1956).

Helmut Arntzen, Satirischer Stil. Zur Satire Robert Musils im «Mann ohne Eigenschaften», 1960.

Albrecht Schöne, Zum Gebrauch des Konjunktivs bei Robert Musil, Euphorion, 55. Bd., 1961, S. 196–220.

Wilhelm Bausinger, Studien zu einer historisch-kritischen Ausgabe von Robert Musils Roman «Der Mann ohne Eigenschaften», Diss. phil. Tübingen, 1962 (1964).

Karl Markus Michel, Zu Robert Musils Roman «Der Mann ohne Eigenschaften». Die Utopie der Sprache. Akzente, 1. Jg. 1954, S. 23–35.

Walter Boehlich, Zu Robert Musils Roman «Der Mann ohne Eigenschaften», ibid. Akzente, S. 35–50.

Beda Allemann, Ironie und Dichtung, 1956, S. 177–220.

Jörg Kühne, Das Gleichnis. Studien zur inneren Form von Robert Musils Roman «Der Mann ohne Eigenschaften». 1968.

Adolf Frisé, Plädoyer für Robert Musil. Hinweise und Essays 1931 bis 1980. 1980.

Carl Corino, Robert Musils «Vereinigungen». Studien zu einer historisch-kritischen Ausgabe. 1974.

Wolfdietrich Rasch, Über Robert Musils Roman «Der Mann ohne Eigenschaften», 1967.

Weiteres Schrifttum erscheint in den Nachweisen.